广视角·全方位·多品种

皮书系列为“十二五”国家重点图书出版规划项目

权威·前沿·原创

南昌大学“211三期工程”重点建设学科资助项目

中部竞争力蓝皮书

BLUE BOOK OF CENTRAL COMPETITIVENESS

中国中部经济社会竞争力报告（2011）

ANNUAL REPORT ON ECONOMIC AND SOCIAL COMPETITIVENESS OF CENTRAL CHINA(2011)

教育部人文社会科学重点研究基地
南昌大学中国中部经济社会发展研究中心／编

社会科学文献出版社
SOCIAL SCIENCES ACADEMIC PRESS (CHINA)

图书在版编目（CIP）数据

中国中部经济社会竞争力报告. 2011/傅春，周绍森主编. —北京：社会科学文献出版社，2012. 4
（中部竞争力蓝皮书）
ISBN 978-7-5097-3174-1

Ⅰ. ①中… Ⅱ. ①傅… ②周… Ⅲ. ①区域经济发展-竞争力-研究报告-中国-2011 ②社会发展-竞争力-研究报告-中国-2011 Ⅳ. ①F127

中国版本图书馆 CIP 数据核字（2012）第 033055 号

中部竞争力蓝皮书
中国中部经济社会竞争力报告（2011）

编　　者 / 教育部人文社会科学重点研究基地
　　　　　南昌大学中国中部经济社会发展研究中心

出 版 人 / 谢寿光
出 版 者 / 社会科学文献出版社
地　　址 / 北京市西城区北三环中路甲 29 号院 3 号楼华龙大厦
邮政编码 / 100029

责任部门 / 皮书出版中心（010）59367127　　责任编辑 / 陈　颖
电子信箱 / pishubu@ssap.cn　　责任校对 / 师军革
项目统筹 / 邓泳红　陈　颖　　责任印制 / 岳　阳
总 经 销 / 社会科学文献出版社发行部（010）59367081　59367089
读者服务 / 读者服务中心（010）59367028

印　　装 / 北京季蜂印刷有限公司
开　　本 / 787mm×1092mm　1/16　　印　　张 / 17.5
版　　次 / 2012 年 4 月第 1 版　　字　　数 / 249 千字
印　　次 / 2012 年 4 月第 1 次印刷
书　　号 / ISBN 978-7-5097-3174-1
定　　价 / 59.00 元

《中国中部经济社会竞争力报告》
编　委　会

摘要

教育部人文社会科学重点研究基地南昌大学中国中部经济社会发展研究中心编撰的《中国中部经济社会竞争力报告》是一部以中部竞争力为研究主题的皮书，由总报告、综合评价篇、专题研究篇、企业发展篇和中部大事记五部分组成。总报告对中国中部经济社会竞争力进行综合评价研究，对中国中部经济社会发展竞争力的引擎——《全国主体功能区划》中提出的中部六省六大城市区域（城市群、经济带、经济区）进行研究，对中国中部经济社会竞争力的重要组成——中部企业竞争力进行研究。综合评价篇以中部地区经济可持续发展为主线、资源承载和环境保护为支撑、科教文化创新为动力、民生保障为目标，构建了中部经济社会竞争力的评价指标体系和评价模型，对中部经济社会竞争力进行年度评价研究，科学对比分析了中部六省经济社会竞争力的发展态势及排序，体现了报告的年度定量评价和省区对比分析特色。专题研究篇是对中部经济社会发展中重大问题进行专题研究，2011 年报告是对中部地区主体功能区进行研究，着重研究了太原城市群、皖江城市带、鄱阳湖生态经济区、中原经济区、武汉城市圈、长株潭城市群等重点开发区的经济社会发展状况，体现了报告的理论性和学术性。企业发展篇基于企业竞争力内涵，进行中部地区企业发展和竞争力的评价与比较研究。中部大事记收集整理了促进中部地区崛起战略实施以来国家促进中部地区崛起的重要政策文件、中部各省市经济社会发展的重大事件，全面反映了中部发展的整体态势，还推选出中部发展 2005 ~ 2011 年十大事件，体现了报告的政策性和时效性。

Abstract

The annual report on economic and social competitiveness of central China (2011) compiled by the research center of central china economic and social development in Nanchang University, which is a key research institute of humanities and social sciences in Ministry of Education, is a blue book about the central china competitiveness, composed of the five parts: the general report, the comprehensive evaluation study, the case study, the enterprise development study, and the memorabilia. The general report gets a study on the comprehensive evaluation of the competitiveness of central china economic society development; on the central China six major regions (urban agglomerations, economic belt and economic zone) development, which is emphasized by the plan of main functional zone; on the central china enterprises competitiveness. The comprehensive evaluation part, based on the main line of the central china sustainable development, the support of the resources and environmental protection, the power of innovation in the science and technology, education and culture, and the target of the people's livelihood protection, establishes the evaluation index system and model of the central china economic social competitiveness, then has an annual evaluation and a scientific comparison analysis, reflecting the features of the annual quantitative evaluation and provinces comparison analysis. The case study part is special studies on important issues of the central china economic and social development, the 2011 report focusing on studying the economic and social development of the central china major functional zones as the Taiyuan cities agglomeration, the Wanjiang City Belt, the Poyang Lake Eco-economic Development Zone, the Central Plains Economic Zone, Wuhan Metropolitan Area, the Cities Group of Ringing the city Changsha-Zhuzhou-Xiangtan, fully embodying the theoretical and academic nature of the report. The enterprise development part has a research on the central China enterprise development and competitiveness evaluation, based on the connotation of the enterprise competitiveness. The memorabilia collects the key policy documents, the important event of economic and social development in central china provinces and cities, since the implementation of a strategy for promoting the rise of central china, also choosing top ten events among the 2005 – 2011, fully reflecting the overall situation of development in central, and the policy and timeliness of the report.

前 言

中部地区位于我国内陆腹地，起着承东启西、连南贯北的重要作用。2006 年，中央出台了《关于促进中部地区崛起的若干意见》，确立了中部地区的战略定位，明确规定了促进中部地区崛起的重大任务。2009 年，国务院正式批复了《促进中部地区崛起规划》，成为指导中部地区经济社会发展的纲领性文件，标志着促进中部地区崛起进入了加速推进的新阶段。促进中部地区崛起战略实施以来，中部六省经济社会发展水平有了长足进步，呈现出蓬勃发展的良好态势。尤其是中部六省战略性区域规划的相继出台和实施，使中部六省之间的经济社会联系日益紧密，要素流动和产业转移趋势不断加强，经济一体化进程不断推进，中部六省的整体竞争力不断提升，竞争与合作态势日益凸显。

竞争力研究是在最近 30 年中逐步兴起的。20 世纪 80 年代后，竞争力逐步成为国际学术界的研究热点，对于国家竞争力、产业竞争力、核心竞争力等方面的理论和实证研究日益增多，尤以世界经济论坛与洛桑国际管理学院发表的《全球竞争力报告》以及波特的“国家竞争优势钻石模型”最为著名。国内研究开始于 20 世纪 90 年代初，研究侧重于宏观层面的国家竞争力和微观层面的企业竞争力。20 世纪 90 年代末期，区域竞争力开始成为国内外竞争力研究的新热点，受到政府和学术界的广泛关注，开始成为一种进行区域竞争优势评价、比较的新视角和有效工具。

我们认为，区域经济社会竞争力是一个区域在竞争和发展过程中与其他区域相比较，在资源环境约束下持续提高经济社会发展绩效、不断促进地区繁荣和提升国民福祉的能力，是区域持续发展的重要支撑，是衡量区域发展综合能力的重要标尺。区域经济社会竞争力是由经济发展竞争力、资源环境竞争力、科教文化竞争力和民生保障竞争力协同组成的综合竞争力。进行中部经济社会竞争力研究对于剖析中部地区竞争优势、挖掘中部地区竞争潜力、提升中部地区竞争能力、加速中部崛起，具有重要的战略意义。

南昌大学中国中部经济社会发展研究中心是我国研究中部经济社会发展的教育部人文社会科学重点研究基地。自 2006 年以来，已连续 5 年公开出版“中部发展蓝皮书”:《中国中部经济发展报告》。这套书已成为中部经济社会发展研究的重要阵地，具有较大的学术和社会影响。在大力促进中部崛起新的战略形势下，为了增强报告的学术性、针对性、时效性和影响力，我们从经济社会竞争力研究的全新视角，将其改版为“中部竞争力蓝皮书”:《中国中部经济社会竞争力报告》，以期进一步为中央制定促进中部崛起相关政策提供重要的参考和决策依据，为中部地区崛起提供智力支持，为专家学者搭建中部竞争力研究的学术交流平台，为社会各界提供了解和认识中部竞争态势的重要窗口。

在研究和编撰过程中，特别是在中部经济社会竞争力综合评价指标体系构建中得到了全国，尤其是中部地区著名专家学者陈栋生、胡振鹏、伍新木、郭熙保、耿明斋、朱翔、伍世安、王兆国、彭道宾和南昌大学周文斌、谢明勇、李葆明、郑克强、黄新建、宋三平、涂国平、邓群钊等专家教授的大力支持，在此特致以衷心的感谢。特别感谢社会科学文献出版社专家组的指导、社会科学文献出版社皮书部邓泳红主任和陈颖编辑的鼎力支持。

南昌大学中国中部经济社会发展研究中心
《中国中部经济社会竞争力报告》编辑部
2011. 12. 10

目 录

𝔹Ⅰ 总报告

𝔹Ⅱ 综合评价篇

𝔹Ⅲ 专题研究篇

BⅣ 企业发展篇

BⅤ 中部大事记

皮书数据库阅读使用指南

CONTENTS

B I General Report

B II Comprehensive Evaluation

BⅢ Topic Study

BⅣ Enterprise Development

BⅤ The Central China Memorabilia

总 报 告

General Report

B.1

中国中部经济社会竞争力研究*

摘 要： 本报告以中国中部经济社会竞争力为主线，从三个方面展开深入研究。首先对中国中部经济社会竞争力进行综合评价研究。构建了中部经济社会竞争力的评价指标体系和评价模型，对中部经济社会竞争力进行年度评价研究，科学对比分析了中部六省经济社会竞争力，包括经济发展竞争力、资源环境竞争力、科技文化竞争力、民生保障竞争力的发展态势。其次是对中国中部经济社会发展竞争力的引擎——《全国主体功能区划》中提出的中部六省六大城市区域（城市群、经济带、经济区）的经济社会发展现状、存在的问题进行了深入研究，提出了优化发展的对策建议。再次，对中国中部经济社会竞争力的重要组成——中部企业竞争力进行深入研究。认为中部企业应该加快体制、机制改革，加大企业科技创

* 撰写人：周绍森，教授，博士生导师，南昌大学中国中部经济社会发展研究中心学术委员会主任；王圣云，博士，南昌大学中国中部经济社会发展研究中心专职研究员。

新，促进企业转型，在中部整体区域内进行优化整合，形成有特色、有优势的产业集群。实施“走出去”战略，不断拓展全国和世界市场，在竞争中增强中部企业的竞争力，培育和打造出一批属于中国和世界的中部企业。

关键词： 中部　经济社会竞争力　综合评价　主体功能区

一　中国中部经济社会竞争力综合评价研究

（一）区域竞争力

关于区域竞争力，以世界经济论坛（WEF）与瑞士洛桑国际管理发展学院（IMD）联合发表的《全球竞争力报告》和波特（1990）提出的“钻石模型”最具代表性，认为区域竞争力的核心是创造竞争优势，区域竞争力即区域创造竞争优势的能力，或获得高生产力水平及持续提高生产力的能力。我国学者倪鹏飞（2009）指出，区域竞争力是指区域所具有的吸引、支配和转化资源，占领和控制市场，从而更多、更快、更好和可持续地创造物质财富和非物质财富，为其居民提供福利的能力。决定区域竞争力的因素是产业体系、金融资本、科技创新、人力资本、资源环境、基础设施、制度文化、外部条件、企业聚合，这九个方面的强弱和不同组合，决定区域综合竞争力。

（二）区域经济社会竞争力

区域经济社会竞争力属于区域竞争力范畴，它不仅限于经济范畴，重点通过考察经济生产率来揭示区域的竞争优势，还从创新角度，通过技术创新和人力资本途径，分析区域创新优势；同时更多重视社会建设的保障作用和目标导向性，以及资源环境的支撑作用和对经济社会发展

的约束，从而反映经济、社会、科教、文化、资源、环境等因素的协同作用及产生的区域竞争优势。

我们认为，区域经济社会竞争力由区域的经济发展竞争力、资源环境竞争力、科教文化竞争力和民生保障竞争力组成。其中，经济发展竞争力是获取中部经济社会竞争优势的基础；资源环境竞争力是获取中部经济社会竞争优势的支撑；科教文化竞争力是获取中部经济社会竞争优势的动力；民生保障竞争力是中部经济社会竞争力培育和提升的目标（见图1）。

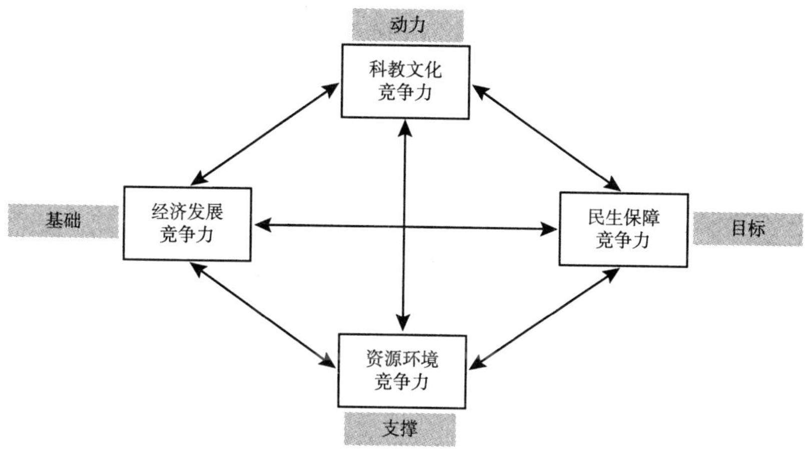

图1　区域经济社会竞争力评估框架

区域经济社会竞争力是经济发展竞争力、资源环境竞争力、科教文化竞争力和民生保障竞争力的函数，可以用以下公式来表示：

区域经济社会竞争力 = F(经济发展竞争力,资源环境竞争力,科教文化竞争力,民生保障竞争力)

（三）中部经济社会竞争力综合评价指标体系

根据区域经济社会竞争力概念，我们按照“中部地区经济可持续发展为主线，资源承载和环境保护为支撑，科技文化创新为动力，民生保障为目标”的思想构建出中部经济社会竞争力评价框架。

表 1　中部经济社会竞争力综合评价指标体系

一级指标	二级指标	三级指标
经济发展竞争力（B1）	规模维度（C1）	D1 GDP
		D2 人均 GDP
		D3 财政收入总量
		D4 固定资产投资额
		D5 进出口净额
		D6 实际利用外资总额
		D7 社会零售消费品总额
	速度维度（C2）	D8 GDP 增长率
		D9 人均 GDP 增长率
		D10 财政收入增长率
		D11 固定资产投资增长率
		D12 进出口净额增长率
		D13 实际利用外资额增长率
		D14 人均社会零售消费品总额增长率
	结构维度（C3）	D15 全要素生产率对经济发展贡献份额
		D16 第三产业占 GDP 比重
		D17 第二、第三产业占三次产业总值的比重
		D18 高新技术产业占工业增加值比重
		D19 工业化率
		D20 外贸依存度
		D21 城镇化率
		D22 消费支出占 GDP 比重
资源环境竞争力（B2）	资源维度（C4）	D23 人口总量
		D24 劳动力数量占总人口比重
		D25 人均淡水资源
		D26 人均耕地面积
		D27 人均矿产占有量
		D28 人均能源占有量
		D29 人均高速公路占有量
		D30 人均货运量
		D31 人均旅游总收入

续表

一级指标	二级指标	三级指标
资源环境竞争力（B2）	生态维度（C5）	D32 森林覆盖率 D33 人均林地面积 D34 人均新增造林合格面积 D35 绿化覆盖率 D36 绿化覆盖率提高率 D37 生物多样性
	环保维度（C6）	D38 环保投入占 GDP 比重 D39 万元产值“三废”排放量 D40 万元 GDP 能耗 D41 万元 GDP 水耗 D42 人均 CO_2 排放量 D43 工业污水处理率 D44 养殖业污水处理率 D45 工业固体废物综合利用率 D46 农村垃圾处理率 D47 农业化肥使用量
科教文化竞争力（B3）	科技维度（C7）	D48 每万人拥有专业技术人员数 D49 每万人拥有科学家和工程师数 D50 R&D 活动人员全时当量 D51 R&D 经费占 GDP 比重 D52 每万人拥有专利授权量 D53 高新技术市场成交额
	教育维度（C8）	D54 人均平均受教育年限 D55 九年义务教育巩固率 D56 每万人接受职业教育在校学生数 D57 高等教育毛入学率 D58 每万人大学生数 D59 财政性教育支出占 GDP 的比重 D60 教育支出占财政总支出的比重
	文化维度（C9）	D61 文化产业从业人员比重 D62 文化产业增加值占 GDP 比重 D63 文化事业费支出占财政总支出比重 D64 每万人公共文化设施数 D65 广播电视覆盖率 D66 互联网普及率

续表

一级指标	二级指标	三级指标
民生保障竞争力（B4）	民生维度（C10）	D67 城镇居民人均可支配收入
		D68 农村居民人均纯收入
		D69 城乡居民收入比
		D70 基尼系数
		D71 CPI 指数
		D72 恩格尔系数
		D73 人均居住面积
		D74 居民储蓄存款
	社保维度（C11）	D75 失业保险覆盖率
		D76 医疗保险覆盖率
		D77 基本住房保障率
		D78 养老保险覆盖率
		D79 万人拥有病床数
		D80 城镇新增就业人数
	安全维度（C12）	D81 城镇失业率
		D82 每万人刑事案件数
		D83 重大安全生产事故数
		D84 重大食品药品安全事故数
		D85 重大交通事故数
		D86 重大火灾事故发生数

（四）评价方法

为保证评价的科学可靠，我们采用两种不同的评价方法：

1. 线性加权评价法

考虑到中部六省经济社会发展的阶段性，采用线性加权加法模型来对中部六省经济社会发展竞争力总体情况进行综合评价。

$$F_a = \sum_{b=1}^{4} w_b \cdot x_b = \sum_{c=1}^{12} w_c \cdot x_c = \sum_{d=1}^{86} w_d \cdot x_d$$

式中，F_a 是经济社会竞争力，w_b 是分项竞争力权重，w_c 是各维度权重，w_d 是指标权重，采取层次分析法（AHP）和 Delphi 专家咨询法来对指标的权重进行运算确定。采用极差标准化方法对原始数据进行标准化处理。

2. 加权 TOPSIS 评价法

首先对初始数据矩阵 $X=[x_{ij}]_{n\times m}$ 利用功效系数法进行无量纲化处理：

$$Z=[z_{ij}]_{n\times m}=\begin{bmatrix} z_{11} & z_{12} & \cdots & z_{1m} \\ z_{21} & z_{22} & \cdots & z_{2m} \\ \vdots & \vdots & \vdots & \vdots \\ z_{n1} & z_{n2} & \cdots & z_{nm} \end{bmatrix} \tag{1}$$

其次，由各项指标最优值和最劣值分别构成最优值向量 Z^+ 和最劣值向量 Z^-：

$$\begin{aligned} Z^+ &= (z_1^+, z_2^+, \cdots, z_m^+) \\ Z^- &= (z_1^-, z_2^-, \cdots, z_m^-) \end{aligned} \tag{2}$$

其中 $z_j^+ = \max\{z_{1j}, z_{2j}, \cdots, z_{mj}\}$；$z_j^- = \min\{z_{1j}, z_{2j}, \cdots, z_{nj}\}$，$j=1,2,\cdots,m$。

然后，计算被评价对象与最优理想系统 Z^+（z_1^+，z_2^+，…，z_m^+）与最劣系统 Z^-（z_1^-，z_2^-，…，z_m^-）之间的加权距离

$$\begin{aligned} d_i^+ &= [\sum_{j=1}^{m} w_j (x_{ij} - z_j^+)^2]^{1/2} \\ d_i^- &= [\sum_{j=1}^{m} w_j (x_{ij} - z_j^-)^2]^{1/2} \end{aligned} \tag{3}$$

式中 w_j 为权重。最后，计算相对贴近度为：

$$c_i^t = d_i^- / (d_i^+ + d_i^-) \quad 0 \leqslant c_i \leqslant 1 \tag{4}$$

（五）中部六省经济社会发展竞争力组合评价模型

线性加权评价法属于对自身的评价，其优点在于进行竞争力自身发

展的时序比较。加权 TOPSIS 评价法属于相对评价法，其优点在于能进行竞争优势的比较。为此，在进行中部六省经济社会发展竞争力评价时，把线性加权评价法和加权 TOPSIS 评价法组合构成组合评价模型，即以线性加权评价法作为主体，能体现评价的科学性、连续性及时序可比性；以加权 TOPSIS 评价法作为辅助，能反映中部经济社会竞争力的动态性、学术性及区域比较性。

为了使综合计算值具有可比性，首先，对这两种方法计算的中部经济社会竞争力得分进行无量纲化处理，采用极值化法：

$$z_{ij} = \frac{x_{ij}}{\max(x_{ij})}$$

式中，X_{ij}表示线性加权评价法或加权 TOPSIS 评价法计算的 i 省 j 竞争力得分，max（x_{ij}）表示线性加权评价法或加权 TOPSIS 评价法计算的 i 省的 j 竞争力得分的最大值。

其次，赋予线性加权评价法权重 w_f，加权 TOPSIS 评价法权重 w_t。

最后，将线性加权评价法和加权 TOPSIS 评价法进行加权组合，构建中部经济社会竞争力的组合评价模型：

$$C_{ij} = w_f \cdot c_{fij} + w_t \cdot C_{tij}$$

式中，C_{ij}为组合评价法计算的 i 省的 j 竞争力得分，C_{fij}为线性加权法计算的 i 省 j 竞争力得分，C_{tij}为加权 TOPSIS 评价法计算的 i 省 j 竞争力得分。

（六）中部六省经济社会竞争力组合评价结果

用线性加权法和加权 TOPSIS 法计算的中部六省经济社会的各项竞争力结果见表 2。

1. 经济发展竞争力

从经济发展竞争力来看，湖北的组合得分最高，为 1.000。线性加

表 2　中部六省经济社会竞争力组合评价得分与排名

	经济发展竞争力		资源环境竞争力		科教文化竞争力		民生保障竞争力	
	得分	排序	得分	排序	得分	排序	得分	排序
山西	0.668	6	0.889	2	0.679	2	0.844	4
安徽	0.843	2	0.744	5	0.650	3	0.57	6
江西	0.752	4	1.000	1	0.308	6	0.794	5
河南	0.688	5	0.616	6	0.480	5	0.919	2
湖北	1.000	1	0.815	3	1.000	1	1.000	1
湖南	0.772	3	0.756	4	0.630	4	0.86	3

权法计算结果为 0.611，加权 TOPSIS 法计算结果为 0.597，在中部六省中都是最高的。安徽排名第二，为 0.843，线性加权法计算结果为 0.510，加权 TOPSIS 法计算结果为 0.524。湖南排名第三，为 0.772，线性加权法计算结果为 0.466，加权 TOPSIS 法计算结果为 0.482。江西排名第四，为 0.752，线性加权法计算结果为 0.452，加权 TOPSIS 法计算结果为 0.479。河南排名第五，为 0.688，线性加权法计算结果为 0.407，加权 TOPSIS 法计算结果为 0.462。山西排名第六，为 0.668，线性加权法计算结果为 0.398，加权 TOPSIS 法计算结果为 0.438。

（1）从经济发展规模维度来看，河南经济规模维度得分值为 0.804，居中部六省之首。湖北次之（0.685），随后依次是湖南（0.468）、安徽（0.376）、山西（0.250）和江西（0.233）。河南和湖北的得分均高于 0.5，而其余省份得分均小于 0.5。

（2）从经济发展速度维度来看，发展最快的是江西，其综合得分值为 0.824，安徽次之（0.732），湖北（0.542）、湖南（0.533）、山西（0.410）紧随其后，河南最低，其综合得分值仅只有 0. 109。

（3）从经济发展结构维度来看，山西省经济结构优化程度最佳，其结构维度综合得分为 0.602，排在中部六省的第一位，湖北次之（0.572），安徽（0.476）、湖南（0.406）、江西（0.400）紧随其后，河南最低（0.205）。

2. 资源环境竞争力

从资源环境竞争力来看，江西排名第一，为1.000，线性加权法计算结果为0.588，加权TOPSIS法计算结果为0.550，优势十分明显。山西第二，为0.889，线性加权法计算结果为0.517，加权TOPSIS法计算结果为0.510；湖北第三，为0.815，线性加权法计算结果为0.471，加权TOPSIS法计算结果为0.478；湖南第四，为0.756，线性加权法计算结果为0.434，加权TOPSIS法计算结果为0.455；安徽第五，为0.744，线性加权法计算结果为0.426，加权TOPSIS法计算结果为0.451；河南第六，为0.616，线性加权法计算结果为0.346，加权TOPSIS法计算结果为0.399。

（1）从资源维度来看，山西排在第一（0.683），资源优势明显，不仅矿产资源丰富，而且人均旅游收入较高。安徽次之（0.449），随后分别是湖北（0.404）、河南（0.325）、江西（0.307）、湖南（0.283）。

（2）从生态维度来看，江西综合得分值为0.952，排在中部第一。江西生态条件很好，2010年江西森林覆盖率、人均林地面积、当年新增种草面积、绿化覆盖率以及提高率指标均高于中部其他省份。随后依次是湖南（0. 437）、山西（0.421）、湖北（0.338）、安徽（0.160）和河南（0.152）。

（3）从环保维度来看，得分排序依次为湖北在环境保护方面取得了显著的成效，其综合得分值达到了0.623，排名第一。然后依次排序为安徽（0.605）、湖南（0.551）、河南（0.528）、江西（0.524）、山西（0.460）。

3. 科教文化竞争力

在科教文化竞争力方面，湖北排名第一，为1.000，优势十分突出，线性加权法计算结果为0.701，加权TOPSIS法计算结果为0.592；山西第二，为0.679，线性加权法计算结果为0.455，加权TOPSIS法计算结果为0.472；安徽第三，为0.650，线性加权法计算结果为0.436，

加权 TOPSIS 法计算结果为 0.450；湖南第四，为 0.630，线性加权法计算结果为 0.420，加权 TOPSIS 法计算结果为 0.445；河南第五，为 0.480，线性加权法计算结果为 0.307，加权 TOPSIS 法计算结果为 0.383；江西第六，为 0.308，线性加权法计算结果为 0.184，加权 TOPSIS 法计算结果为 0.290。

（1）从科技维度来看，排名第一的是湖北，其综合得分值为 0.995，远高于中部其他省份，随后是安徽（0.523）和湖南（0.450），山西第四（0.243），河南（0.224）和江西（0.088）分列后两位。

（2）从教育维度来看，山西教育维度综合得分值达到了 0.675，中部六省排名第一。2010 年，山西教育指标普遍较高，财政性教育支出占 GDP 的比重达到了 3.24%，位于中部六省的首位。湖北综合得分值为 0.600，排在第二位；其余省份得分均低于 0.5。降序排列依次为河南（0.375）、江西（0.323）、安徽（0.299）、湖南（0.265）。

（3）从文化维度来看，排名第一的是湖南，其综合得分值为 0.594，2010 年湖南省的文化产业从业人员达到了 11.76 万人，文化产业产值占 GDP 的比重达到 38%，均大大高于中部其他省份，随后是安徽为 0.501。然后依次为山西（0.494）、河南（0.401）、湖北（0.349）、江西（0.206）。

4. 民生保障竞争力

从民生保障竞争力来看，湖北排名第一，为 1.000，优势十分明显，线性加权法计算结果为 0.609，加权 TOPSIS 法计算结果为 0.573；河南第二，为 0.919，线性加权法计算结果为 0.558，加权 TOPSIS 法计算结果为 0.533；湖南第三，为 0.860，线性加权法计算结果为 0.520，加权 TOPSIS 法计算结果为 0.507；山西第四，为 0.844，线性加权法计算结果为 0.509，加权 TOPSIS 法计算结果为 0.503；江西第五，为 0.794，线性加权法计算结果为 0.475，加权 TOPSIS 法计算结果为 0.487；安徽第六，为 0.570，线性加权法计算结果为 0.336，加权

TOPSIS 法计算结果为 0.368。

（1）从民生维度来看，湖北排在第一，其综合得分值为 0.789，湖南排在第二（0.616），随后分别是河南（0.523）、江西（0.498）、山西（0.480）和安徽（0.385）。需要指出的是，从 CPI 指数来看，湖北物价控制势头最好，2010 年 CPI 指数较 2009 年上涨幅度较小。

（2）从社保维度来看，河南排在第一，其综合得分值为 0.639，湖北次之（0.615），两省失业保险和养老保险覆盖率都卓有成效。随后是山西（0.551）、湖南（0.384）、江西（0.367）和安徽（0.136）。

（3）从安全维度来看，江西得分值最高，为 0.587，其交通安全以及防火防灾方面发生事故率都较低。其余省份降序排列依次为安徽省（0.531）、山西省（0.514）、河南省（0.499）、湖南省（0.470）、湖北省（0.117）。

二　中部主体功能区研究

2010 年 12 月我国颁布了《全国主体功能区划》，明确提出了要根据不同区域的资源环境承载能力、现有开发强度和发展潜力，统筹谋划人口分布、经济布局、国土利用和城镇化格局，确定不同区域的主体功能，并据此明确开发方向，完善开发政策，控制开发强度，规范开发秩序，逐步形成人口、经济、资源环境相协调的国土空间开发格局。《全国主体功能区划》对我国城市化格局的空间发展战略问题、农业战略的空间布局问题和生态安全的战略格局问题进行了明确界定，对中国区域空间发展的总体格局产生了重大影响。

所谓主体功能区就是根据不同区域的资源环境承载能力、现有开发密度和发展潜力，按照优化结构、区域分工、保护自然、有限开发、集约开发、协调开发的原则，将国土空间划分为具有某种特定主体功能定位的地域空间单元，主要可分为优先开发、重点开发、限制开发和禁止开发这四类。覆盖山西、安徽、江西、河南、湖北、湖南六个相邻省份

的中部地区地处内陆腹地，起着承东启西、连接南北、吸引四面、辐射八方的重要战略作用。自2006年《中共中央国务院关于促进中部地区崛起的若干意见》颁布以来，中部地区发展步伐明显加快，在全国区域格局中的地位不断提升。随着《〈促进中部崛起规划〉实施意见》、《关于促进中部地区城市群发展的指导意见》的颁发以及《全国主体功能区划》的全面实施，中部崛起战略正不断向纵深方向发展。

依据《全国主体功能区划》，结合中部地区的自然环境和经济社会发展状况，我们划分出了中部地区的优先开发区、重点开发区、限制开发区和禁止开发区。

（1）优先开发区域主要是指一些经济比较发达、人口密集、开发强度偏高、资源环境负荷过重的部分城市化地区。目前，中部地区的优先开发区是业已形成的太原城市圈、皖江城市带、鄱阳湖生态经济区、中原经济区、武汉城市圈、长株潭城市群等六大城市区域（城市群、经济带、经济区）中的地级市（直管县、区）。

（2）重点开发区域主要是指具有一定经济基础、资源环境承载能力较强、发展潜力较大、集聚人口和经济条件较好的城市化地区。它既是落实区域发展总体战略、拓展发展空间、促进区域协调发展的需要，也是避免经济发展过于依赖少数区域，减轻其人口、资源、环境压力的需要。目前，中部地区各省近期重点开发的区域主要是被明确纳入六大城市区域（城市群、经济带、经济区）规划中的非地级市（直管县、区）。

（3）限制开发区域主要是影响全局农产品和生态安全的重点生态功能区。该区域内的生态系统比较脆弱、生态重要性程度高，自然灾害危险大，大规模集聚经济和人口的条件不够好，且关系到农产品供给安全、关系到较大范围生态安全的区域。中部地区的限制开发区域主要包括中部地区粮食主产区、棉花优势产区、油菜优势产区、特色农产品优势产区；三峡库区、黄土高原区、武陵山区、丹江口库区及上游地区等重点水土保持区，晋西及晋西北、豫西、桐柏山区、大别山区、皖南山

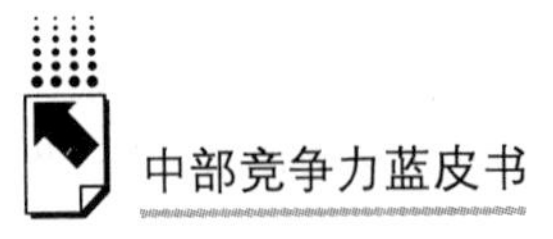

区、伏牛山区、赣南山区等流域综合治理区；韶山、井冈山、大别山、太行山、洞庭湖、鄱阳湖等旅游资源丰富的景区。

（4）禁止开发区域主要是各级各类依法设立的自然文化资源保护区和其他需要特殊保护的区域，包括中部地区的各级各类自然保护区、文化自然遗产、风景名胜区、森林公园、地质公园等。

所谓优先开发区、重点开发区、限制开发区和禁止开发区域主要是对开发方式而言的，不是指开发内容，限制开发区域或禁止开发区域并不是限制或禁止这些区域的发展。中部地区实施主体功能区战略，既要突出主体功能，也要兼顾和发挥好其他功能。优化开发和重点开发区域，作为中部主要的工业化和城镇化空间，主要是集聚经济和人口，但同时也要保护好基本农田、森林、水源，提供一定数量的生态产品和农产品。限制开发区域和禁止开发区域，作为中部重要的农业空间和主要的生态空间，主要是提供农产品和生态产品，保障农产品的供给安全和生态系统稳定，但也要发展与当地资源环境相适宜的产业。

中部地区是我国农业和农村最为集中的地区，限制开发区和禁止开发区面积相对较大，中部地区的发展正面临着城市群缺乏、中心城市辐射带动作用不强、资源要素整合有限、产业集聚度不高、创新能力较弱、城市间分工协作程度较低等突出问题。因此，如何在经济社会发展过程中，更好更快地实现中部崛起，是实现我国东、中、西、东北四大区域协调发展的重要环节。对于这一问题，《全国主体功能区划》指出，中部地区的太原城市群、皖江城市带、鄱阳湖生态经济区、中原经济区、武汉城市圈、长株潭城市群等六大区域属于重点开发区，应大力推进区域经济社会发展和城市化建设，并以此为经济社会发展竞争力的引擎，以加快中部地区崛起；《中华人民共和国国民经济和社会发展第十二个五年规划纲要》则进一步明确指出，“要大力促进中部地区崛起，要重点推进太原城市群、皖江城市带、鄱阳湖生态经济区、中原经济区、武汉城市圈、环长株潭城市群等区域发展”。可见，《全国主体功能区划》和《中华人民共和国国民经济和社会发展第十二个五年规

划纲要》这两个纲领性文件，为中部地区快速崛起的路径指明了方向。

太原城市圈、皖江城市带、鄱阳湖生态经济区、中原经济区、武汉城市圈、长株潭城市群等六大城市区域（城市群、经济带、经济区）的持续快速发展，是事关中部地区更好更快崛起的关键。我们以专题的形式，针对中部地区六大城市区域（城市群、经济带、经济区）的经济社会发展现状以及建设与发展过程中存在的问题，就六大城市区域（城市群、经济带、经济区）的发展方向、路径、特点等各个方面进行全面系统的论述，提出相应的发展政策与建议，从而更好地实现中部地区人口、资源、环境、经济、社会的协调发展，实现中部地区的崛起。

三　中部地区企业发展与企业竞争力研究

（一）企业竞争力与中部企业发展态势

1. 企业竞争力与企业区域竞争力

企业竞争力是企业生存和发展的长期决定因素。与单一企业竞争力不同，一地区或省市甚至多个省市的企业竞争力即企业的区域竞争力特指一个地区所有企业在特定时期总体表现出来的相对于其他区域主体而言参与市场竞争的水平和能力。中部六省地处我国内陆腹地，是我国传统的人口大区、粮食大区、能源大区、工业重地和重要市场。改革开放前中部地区是我国能源型企业以及重工业企业分布密集的区域，企业发展位居全国前列。改革开放后，随着东部沿海的优先开发与开放，中部地区与东部沿海的差距越来越大，中部企业与沿海企业的发展差距也越来越大。

2. 中部地区企业发展态势

（1）企业的经济环境。经济总量是一个地区竞争力的基础，也是所属地企业提升竞争力的最重要的经济环境。中部六省是我国经济的重要组成，但总体而言，中部六省相对于东部沿海发达省市是滞后的，

2010 年广东省的生产总值为 45472.83 亿元，是六省总和的 53.22%。从单一省份相比看，广东省的经济总量是河南省的 1.98 倍、湖北的 2.88 倍、湖南的 2.86 倍、安徽的 3.71 倍、江西的 4.82 倍、山西省的 5 倍。可见，中部地区在我国东中西三大经济板块中依然处于不利的竞争环境。

（2）企业的发展效益。企业以赢利为目的，企业的赢利能力是企业竞争力最重要的标准。一个地区所有企业作为一个整体，发展的好坏，可从该地区工业增加值尤其是规模以上企业的工业增加值以及净利润上得到较好的反映。规模以上企业净利润不仅能反映一个省工业发展绩效，更能从总体上反映该省企业的发展水平，尤其是企业的整体竞争力。中部六省中企业利润最高的是河南省，利润总额 3166.68 亿元。

（3）企业的产业结构与产业竞争力。按照三次产业高级化程度的“三二一”标准，中部六省均未进入产业发展的高级阶段。总体而言，中部六省产业结构上都存在过度依赖第二产业、第三产业不发达、第一产业比重仍偏高的特征。从轻重结构来看，中部六省轻工业所占比重略低于全国平均值，相反重工业比重高于全国平均值。而从绝对值看，仅河南、安徽轻工业增加值高于四川，其他四省均严重低于四川。重工业增加值亦是同样格局。跟广东相比，中部六省无论是轻工业、重工业还是工业增加值总值均有很大的差异。从轻工业所占整个工业增加值比重来看，除山西省外，其他中部五省无论是与全国平均水平，还是与四川，甚至与广东相比，均无较大差异。

（二）中部企业发展排行榜分析

1. 中部百强企业

根据中部六省百强企业排行榜，河南省和湖北省均有 24 家企业进入中部百强，安徽 18 家、山西 16 家、湖南 11 家，江西仅 7 家。而前 10 强除了湖北的东风汽车外，全部为资源型大型国企。而在前 50 名中，河南有 12 家、湖北 10 家、安徽 9 家、山西 9 家、江西和湖南各 5

家企业。

2. 中部最赢利企业20强

赢利排行榜一个重要特征在于营业收入最大的企业，净利润并不是最大，且净利润差距较大。中部地区利润最大的是东风汽车公司为2322133万元，排在第二的是民营企业三一集团有限公司仅为714056万元。基于这个特征，在赢利排行榜中，湖南省3家企业进入前10强，在整个20强企业中山西5家企业入榜且全为煤钢类企业，河南4家、湖北4家、湖南3家、安徽和江西各2家。

3. 中部民营企业50强

在中部民营50强中湖南的三一集团有限公司以3042463万元的营业收入位居50强民企的榜首。而在50强中，湖北省民营企业发展无疑最好，共有16家进入50强，占总数的32%。安徽民营企业在中部也具有相当的优势，以10家企业位居第二。湖南和河南则相当，均为8家。山西5家，江西民营企业发展最为滞后，仅有3家进入中部民营企业50强。

（三）企业发展差异、问题与对策

1. 中部企业中国500强比较

企业的区域分布以及区域发展与我国经济发展的区域特征具有一致性。改革开放以来，我国企业发展同样存在地区间的发展不平衡问题，尤其是大企业的发展极端不均衡。主要表现为，我国绝大多数大企业主要集中在东部沿海的经济发达地区，中西部地区的大企业发展缓慢、数量少，尤其是民营大企业的培育和发展能力弱。根据中国企业联合会历年发布的中国企业500强数据，东部地区入榜企业数都占70%以上。这种格局保持了近10年没有大的变化。2011年中国企业500强延续了这一格局，中部地区有56家企业上榜，占11.2%，却比上年减少3家。可见，尽管我国为了缩小东西差距，相继实施了西部大开发和中部崛起等战略，但这种格局并没有因此而发生改变，反而差距越来越大。

2. 中部上市公司发展及竞争力比较

“上市”不是评判一个企业竞争力的唯一要求，却是一个企业发展好坏的重要尺度。截至2011年12月26日，中部六省共有A股上市公司347家，占全国的15.1%，低于中部地区GDP占全国的比重。故可以看出，中部企业在规范化或现代化企业经营和建设上略显滞后。具体到每个省，中部六省内部亦存在发展的两极。其中以湖北省上市公司的数量最多78家，其次是安徽76家，再次是湖南67家，而河南共有上市公司63家，位居中部六省第四位。但总体而言，排在前四名的省份之间的差距并不悬殊，悬殊较大的是作为中部六省经济较弱的江西和山西，分别以31家和32家排在最后两位。与作为西部和东部代表省份的四川（86家）与广东（164家）相比，即便是中部上市最多的湖北省差距也非常明显。

3. 中部企业发展的问题与对策

（1）中部企业区域竞争力与中部经济在全国的地位基本一致，同样表现为发展滞后。要实现中部崛起首先要实现中部企业的崛起，培育大量的在全国具有重要影响的大企业、大品牌，只有通过中部企业的上位赶超才能实现中部经济社会发展的快速赶超，才能尽快实现中部崛起。

（2）总体而言，中部企业中国有企业比重过高，制约了中部企业整体竞争力的提升和中部经济的快速发展。中部各省均需加快国有企业尤其是国有大型企业的改革和改制，加大产权改革力度和幅度。创新企业成长机制，为中小企业尤其是民营企业营造宽松的市场环境，促进民营企业大发展。

（3）中部企业过度依赖资源，将进一步制约中部企业和经济的发展。中部各省均需大力加快资源型企业转型，加大企业科研投入，加快研究开发和技术创新，提升整个资源型企业的核心竞争力，扩展和延伸产业链，增加产业附加值。

（4）中部地区产业分工不够明确，过度竞争现象比较严重。中部

大中企业需要大力加强中部各省间的产业分工和企业合作，优化组合形成中部产业集群，避免重复竞争、内部耗损和资源浪费。

（5）中部企业发展或行业分布尚未有效利用中部地区的比较优势。为此，需要发挥中部自身优势，培育相应的大型企业和知名品牌。培育新型农业、农产品加工服务业，大力发展中部第三产业，打造一批具有全国影响力的服务型企业，尤其是旅游服务业和生态服务业。

（6）无论是企业发展的经济环境，还是企业自身发展态势，中部六省均存在较大差异。在中部崛起战略实施中不能“一刀切”，而应根据中部各省的具体发展情况设立切实可行的追赶目标。

（7）中部缺乏在全国甚至世界具有重要影响的大企业、大品牌。中部优势企业和产业集群要“走出去”不断拓展全国和世界市场，在竞争中增强中部企业的竞争力，壮大实力、扩大影响，培育和打造出一批属于中国和世界的中部企业。

综合评价篇

Comprehensive Evaluation

中部六省经济社会竞争力得分与排序

中部六省经济社会竞争力得分与排序（2010）

	经济发展竞争力		资源环境竞争力		科教文化竞争力		民生保障竞争力	
	得分	排序	得分	排序	得分	排序	得分	排序
山西	0. 668	6	0. 889	2	0. 679	2	0. 844	4
安徽	0. 843	2	0. 744	5	0. 650	3	0. 570	6
江西	0. 752	4	1. 000	1	0. 308	6	0. 794	5
河南	0. 688	5	0. 616	6	0. 480	5	0. 919	2
湖北	1. 000	1	0. 815	3	1. 000	1	1. 000	1
湖南	0. 772	3	0. 756	4	0. 630	4	0. 860	3

B.2

中部经济社会竞争力综合评价指标体系构建的理论基础*

摘　要： 区域竞争力的核心是创造竞争优势，区域竞争力即区域创造竞争优势的能力，或获得高生产力水平及持续提高生产力的能力。区域经济社会竞争力是一个区域在竞争和发展的过程中与其他区域相比较，在资源环境约束下持续提高经济社会发展绩效、不断促进地区繁荣和提升国民福祉的能力，是区域持续发展的重要支撑力量，是衡量区域发展综合能力的重要标尺。区域经济社会竞争力由经济发展竞争力、资源环境竞争力、科教文化竞争力和民生保障竞争力组成。其中，经济发展竞争力是获取中部经济社会竞争优势的基础；资源环境竞争力是获取中部经济社会竞争优势的支撑；科教文化竞争力是获取中部经济社会竞争优势的动力；民生保障竞争力是中部经济社会竞争力培育和提升的目标。

关键词： 中部经济社会竞争力　综合评价　指标体系　理论基础　研究框架

竞争力理论渊源可以追溯到古典经济学派的比较优势理论、集聚优势理论等，尽管这些理论框架尚未明确提出竞争力概念，却从不同视角

* 基金项目：教育部人文社会科学研究 2011 年度青年基金项目（项目批准号 11YJC790188）；南昌大学中国中部经济社会发展研究中心招标项目（项目批准号：11ZBND01）。
撰写人：王圣云，博士，南昌大学中国中部经济社会发展研究中心专职研究员，主要从事区域经济与规划和国民福祉学等研究。

揭示了国际分工体系下国家间相对竞争优势的形成机理。迈克尔·波特在20世纪80年代建立了一套完整的竞争力理论体系和评价体系，深入研究和揭示了竞争力形成和演变规律，以此奠定了现代竞争理论的基石。

一 区域经济社会竞争力综合评价指标体系构建的理论来源

（一）绝对优势理论

绝对优势理论，也叫绝对成本优势理论，是由英国古典政治经济学家亚当·斯密在其《国富论》一书中提出的。该理论从生产某种产品的劳动成本的绝对差异为出发点，认为各国应按照各自在绝对成本方面的优势进行分工，生产并出口绝对成本低的商品，进口绝对成本高的商品。如果一国拥有更高的劳动生产率或更低的生产成本和价格，就称该国在这一产品上拥有绝对优势。按照绝对优势理论，各国劳动生产率的绝对差异，是国家竞争优势的源泉。一个没有任何绝对优势产品的地区难从贸易中获益。绝对成本优势理论认为，分工可以提高劳动生产率，增加国民财富。斯密进而分析到，分工既然可以极大地提高劳动生产率，那么每个人专门从事他最有优势的产品的生产，然后彼此交换，则对每个人都是有利的。分工的原则是成本的绝对优势或绝对利益。绝对成本优势理论深刻指出了分工对提高劳动生产率的重要作用以及提高劳动生产率对提升国家竞争优势的巨大意义。

（二）比较优势理论

比较优势理论也叫比较成本优势理论，最早由英国经济学家大卫·李嘉图在《政治经济学及其赋税原理》中提出，是当今国际经济学的

基石。该理论用国与国之间生产同一产品相对劳动生产率优势来解释国际贸易。比较优势理论认为，不论一个国家的劳动生产率与其他国家有何不同，该国总能找到对自己而言具有相对优势的产品，可以生产和出口比较优势最大的产品，进口比较劣势最大的产品。大卫·李嘉图发展了斯密提出的绝对优势理论，认为国际贸易的基础是生产技术的相对差别（而非绝对差别），以及由此产生的相对成本的差别。因而每个国家都应根据“两利相权取其重，两弊相权取其轻”的原则，集中生产并出口具有“比较优势”的产品，进口具有“比较劣势”的产品。

无论是绝对优势理论还是比较优势理论都属于技术差异论的范畴。技术差异是指各国在生产同一产品时由于劳动生产率不同而造成的国际分工。这两个理论都建立在劳动生产率差异基础上，引入劳动生产率使国际贸易的发生原因从自然要素领域转到了生产领域。总之，没有差异就没有比较，差异是国际贸易的基础。但这两个理论的区别在于：有绝对优势一定有比较优势，但有比较优势不一定有绝对优势。绝对优势是就同一产品一国对另一国的优势，而比较优势是同一国一种产品对另一种产品的优势。绝对优势理论只能说明各国分别在某一种或某几种产品劳动生产率高于其他国家，分工得以形成；而比较优势理论考虑相对技术优势，在假定时只考虑生产力的投入，认为劳动生产率不变，是从静态角度考虑国际分工。

（三）要素禀赋理论

1933 年，瑞典经济学家俄林在赫克歇尔研究的基础上提出了要素禀赋理论，揭示了比较成本产生的原因。他认为各国或各地区的资源禀赋不同，即生产要素的供给状况不同，是产生国际分工或国际贸易的基本原因。他认为不同国家的技术大体相同，但资源禀赋不同，即所谓生产要素，如土地、劳动、自然资源和资本的拥有量不同，产品比较成本存在地域差异。不同地域要素禀赋不同，供给量充裕的要

素，相对价格较低，密集使用这一要素产品的相对成本也较低，反之亦然。

赫克歇尔认为产生比较成本优势有两个前提条件：一是各地区生产禀赋不同，二是商品生产需要不同的生产要素组合。俄林在赫克歇尔的基础上于1933年出版了《地区间贸易与国际贸易》，书中对这一理论进行了系统阐述。俄林认为，每一地区最适宜生产那些所需生产要素在该地区价廉、丰富的产品，而最不适宜生产需要某些要素多但这些要素在该区域赋存量少甚至没有的产品。国际贸易的流向以要素禀赋的密集区为重心，进口那些含有较大比例生产要素昂贵的商品，出口那些含有较大比例生产要素便宜的商品，流向要素稀缺的区域。该理论没有将技术当做生产要素，忽视了技术在区域分工中的作用。此外，也忽视了规模经济、集聚经济等对区域分工合作的影响。

赫克歇尔—俄林的要素禀赋理论和李嘉图的比较优势理论都运用了比较原则，但李嘉图的比较优势理论只限于商品成本差异，而要素禀赋理论则立足于要素配置及其差异。比较优势理论从生产率差异角度来解释成本和价格的变化及区域差异，而要素禀赋理论则从投入要素价格的差异角度来解释地域间的比较优势。

（四）规模经济理论

在经济学中，规模经济是指随着生产规模的扩大，产品长期平均成本降低。规模经济对企业而言意味着选择一个能实现利润最大化的生产规模。规模经济的“经济”是指节约、效益、生产规模的经济性。规模经济即根据生产力诸要素的组合方式及其变化规律，科学地选择和控制企业生产规模，取得最佳经济效益。规模经济不仅限于产品成本的“节约性”，还会从市场竞争角度带来竞争优势。20世纪70年代以来，随着国际贸易的迅速发展和变化，发达国家间的贸易日益兴起，规模经济理论应运而生，其代表人物是美国学者克鲁格曼。克鲁格曼用“内在规模经济”和“外在规模经济”解释了发达国家之间和产业内贸易。

他认为，基于国内市场的规模经济在产品出口之后，市场会迅速扩大。在生产继续存在规模经济性的情况下，产量增加会使产品的平均成本进一步降低，进而增加国际竞争力。

（五）集聚优势理论

阿尔弗雷德·马歇尔在《经济学原理》一书中，首次提出产业集聚及外部经济的概念，阐述了存在外部经济与规模经济条件下产生产业聚集的三个经济动因：一是集聚能够促进专业化投入和服务的发展；二是企业集聚于一个特定的空间能够提供特定产业技能的劳动力市场，从而确保较低的失业率，并降低劳动力出现短缺的可能性；三是产业集聚能够产生溢出效应，企业从技术、信息等溢出中获益。马歇尔进一步指出，产业聚集有利于企业所需生产要素的聚集，这些要素包括劳动力、资金、能源、运输以及其他专业化资源等。生产要素的供给越多，越能降低平均生产成本。随着专业化程度的加深，生产更有效率，企业更具竞争力。

（六）人力资本理论

人力资本概念最初来源于欧文·费雪在1906年发表的《资本的性质和收入》一书，但当时并没有给出明确的界定。1935年，美国经济学家J. R. 沃尔什在《人力资本观》一书中引出人力资本的概念。直到1960年，美国经济学家西奥多·W. 舒尔茨正式提出人力资本的概念，明确指出人力资本是当今时代促进国民经济增长的主要原因，人口质量和知识投资在很大程度上决定了人类未来的前景，人力资本的积累是社会经济增长的源泉。在影响经济发展诸因素中，人的因素最为关键。经济发展主要取决于人的知识和技能的提高，而不完全是自然资源或物质资本的多寡。1964年美国经济学家加利·S. 贝克尔进一步明确了人力资本的概念，认为人力资本就是通过教育支出和培训支出以及医疗保健支出等形成的健康状况的改善、收入的提高和文学欣赏能力的提高。加利·S. 贝克尔指出，父母在对子女的感情投入上所花费的时间是无法被技术进步所取代的。不发达国家“低水平均衡”的根源在于较高的贴现率使得父母对子女投资减少而形成恶性循环。发达国家“高水平均衡”则是由其人力资本相对于物质资本的积累突破某一界限从而使社会总人力资本增长达到一个更高的水平。M. M. 麦塔（1976）认为，从更广泛的意义上讲，人力资本可定义为一个人所具有的知识、技术与能力的总和，包括创新精神、应变能力、工作能力、价值观、态度以及其他可以提高产出和促进经济增长的人口质量因素。

（七）技术差距理论

1961 年，美国学者 M. V. 波斯纳在《国际贸易与技术变化》一文中提出了技术差距理论。该理论认为技术也是一种生产要素，技术领先的国家具有技术上的比较优势，可以出口技术密集型产品。通过模仿、技术引进等手段，技术相对落后国家逐渐掌握了先进技术之后，能够模仿生产从而减少进口，技术领先国家的技术比较优势逐渐消失，国际贸易差额逐渐消失。拥有新技术的国家能在一段时间内垄断该技术的新产品的出口，这段时间称为“仿效时间”，即新技术被国外仿效的时间。一种新产品出现到被外国消费者接受，通常也会有一段时间间隔，这叫“需求差距”。“仿效时间”和“需求差距”之间的时间差异决定着国家从技术优势中的获利水平。需求差距越短，仿效越长，表明技术差距获得的贸易利润越大；需求差距越长，仿效时间越短，表明技术差距获得的贸易利润越小。技术差距理论把技术视为劳动和资本之外的第三种生产要素，探讨技术禀赋、技术变动、技术差距对国际贸易的影响。由于技术变动包含了时间因素，因此技术差距理论被看成是一种动态理论。

（八）技术创新理论

技术创新理论首次由熊彼特在《经济发展理论》中系统提出，该理论被他的追随者发展成两个分支：一是新古典经济增长理论和内生经济增长理论；二是技术扩散和技术创新理论。其中，技术创新的新古典

学派以索洛为代表，运用新古典生产函数，阐明经济增长率取决于资本和劳动的增长率、资本和劳动的产出弹性以及随时间变化的技术创新。但新古典理论仍采用正统经济理论模型作为分析工具，没有充分考虑经济发展中技术和制度的作用及其发挥作用的方式。技术创新的新古典学派是将技术创新过程看成一个“黑箱”，不关心这个“黑箱”内部的运作，这与新熊彼特学派将技术创新作为一个过程进行研究形成了鲜明对照。技术创新的新熊彼特学派的代表人物有爱德温·曼斯菲尔德、莫尔顿·卡曼、南希·施瓦茨等，他们秉承熊彼特经济分析传统，强调技术创新和技术进步在经济增长中的核心作用，将技术创新视为一个相互作用的复杂过程，重视对“黑箱”内部运作机制的揭示。相比熊彼特的创新理论，曼斯菲尔德的理论在一定程度上有助于对技术模仿和技术推广的解释，但对现实经济的解释力较为有限。卡曼、施瓦茨等人从垄断与竞争的角度对技术创新的过程进行了研究，把市场竞争强度、企业规模和垄断强度三个因素综合于市场结构之中来考察，探讨了技术创新与市场结构的关系，认为最有利于创新的市场结构是介于垄断和完全竞争之间的所谓“中等程度竞争的市场结构”。卡曼、施瓦茨等人认为：竞争越激烈，创新动力就越强；企业规模越大，在技术创新上所开辟的市场就越大；垄断程度越高，控制市场能力就越强，技术创新就越持久。熊彼特忽略了创新在扩散过程中的改进和发展，而新熊彼特主义者的着眼点则在于创新的机制。此外，技术创新的制度创新学派以美国经济学家兰斯·戴维斯和道格拉斯·诺斯等人为代表。戴维斯和诺斯（1971）认为，所谓“制度创新”是指经济的组织形式或经营管理方式的革新。经济增长的关键是设定一种能对个人提供有效刺激的制度，该制度确立一种所有权，即确立支配一定资源的机制，从而使每一活动的社会收益率和私人收益率近乎相等。

（九）竞争优势理论

竞争优势理论，由哈佛大学商学研究院迈克尔·波特提出。迈克尔·波特出版的“竞争力”三部曲——《竞争战略》、《竞争优势》、《国家竞争优势》。从产业层面系统阐述了产业和企业竞争力形成和发展的规律，为竞争力研究提供了一套微观框架和系统性产业竞争力理论。迈克尔·波特对“比较优势”理论和传统的国际贸易理论进行了重大修正，他认为传统的比较优势理论基于静态视角，而现代经济社会活动复杂多变，决定区域竞争力的不再是传统的“自然资源”和“劳动力”等生产要素，而是以创新为核心的生产力，不仅包括技术创新，而且包括相关的政策安排、制度设计、创新环境、人力资本等方面。波特认为国家的竞争力根本上是一国的产业竞争力，而数以千计个别产业的竞争结果，又能折射出这个国家的经济状况和进步能力。一个国家必须具备哪些条件才能被称为有竞争力？在国家层面上，竞争力的唯一意义就是生产率，竞争力（Competitiveness）即生产率，创新能力决定了生产率，生产率决定了繁荣。其中，在《国家竞争优势》一书中，波特提出了国际竞争力的“钻石模型”（又称菱形模型）。同时，波特利用“钻石模型”这一有效的分析工具，进行了一系列的地区竞争力研究，包括四种本国的决定因素和两种外部力量。四种本国的决定因素包括要素条件，需求条件，相关及支持产业，公司的战略、组织以及竞争。两种外部力量是随机事件和政府。

（十）可持续发展理论

可持续发展的概念最先是在1972年于斯德哥尔摩举行的联合国人类环境研讨会上正式提出的。1983年，联合国成立了世界环境与发展委员会（WECD）。1987年，该委员会将《我们共同的未来》提交给联合国大会，正式提出了可持续发展概念：“既满足当代人的需求又不危及后代人满足其需要的发展”。1992年，世界环境与发展大会通过的《21世纪议程》，推进了对可持续发展理论的认识。可持续发展是强调从环境和自然资源视角提出的发展模式。强调在保证环境和自然资源的

长期承载能力的同时，改善生活质量。较为宽泛的可持续发展定义是“在连续的基础上保持或提高生活质量（莫汉·莫纳辛和杰弗瑞·麦柯尼利，1996）”，较狭义的可持续发展定义则是“人均收入和福利随时间不变或者是增加的（莫汉·莫纳辛和杰弗瑞·麦柯尼利，1996）”。从可持续发展和福利的关系来看，可持续发展是指随着时间的推移，人类福利的连续不断的增加或保持。可持续发展是一个综合和动态的概念，不仅涉及当代一国或地区的人口、资源、环境和发展的协调，还涉及同后代的国家或地区之间的人口、资源、环境与发展之间的冲突。可持续发展是一个涉及经济、社会、文化、技术及自然环境的综合概念。可持续发展主要包括自然资源与生态环境的可持续发展、经济的可持续发展和社会的可持续发展。

二　区域经济社会竞争力的概念内涵与综合评价框架

（一）区域竞争力的属性

从宏观、中观和微观不同层面来看，竞争力有国家竞争力、区域竞争力、产业竞争力、企业竞争力。其中，企业竞争力属于微观层面的竞争力，产业竞争力基本被认为是中观层面的竞争力，也有少数研究将之视为微观层面或宏观层面的竞争力。国家竞争力和区域竞争力属于宏观层次的竞争力。就宏观层次的竞争力而言，区域竞争力比国际竞争力的区域尺度更小，一般指小于国家尺度的经济空间。小尺度的区域竞争力也可视为中观层面的竞争力。就中部经济社会竞争力而言，属于区域竞争力范畴，是中观层面的竞争力（见图1）。

（二）区域竞争力的内涵

关于区域竞争力，以世界经济论坛（WEF）与瑞士洛桑国际管理发展学院（IMD）联合发表的《全球竞争力报告》和波特（1990）提

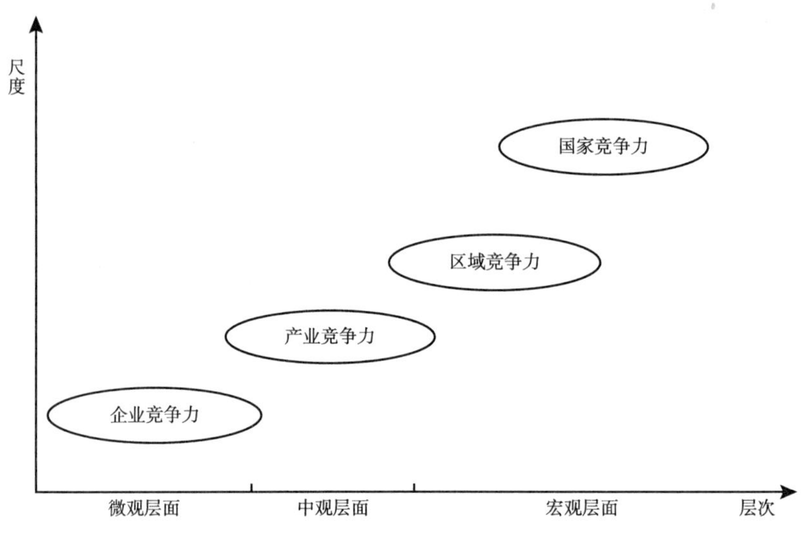

图1　区域竞争力的层次和尺度属性

出的“钻石模型”最具代表性。世界经济论坛（WEF）和瑞士洛桑国际管理开发学院（IMD）《关于竞争力的报告》（1985）将“国际竞争力”定义为“企业目前和未来在各国的环境中以比他们国内国外的竞争者更有吸引力的价格和质量来进行设计、生产并销售货物以及提供服务的机会和能力”。1994年的《全球竞争力报告》将国家（地区）竞争力定义为“在世界市场上均衡地生产出比其竞争对手更多财富的能力”。《中国国际竞争力报告》（2001）把国家竞争力定义为“一个国家在世界经济的大环境下，与各国的竞争力相比较，其创造增加值和国民财富持续增长的能力”。波特（1990）提出的竞争力“钻石理论”认为，区域竞争力的核心是创造竞争优势，区域竞争力即区域创造竞争优势的能力，或获得高生产力水平及持续提高生产力的能力。

在此影响下，国内外积累了较多有关区域竞争力评价的研究成果，基本认为区域竞争力是区域创造竞争优势、提高经济生产率、产出更多财富的一种能力。区域竞争力主要有经济实力说、财富创造能力说、

资源配置能力说和可持续发展能力说等几种诠释。其中，经济实力说认为竞争力是静态的经济实力，这种竞争力的认识只着眼于现在，没有突出发展的可持续性或面向未来的竞争动态性，因而备受质疑。财富创造能力说主要源于世界经济论坛（WEF）与瑞士洛桑国际管理发展学院（IMD），突出了区域经济的产出层面，独特之处在于用经济产出来标志区域竞争力强弱，即认为生产率的竞争是区域竞争力的核心，但仅限于经济生产率范畴，没有考虑社会发展范畴。资源配置能力说从经济学资源优化配置角度揭示区域竞争力的经济运行效率，也属于区域经济范畴。可持续发展能力说认为区域竞争力的重要体现就是可持续发展能力，区域竞争力是区域持续发展的指示器，突出了竞争力的可持续特征。同时，可持续发展能力说十分重视资源环境维度的竞争潜力，认为资源环境为地区经济社会发展提供了资源、条件和载体，经济社会发展也受到资源环境的制约。

事实表明：经济实力强的地区未必具有强的竞争力，经济实力弱的地区人民生活水准未必低；有廉价而充沛的劳动力比较优势的地区未必具有竞争优势，劳动力短缺的地区照样会繁荣；资源丰富的地区往往忍受“资源诅咒”，资源有限的地区竞争力未必会弱。显然，单一的理论来源未必能很好地支持区域竞争力，区域竞争优势来自更广泛、更复杂的多元力量，很多研究证实了这一点。1988 年，世界经济论坛（WEF）与瑞士洛桑国际管理发展学院（IMD）联合发表《全球竞争力报告》，将竞争力分解为八大因素，包括企业管理、经济实力、科学技术、国民素质、政府作用、国际化度、基础设施和金融环境。波特（1990）在《国家竞争优势》一书中指出，国际竞争力取决于六个因素，即要素状况，需求状况，相关产业与辅助产业，企业战略、结构与竞争，机遇作用以及政府作用，这六大因素构成了著名的“钻石模型”。我国学者倪鹏飞（2009）指出，区域竞争力是指区域所具有的吸引、支配和转化资源，占领和控制市场，从而更多、更快、更好和可持续地创造物质财富和非物质财富，为其居民提供福利的能力。决定区域竞争力的因素是产业体系、金融资本、科技创新、人力资本、资源环境、基础设施、制度文化、外部条件、企业聚合，这九个方面的强弱和不同组合决定区域综合竞争力。

（三）区域经济社会竞争力的内涵

区域经济社会竞争力属于区域竞争力范畴。既然区域竞争力是多因素的协同作用，那么区域经济社会竞争力也是如此，如何找寻、识别区域经济社会竞争力的影响因素或决定因素是界定和评价区域经济社会竞争力的前提。需要说明的是，已有的区域竞争力往往限于经济范畴，重点通过考察经济生产率来揭示区域的竞争优势；或从创新角度，通过技术创新和人力资本途径，分析区域创新优势；却未较多重视社会建设的保障作用和目标导向性以及资源环境的支撑作用和对经济社会发展的约束，难以反映经济、社会、科教、文化、资源、环境等因素的协同作用及产生的区域竞争优势。

为此，我们认为，区域经济社会竞争力较之区域经济竞争力内涵更广。区域经济社会竞争力是一个区域在竞争和发展的过程中与其他区域相比较，在资源环境约束下持续提高经济社会发展绩效、不断促进地区繁荣和提升国民福祉的能力，是区域持续发展的重要支撑力量，是衡量区域发展综合能力的重要标尺。具有以下内涵：①区域经济社会竞争力首先包含经济发展竞争力，经济发展竞争力是区域经济社会发展竞争力的重要基础；②资源环境约束是区域经济社会竞争力的重要前提，考虑资源环境限制是可持续发展战略背景下区域经济社会竞争力的应有之义；③欠发达地区经济社会竞争力的关键在于提高地区经济生产率和社会产出绩效，这主要依靠科教文化的动力驱动；④区域经济社会竞争力的最终目标是促进区域繁荣和提高居民福祉，社会保障是实现这一目标的有力途径。区域经济社会竞争力反映的是区域在资源环境约束下提高经济社会发展绩效、促进地区繁荣、提升居民福祉的一种获取相对竞争优势的能力。

（四）中部经济社会竞争力综合评价框架

区域经济社会竞争力由经济发展竞争力、资源环境竞争力、科教文化竞争力和民生保障竞争力组成。其中，经济发展竞争力是获取中部经济社会竞争优势的基础，资源环境竞争力是获取中部经济社会竞争优势的支撑，科教文化竞争力是获取中部经济社会竞争优势的动力，民生保障竞争力是中部经济社会竞争力培育和提升的目标（见图2）。

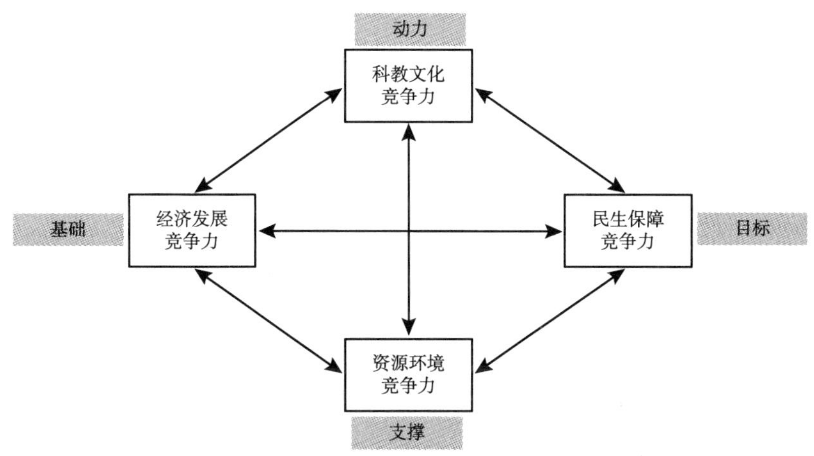

图2　区域经济社会竞争力评估框架

从经济发展竞争力、资源环境竞争力、科教文化竞争力和民生保障竞争力四者的内在关系来看，经济发展为科教文化提供经济支持，科教文化是经济发展的核心要素和内生动力；经济发展有利于资源节约利用和环境治理保护，资源是经济发展的生产要素，环境为经济发展提供了重要支撑和场所。科教文化建设通过提高经济效益和人民的文化素质，进而提高资源环境承载力；资源环境承载力下降对科教文化形成压力，进而有助于推动科教文化进步。资源环境改善能为人民提供良好的生活环境，科教文化建设改变着人们的生活方式；反过来，加强民生保障不仅有助于科教文化水平的提高，而且减轻了资源环境压力，从长期来看会推动经济发展。需要指出的是，区域经济社会竞争力最重要的是经济发展竞争力，科教文化竞争力是经济发展的助推器，资源环境承载是经济发展的重要支撑，民生保障竞争力是经济发展目标的重要体现。因此，区域经济社会竞争力是经济发展竞争力、资源环境竞争力、科教文化竞争力和民生保障竞争力的函数，可以用以下公式来表示：

区域经济社会竞争力 = F(经济发展竞争力,资源环境竞争力,
科教文化竞争力,民生保障竞争力)

参考文献

张敦富：《区域经济学原理》，中国轻工业出版社，1999。

张坤民：《可持续发展论》，中国环境科学出版社，1997。

倪鹏飞：《决定区域竞争力的 9 大因素》，《港口经济》2009 年第 6 期。

陈柳钦：《区域竞争力内涵的多元化认知与辨析》，《当代经济管理》2010 年第 11 期。

迈克尔·波特：《国家竞争优势》，华夏出版社，2002。

王圣云：《福祉地理学——中国区域发展不平衡研究》，经济科学出版社，2011。

周绍森、胡德龙：《现代经济发展内生动力论——科学技术与人力资本对经济贡献的研究》，经济科学出版社，2010。

周绍森主编《中国中部经济发展报告（2010）》，经济科学出版社，2010。

B.3

中部经济社会竞争力综合评价指标体系构建*

摘　要： 以中部地区经济可持续发展为主线，资源承载和环境保护为支撑，科技文化创新为动力，民生保障为目标，构建中部经济社会竞争力综合评价框架。其中，经济发展竞争力主要包括经济发展规模、经济发展速度和经济发展结构三方面；资源环境竞争力主要包括资源禀赋、生态优势和环境保护三方面；科教文化竞争力主要包括科技、教育、文化三方面；民生保障竞争力主要包括人民生活、社会保障和社会安全三方面。

关键词： 中部经济社会竞争力　综合评价　指标体系

一　指标类型与选取原则

（一）指标与指标体系的内涵

指标具有揭示、指明、宣布或者使公众了解等含义。它是帮助人们理解事物如何随时间发生变化的定量化信息，反映总体现象的特定概念和具体数值。指标由指标名称和具体数值构成。指标名称表明所研究现

* 基金项目：教育部人文社会科学研究2011年度青年基金项目（项目批准号11YJC790188）；南昌大学中国中部经济社会发展研究中心招标项目（项目批准号：11ZBND01）。
撰写人：王圣云，博士，南昌大学中国中部经济社会发展研究中心专职研究员，主要从事区域经济与规划和国民福祉学等研究；罗序斌，博士，江西师范大学财政金融学院经济系讲师，南昌大学中国中部经济社会发展研究中心兼职研究员，研究方向为区域经济、人力资源开发与科技管理。

象的科学概念，即质的规定性。依据指标名称所反映社会经济内容，通过统计工作获得的统计数字就是指标数值。因此，指标是数与量的统一。由此可见，如果要应用指标认识和说明所研究现象的特征，就必须把反映总体现象的特定概念和具体数值结合起来。指标是说明总体数量特征的统计范畴，它包括可以用数值来表示的客观指标和不能直接用数值来表示的主观指标。主观指标反映公众对客观事物或现象的感受、愿望和态度，一般不能直接取得指标值，因此本文所称谓的指标主要是指客观指标。

任何指标都是从数量上说明物质的总体或某种属性和特征的，其语言是数字。通过一个具体统计或调查指标，可以表明一个简单现象，从而反映事物总体现象的一个侧面或某一个侧面的某一特征。要反映被研究事物的总体全貌，就必须把一系列相互联系的数量指标和质量指标结合在一起加以运用。凡是客观存在的、相互联系的若干个指标所组成的一个整体，就称为指标体系。它是由一系列相互联系、相互制约的指标组成科学的、完整的总体。

（二）指标的分类

通常根据不同的目的，指标有不同的分类。根据区域经济社会竞争力评价的要求，指标可以作如下不同的分类。

1. 总量指标、相对指标与平均指标

反映社会经济现象的总规模、水平或工作总量的指标为总量指标，如GDP、总人口、出口总额、运输周转量、污水排放总量、科技活动人员总数等；相对指标是用来表明社会经济现象和过程所固有的数量对比关系，如万元GDP能耗、万人拥有科技人员数等；平均指标则反映了同质总体各单位在某一数量标志上的一般水平，如人均GDP、人均居住面积、农村居民人均纯收入等。

2. 水平指标、变动指标和结构指标

水平指标描述经济社会竞争力状态，如产值、污染排放量；而变动

指标则测度水平指标的增长或下降情况，如增长率；结构指标则刻画系统变量之间的构成与比例关系，如三次产业构成、城市化率、工业化率等。

3. 投入指标与产出指标

从理论上而言，某个领域的经济社会竞争力应该由直接反映其发展水平的指标（产出指标）来测度。但问题是有时难以搜集到有关的产出指标，这时用反映旨在提高发展水平的投入情况的指标（投入指标）来代替，如R&D经费占GDP的比重等。

4. 消费指标和储蓄指标

消费指标指当代人为了生存，解决吃、穿、住、行等的消费。储蓄指标是指为了增强今后区域经济社会竞争力而进行的投入考察变量，如研发经费就属于储蓄指标。

5. 存量指标与流量指标

在经济社会竞争力评价指标体系中，“存量”的消耗过程与“流量”不同，诸如个人收入和闲暇时间等反映一定时间段内的量的指标被称为流量指标，而诸如自然资源等反映某种资产的存在量的指标被称为存量指标，其价值转移需要多个生产周期才能完成。

（三）指标选取基本原则

区域是一个社会、经济和自然资源的新型复合生态系统，具有变量多而庞杂、不确定指标作用显著等特点，单独选出几个指标不足以反映区域经济社会竞争力的总体特征，按照上述几个指标体系的思路，全部选出所有指标又会因指标过多过细增加资料获取和评价的难度，既无必要，更不可能。为使构建的指标体系达到粗而不失描述预测区域经济社会竞争力的主题本质特征，细而不失建模的实际可能性的目的，在设置指标体系时应遵循以下原则。

1. 简明科学性和可操作性原则

一方面，指标体系必须立足客观现实，建立在准确、科学的基础上，所选指标的集合能够反映区域经济社会竞争力的真实水平。指标概念必须明确，并且有一定的科学内涵，能够真实度量和反映区域经济社会竞争力的结构和功能，以及主要的运行特征。另一方面，指标体系要广泛适用于不同的区域，指标具有可测性和可比性，易于量化，并且所需数据容易获得，计算方法简单易行。

2. 相对完备性原则和代表性原则

指标体系作为一个有机整体，应该能够比较全面地反映和测度区域经济社会竞争力的主要特征和发展状况。指标体系大小适宜，过大会因指标层次过多过细而掩盖主要问题，不利于揭示所研究的主要矛盾；过小则会因指标层次过少过粗而无法反映区域经济运行的全貌。同时，在完备性的基础上，指标体系力求简洁，尽量选择那些有代表性的综合指标和主要指标。

3. 相对独立性原则和系统性原则

描述区域经济发展状况的指标往往存在指标间信息的重叠，因此在选择指标时，应尽可能选择具有相对独立性的指标，从而增加评价的准确性和科学性。指标设置尽可能全面反映中部地区经济社会竞争力的特征，防止片面性。各指标之间要相互联系、相互配合、各有侧重、形成有机整体。

4. 层次性和结构性指标并重的原则

在指标设计时，一方面，要考虑区域经济社会竞争力的内在机制构建层次性指标，另一方面，还要构建结构性指标，以达到对区域经济社会竞争力进行评价的目的。

二　中部经济社会竞争力综合评价指标选取

（一）中部经济社会竞争力综合评价的指标层次结构

在当前背景下，对区域经济社会竞争力的追求已成为中部加速发展的内在动力。根据区域经济社会竞争力概念，我们按照“中部地区

经济可持续发展为主线，资源承载和环境保护为支撑，科技文化创新为动力，民生保障为目标”的思想构建出中部经济社会竞争力评价框架，即区域经济社会竞争力（A）；经济发展竞争力（B1）、资源环境竞争力（B2）、科教文化竞争力（B3）和民生保障竞争力（B4）（4个）；经济发展竞争力的规模维度（C1）、速度维度（C2）、结构维度（C3）（3个），资源环境竞争力的资源维度（C4）、生态维度（C5）、环保维度（C6）（3个），科教文化竞争力的科技维度（C7）、教育维度（C8）、文化维度（C9）（3个），民生保障竞争力的民生维度（C10）、社保维度（C11）、安全维度（C12）（3个），共12个维度；经济发展竞争力有22个指标，资源环境竞争力有25个指标，科教文化竞争力有19个指标，民生保障竞争力有20个指标，共86个指标（D1－D86）（见表1）。

表1　中部经济社会竞争力综合评价指标体系

一级指标	二级指标	三级指标
经济发展竞争力（B1）	规模维度（C1）	D1 GDP
		D2 人均GDP
		D3 财政收入总量
		D4 固定资产投资额
		D5 进出口净额
		D6 实际利用外资总额
		D7 社会零售消费品总额
	速度维度（C2）	D8 GDP增长率
		D9 人均GDP增长率
		D10 财政收入增长率
		D11 固定资产投资增长率
		D12 进出口净额增长率
		D13 实际利用外资额增长率
		D14 人均社会零售消费品总额增长率

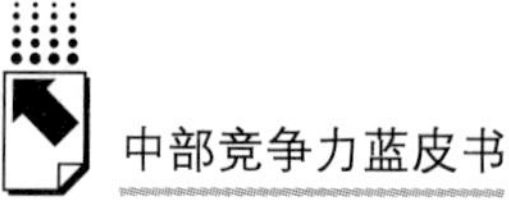

续表

一级指标	二级指标	三级指标
经济发展竞争力（B1）	结构维度（C3）	D15 全要素生产率对经济发展贡献份额
		D16 第三产业占 GDP 比重
		D17 第二、第三产业占三次产业总值的比重
		D18 高新技术产业产值占工业增加值比重
		D19 工业化率
		D20 外贸依存度
		D21 城镇化率
		D22 消费支出占 GDP 比重
资源环境竞争力（B2）	资源维度（C4）	D23 人口总量
		D24 劳动力数量占总人口比重
		D25 人均淡水资源量
		D26 人均耕地面积
		D27 人均矿产占有量
		D28 人均能源占有量
		D29 万人高速公路占有量
		D30 人均货运量
		D31 人均旅游总收入
	生态维度（C5）	D32 森林覆盖率
		D33 人均林地面积
		D34 人均新增造林合格面积
		D35 绿化覆盖率
		D36 绿化覆盖率提高率
		D37 生物多样性
	环保维度（C6）	D38 环保投入占 GDP 比重
		D39 万元产值三废排放量
		D40 万元 GDP 能耗
		D41 万元 GDP 水耗
		D42 人均 CO_2 排放量
		D43 工业污水处理率
		D44 养殖业污水处理率
		D45 工业固体废物综合利用率
		D46 农村垃圾处理率
		D47 农业化肥使用量
科教文化竞争力（B3）	科技维度（C7）	D48 每万人拥有专业技术人员数
		D49 每万人拥有科学家和工程师数
		D50 R&D 活动人员全时当量

续表

一级指标	二级指标	三级指标
科教文化竞争力（B3）	科技维度（C7）	D51 R&D 经费占 GDP 比重
		D52 每万人拥有专利授权量
		D53 高新技术市场成交额
	教育维度（C8）	D54 人均平均受教育年限
		D55 九年义务教育巩固率
		D56 每万人接受职业教育在校学生数
		D57 高等教育毛入学率
		D58 每十万人大学生数
		D59 财政性教育支出占 GDP 的比重
		D60 教育支出占财政总支出的比重
	文化维度（C9）	D61 文化产业从业人员比重
		D62 文化产业增加值占 GDP 比重
		D63 文化事业费支出占财政总支出比重
		D64 每万人公共文化设施数
		D65 广播电视覆盖率
		D66 互联网普及率
民生保障竞争力（B4）	民生维度（C10）	D67 城镇居民人均可支配收入
		D68 农村居民人均纯收入
		D69 城乡居民收入比
		D70 基尼系数
		D71 CPI 指数
		D72 恩格尔系数
		D73 人均居住面积
		D74 居民储蓄存款
	社保维度（C11）	D75 失业保险覆盖率
		D76 医疗保险覆盖率
		D77 基本住房保障率
		D78 养老保险覆盖率
		D79 万人拥有病床数
		D80 城镇新增就业人数
	安全维度（C12）	D81 城镇失业率
		D82 每万人刑事案件数
		D83 重大安全生产事故数
		D84 重大食品药品安全事故数
		D85 重大交通事故发生数
		D86 重大火灾事故发生数

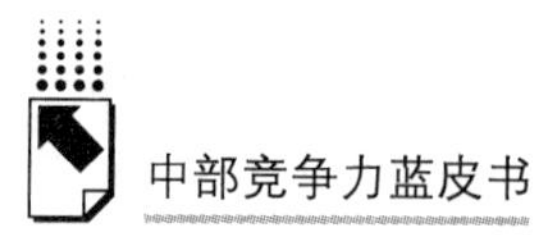

（二）中部经济社会竞争力综合评价的主要指标含义解释

经济发展竞争力主要包括经济发展规模、经济发展速度和经济发展结构三方面：①在经济发展规模方面，选取反映地区经济总量或地区财富的 GDP 总量指标，选取反映地区经济发展水平的人均 GDP 指标，选取财政收入总量、固定资产投资额、进出口净额、实际利用外资总额、社会零售消费品总额等指标反映地区经济发展规模方面的财政、投资、出口、消费等驱动因素。②在经济发展速度方面，对照经济发展规模所选指标，分别选取 GDP 增长率、人均 GDP 增长率、财政收入增长率、固定资产投资增长率、进出口净额增长率、实际利用外资额增长率、人均社会零售消费品总额增长率七个增长率指标以揭示地区经济发展速度。③在经济发展结构方面，选取反映科技进步贡献率的全要素生产率对经济发展贡献份额指标，选取反映产业结构的第三产业占 GDP 比重、第二产业及第三产业占三次产业总值的比重、高新技术产业占工业增加值比重三个指标，反映消费结构的消费支出占 GDP 比重指标，反映贸易结构的外贸依存度指标，反映工业化、城市化水平的工业化率和城市化率指标。

资源环境竞争力主要包括资源禀赋、生态优势和环境保护三方面：①在资源禀赋方面，选取人口总量、劳动力数量占总人口比重两个指标反映地区人口资源状况；选取人均淡水资源、人均耕地面积、人均矿产占有量、人均能源占有量四个指标反映地区自然资源禀赋；选取万人高速公路占有量、人均货运量两个指标反映地区交通物流水平；选取人均旅游总收入指标间接反映地区旅游资源状况。②在生态优势方面，选取森林覆盖率、人均林地面积、人均新增造林合格面积、绿化覆盖率、绿化覆盖率提高率、生物多样性六个指标反映地区绿化情况和生态优势。③在环境保护方面，选取万元产值三废排放量、万元 GDP 能耗、万元 GDP 水耗三个指标分别反映地区“三废”排放强度、能耗强度和水耗强度；人均 CO_2 排放量指标反映地区温室气体排放量，农业化肥使用

量指标反映地区农业面源污染程度，环保投入占 GDP 比重指标反映地区环境保护经费投入力度，工业污水处理率、养殖业污水处理率、工业固体废物综合利用率、农村垃圾处理率等指标反映三废处理、再利用效率。

科教文化竞争力主要包括科技、教育、文化三方面。①在科技方面，选取每万人拥有专业技术人员数、每万人拥有科学家和工程师数、R&D 活动人员全时当量三个指标反映科技投入；选取 R&D 经费占 GDP 比重指标反映科技投资；选取每万人拥有专利授权量、高新技术市场成交额两个指标反映科技产出。②在教育方面，选取人均平均受教育年限、每千万人大学生数两个指标反映地区人力资本；选取九年义务教育巩固率指标反映义务教育成效，选取高等教育毛入学率反映高等教育普及化程度；选取每万人接受职业教育在校学生数指标反映职业教育现状；选取财政性教育支出占 GDP 的比重、教育支出占财政总支出的比重两个指标反映教育投入强度。③在文化维度方面，选取文化产业从业人员比重、文化产业增加值占 GDP 比重两个指标反映文化产业对经济的贡献；选取文化事业费支出占财政总支出比重指标来反映地方文化投资状况；选取每万人公共文化设施数指标反映文化基础设施情况；选取广播电视覆盖率、互联网普及率反映信息消费状况。

民生保障竞争力主要包括人民生活、社会保障和社会安全三个维度。①在民生维度方面，选取城镇居民人均可支配收入、农村居民人均纯收入、居民储蓄存款三个指标反映城乡居民收入水平；选取城乡居民收入比、基尼系数两个指标反映城乡居民收入差距和居民贫富差距；选取居民消费价格指数（CPI）和恩格尔系数两个指标反映居民消费水平；选取人均居住面积指标反映居住条件。②在社会保障维度方面，选取失业保险覆盖率、医疗保险覆盖率、基本住房保障率、养老保险覆盖率四个指标反映社会福利和社会保障水平；选取万人拥有病床数指标反映卫生保障能力；选取城镇新增就业人数反映增加就业的能力。③在社会安全方面，选取城镇失业率指标反映就业安全；选取每万人刑事案件数指标反映治安状况；选取重大安全生产事故数指标反映生产安全状况；选取重大食品药品安全事故数指标反映食品药品安全状况；选取重大交通事故发生数指标反映交通安全状况；选取重大火灾事故发生数指标反映火灾安全状况。

（三）中部经济社会竞争力综合评价的主要指标计算方法

对于设计的评价指标体系，其中绝大多数指标可由统计年鉴直接查得或经简单运算而得，而另一些指标则需要依据原始统计数据，借鉴已有公式或由我们构建公式计算而得。这些指标的计算公式为：

（1）GDP 增长率 =（报告期 GDP - 基期 GDP）/基期 GDP。

（2）工业化率 = 工业增加值/GDP。

（3）外贸依存度 = 进出口总额/GDP。

（4）城市化率 = 城镇总人口/总人口。

（5）平均受教育年限 = Σ（各级受教育程度的教育年数 × 受各级教育的人口数）

（6）九年义务教育巩固率 =（毕业人数 ÷ 入学人数）×100%。

（7）高等教育毛入学率 = 高等教育中各种年龄的学生总数/与中等教育年龄相距 5 年的年龄组总人口。

（8）基尼系数。主要用来反映收入分配是否公平问题，其计算公式采用经验公式。基尼系数 = 1.067 - 20.22（1/人均 GDP） - 0.089LN（人均 GDP）。

（9）恩格尔系数 = 食物支出/总支出。

B.4

中部六省经济社会发展竞争力线性加权评价*

摘　要： 区域经济社会发展竞争力评价指标体系具有时间、空间、层次、结构、数量等特点与功能。如何建立综合评价模式是区域经济社会发展竞争力研究中的一个重要组成部分。考虑到中部六省经济社会发展的阶段性，本文采用线性加权法模型来对中部六省经济社会发展竞争力总体情况进行综合评价。

关键词： 中部经济社会竞争力　线性加权评价法　综合评价

一　中部六省经济社会发展竞争力线性加权评价模型

区域经济社会发展竞争力评价指标体系具有时间、空间、层次、结构、数量等特点与功能。如何建立综合评价模式是区域经济社会发展竞争力研究中的一个重要组成部分。而对区域经济社会发展竞争力评价的目标除了对单个子系统进行评价外，更重要的还是要对区域经济社会发展竞争力的整个情况进行综合评价与比较。一般而言，对于指标的综合集成的方法主要有加法模型和乘法模型，而它们各有优缺点，但适用范

* 基金项目：南昌大学中国中部经济社会发展研究中心招标项目，项目批准号：11ZBND07A；11ZBZD04。

撰写人：罗序斌，博士，江西师范大学财政金融学院经济系讲师，南昌大学中国中部经济社会发展研究中心兼职研究员，研究方向为区域经济、人力资源开发与科技管理。

围不同。

加法模型 要求各项指标是独立而不差异的，指标之间可以进行线性补偿，例如，即使一项指标水平较低，但其他指标水平较高，那么总的评价仍然可以比较高（见图1）。

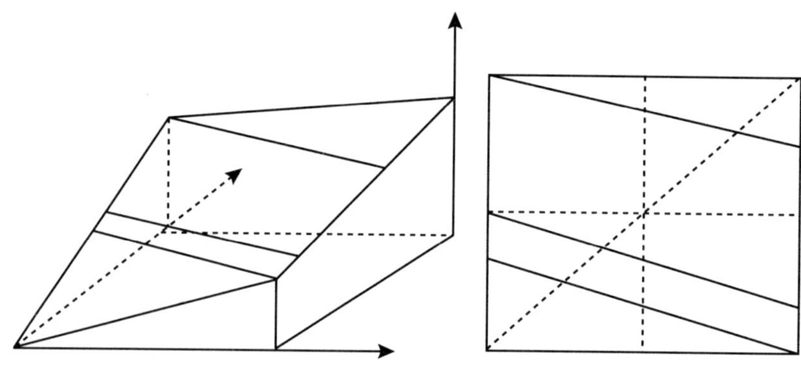

图1 加法规则的价值曲面和等值线

加法规则反映了好坏搭配的特征，即各个因素变化具有独立性，它们对价值的变化没有本质上的差异而且线性互补。其K维公式为：

$$F = W_{ij} \cdot X'_{ij} \tag{1}$$

式中，W_{ij}是指标X_{ij}相对于目标层的权重。X'_{ij}是指标X_{ij}的标准化值。它的价值曲面和等值线如图1所示。

乘法模型 应用时则要求各项指标尽可能取得较好的水平，才能使总的评价值较高（见图2）。它不允许评价指标的任何一项指标处于最低水平，只要一个因素的价值为0，则不论其余因素具有多高的价值，总价值都将为0，反映不可偏废的特征。其K维公式为：

$$F = \prod W_{ij} \cdot X'_{ij} \tag{2}$$

式中，W_{ij}是指标X_{ij}相对于目标层的权重。X'_{ij}是指标X_{ij}的标准化值。它的价值曲面和等值线如图2所示。

考虑到中部六省经济社会发展的阶段性，此处采用线性加权加法模型来对中部六省经济社会发展竞争力总体情况进行综合评价。

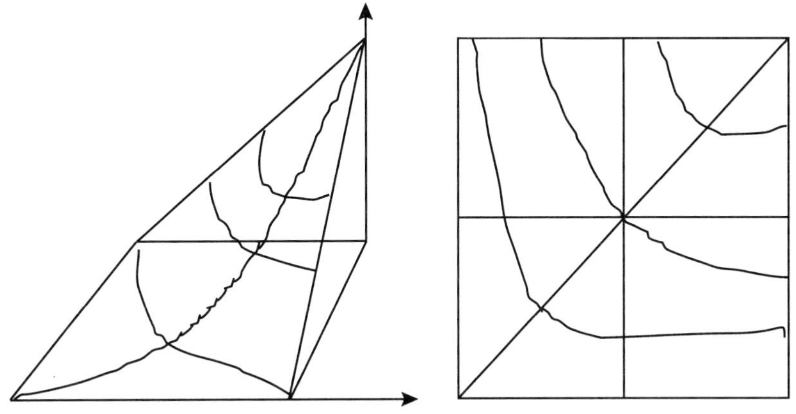

图2　乘法规则的价值曲面和等值线

$$F_a = \sum_{b=1}^{4} w_b \cdot x_b = \sum_{c=1}^{12} w_c \cdot x_c = \sum_{d=1}^{86} w_d \cdot x_d$$

式中，F_a 是经济社会竞争力，w_b 是分项竞争力权重，w_c 是各维度权重，w_d 是指标权重。指标权重的确定以及数据标准化处理方法如下。

（一）指标权重的确定

为了求取较为客观和较大的认同程度，采取层次分析法（AHP）和Delphi专家咨询法来对指标的权重进行运算确定。其中，层次分析法（AHP）的具体步骤为：

1. 构建区域经济社会发展评价指标体系的递阶层次结构

分析系统中各因素之间的关系，构建了系统的递阶层次结构。将复杂系统分解成若干组成因素，这些因素按照其属性分成若干组，形成不同层次。其第一层次只有一个因素，各层次因素仅属于某一层次，且结构中的每一因素至少与该因素的上层或下层某一因素有某种支配关系，而属于同层的各因素间以及不相邻两层因素间不存在直接的关系。区域经济社会发展竞争力指标体系的递阶层次结构分为四层，即目标层（A）、准则层（B）、维度层（C）、指标层（D）。

2. 构造判断矩阵

在递阶层次建立之后，针对上一层指标因素，下一层次与之有联系的分指标之间两两进行比较所得的相对重要性程度，用具体的标度值表示出来，写成矩阵形式，即是判断矩阵：

$$A = (b_{ij})_{n \cdot x}, \text{并满足 } b_{ij} = 1/b_{ji}, i \neq j, i, j = 1, 2, \cdots, n;\ b_{ij} > 0, b_{ii} = 1$$

式中：A 为判断矩阵；n 为两两比较的因素数目；b_{ij}为因素 X_i 与 X_j 相对某一准则重要性的比例标度值。标度是人们根据对客观事物的观察和认识，在特定范围内对事物的某种特性所规定的对比基准。这里 b_{ij} 比例标度采用 SAATY T. L. 的 1 ~9 标度数法来进行表示。一般可采用 5 级定量法，即相等、弱、强、很强、极强，相应的赋值可以是 1、3、5、7、9。至于一个元素比另一个元素为次要，则其定量赋值可取 1、3、5、7、9 的倒数。如果有些问题的分级可有较高的精确度，认为上述 5 级定量不足以描述清楚，则可用 2、4、6、8 四个数字进行内插，成为 9 级定量法。

3. 权重的计算

由判断矩阵计算被比较因素对某一准则的相对权重。N 个因素 X_1，X_2，…，X_N，对于准则的判断矩阵为 A，n 个因素对于准则 C 的相对权重为 W_1，W_2，…，W_n。相对权重其向量形式为：$W =$ （W_1，W_2，…，W_n）^{T}。用特征根法求解判断矩阵的最大特征根与相应的特征向量，经正规化的特征向量即为相应权重向量。并进行一致性检验：

$$\lambda_{\max} = \sum AW_i / nW_i \tag{3}$$

式中：$\lambda_{\max}$ 为判断矩阵的最大特征根；W_i 为因素 I 的特征向量，即相对权重。由于在专家构造判断矩阵时，不可避免地产生认识上的不一致，为使层次分析得到的结果基本合理，需要对判断矩阵进行一致性检验。

4. 计算各层因素对系统目标的合成权重

同时对各因素或准则对系统目标实现程度的作用（相对权重）进行排序。

（二）数据标准化处理

中部六省经济社会发展竞争力综合评价指标量纲不同，有的是实物量，有的是价值量，有的是人均量，有的是百分比，不能直接进行计算，此外，还有些指标是逆向指标，对于经济社会发展的贡献属于负效用。为此，需要对原始数据进行标准化处理。数据的标准化处理包括数据的正向化处理和无量纲处理。数据的正向化处理是指通过科学方法将逆向指标（即越小越好的指标）转为正向指标（即越大越好的指标），同时使数据的解释意义不变；数据的无量纲处理是指通过数学方法消除不同计量单位的影响，以便于数据的合成和比较。目前，数据标准化的方法很多，但常用的数据标准化处理方法主要有 Z 值标准化方法和极差的标准化方法两种。

1. Z 值标准化

首先，对逆向指标进行正向化处理：

$$x_{ij} = \begin{cases} X_{ij}, \text{对正指标} \\ 1/x_{ij}, \text{对逆指标} \end{cases} \tag{4}$$

其次，采用 Z-Score 标准化对所有正向指标进行标准化：

$$X_{ij} = \frac{x_{ij} - \bar{x}_{ij}}{\sigma_{ij}} \tag{5}$$

式中，x_{ij}为标准化后的指标值，$\bar{x}_{ij}$为该项指标的平均值，σ_{ij}为该项指标的标准差。

2. 极差标准化

本报告采用极差标准化方法对原始数据进行标准化处理。首先，对逆向指标进行标准化：

$$X_{ij} = \frac{\max(x_{ij}) - x_{ij}}{\max(x_{ij}) - \min(x_{ij})}$$

其次，对正向指标进行标准化：

$$X_{ij} = \frac{x_{ij} - \min(x_{ij})}{\max(x_{ij}) - \min(x_{ij})}$$

二 中部六省经济社会发展竞争力评价的数据库

表1 中部六省经济社会发展竞争力评价指标数据库

一级指标	二级指标	三级指标	山西	安徽	江西	河南	湖北	湖南
经济发展竞争力	规模维度	GDP(亿元)	9200.86	12359.33	9451.26	23092.36	15967.61	16037.96
		人均GDP(元)	26283	20611	21253	24401	27615	24719
		财政收入总量(亿元)	969.70	1149.40	778.10	1381.00	1011.30	1081.70
		固定资产投资额(亿元)	6352.6	11849.40	8775.47	16585.85	10802.69	9821.06
		进出口净额(万美元)	1257623	2427337	2161918	1783151	2593211	1465639
		实际利用外资总额(亿美元)	229.0	303.0	439.0	379.0	429.0	324.0
		社会消费品零售总额(亿元)	3318.2	4197.7	2956.2	8004.2	7013.9	5839.5
	速度维度	GDP增长率(%)	25.04	22.82	23.46	18.54	23.20	22.81
		人均GDP增长率(%)	22.12	25.62	22.60	18.47	21.78	21.01
		财政收入增长率(%)	20.34	33.05	33.86	22.64	26.35	28.01
		固定资产投资增长率(%)	26.21	31.80	32.10	21.02	37.32	27.49
		进出口净额增长率(%)	46.76	54.83	69.18	32.32	50.32	44.41
		实际利用外资额增长率(%)	11.71	8.60	18.97	9.22	13.79	15.71
		人均社会零售消费品总额增长率(%)	18.13	18.99	19.00	18.60	18.30	18.80
	结构维度	全要素生产率对经济发展贡献份额(%)	47.53	44.67	44.78	43.69	47.67	45.70
		第三产业占GDP比重(%)	37.09	33.9	33.03	28.62	37.91	39.71
		第二、第三产业占三次产业总值的比重(%)	93.97	86.01	78.38	85.89	86.55	85.50
		高新技术产业产值占工业增加值比重(%)	4.27	8.69	24.37	9.62	16.95	10.96
		工业化率(%)	49.90	42.81	32.82	42.88	38.43	36.92

续表

一级指标	二级指标	三级指标	山西	安徽	江西	河南	湖北	湖南
经济发展竞争力	结构维度	人均粮食产量（千克/人）	303.61	517	438.1	578.1	404.3	433.4
		外贸依存度（%）	9.25	13.30	15.49	5.23	10.99	6.19
		城镇化率（%）	51.90	43.20	44.06	38.60	49.72	44.30
		消费支出占 GDP 比重（%）	43.80	50.27	47.50	44.21	46.28	47.41
资源环境竞争力	资源维度	人口总量（万人）	3574.00	5957.00	4462.00	9405.00	5728.00	6570.00
		劳动力数量占总人口比重（%）	75.27	71.76	70.44	70.62	76.94	72.59
		人均淡水资源量（立方米/人）	261.50	1526.90	5116.70	566.20	2216.50	2938.70
		人均耕地面积（公顷/人）	0.11	0.10	0.06	0.08	0.08	0.06
		人均矿产占有量（万吨/人）	2399.55	154.55	25.23	126.27	25.98	37.54
		人均能源占有量（万吨标准煤/人）	17.72	1.63	0.49	1.99	0.93	1.22
		万人高速公路占有量（公里/万人）	0.84	0.49	0.69	0.53	0.64	0.36
		人均货运量（吨/人）	34.80	38.29	22.55	21.58	16.31	22.76
		人均旅游总收入（元）	3031.51	1931.04	1833.98	893.96	2549.81	2170.17
	生态维度	森林覆盖率（%）	14.12	26.06	58.32	20.16	31.14	44.76
		人均林地面积（公顷/人）	21.11	7.38	23.64	5.34	14.35	18.79
		造林总面积（万公顷）	28.23	4.87	20.08	23.17	19.22	21.34
		当年新增种草面积（千公顷）	90.40	70.30	134.20	52.70	82.00	58.90
		城市绿化覆盖率（%）	38.00	37.50	46.60	36.60	37.70	36.60
		城市绿化覆盖率提高率（%）	1.50	0.30	2.20	0.30	0.01	0.02
	环保维度	环保投入占 GDP 比重（%）	0.30	0.05	0.07	0.05	0.17	0.09
		万元产值能耗（吨标准煤/万元）	2.24	0.97	0.85	1.12	1.18	1.17
		工业废气排放量（亿标立方米）	35190	17849	9812	22709	13865	14673
		工业污水处理率（%）	94.67	98.20	94.18	97.37	96.77	93.70
		工业固体废物综合利用率（%）	66.00	85.71	46.55	78.22	81.04	83.09
		城市生活垃圾无害化处理率（%）	73.60	64.60	85.90	82.60	61.40	79.00
		农业化肥使用量（万吨）	110.40	319.80	137.60	655.20	350.80	236.60

续表

一级指标	二级指标	三级指标	山西	安徽	江西	河南	湖北	湖南
科教文化竞争力	科技维度	每万人拥有 R&D 人员数(人)	19.00	14.00	12.00	14.00	23.00	15.00
		R&D 人员博士硕士学历的人员比例(%)	15.06	16.61	14.24	11.99	19.51	19.60
		R&D 活动人员全时当量(人年)	47772	59697	33055	9257	91161	63843
		R&D 内部经费支出占 GDP 比重(%)	1.10	1.35	0.99	0.90	1.65	1.18
		每万人拥有专利授权量(件)	1.33	2.69	0.97	1.76	3.03	2.11
		高新技术市场成交额(亿元)	18.49	46.15	23.05	27.20	90.72	40.09
	教育维度	人均受教育年限(年)	8721	6697	6847	6398	9533.00	7595.00
		九年义务教育巩固率(%)	100.66	105.56	78.51	97.55	129.86	94.97
		每万人接受职业教育在校学生数(人)	160.94	146.51	138.52	173.95	157.79	116.41
		高等教育毛入学率(%)	28.07	24.30	25.50	23.66	32.90	25.00
		每十万人高等学校在校学生数(人)	2131.91	1841.27	2161.80	1839.02	2905.87	2050.94
		财政性教育支出占 GDP 的比重(%)	3.24	2.91	2.86	2.54	2.13	2.51
		教育支出占财政总支出的比重(%)	17.01	14.9	15.47	17.84	14.65	14.92
	文化维度	文化产业从业人员数(万人)	5.36	8.41	5.52	9.37	5.23	11.76
		文化产业产值占 GDP 比重(%)	0.17	0.25	0.17	0.13	0.28	0.38
		文化支出占财政总支出比重(%)	1.62	1.63	1.48	1.61	1.47	1.47
		每万人公共文化设施数(个)	0.49	0.29	0.48	0.29	0.28	0.42
		广播电视覆盖率(%)	97.50	97.50	96.89	97.39	98.10	96.43
		互联网普及率(%)	31.20	17.40	18.00	21.30	25.70	22.00
民生保障竞争力	民生维度	城镇居民人均可支配收入(元)	15647.7	15788.20	15481.10	15930.30	16058.40	16565.70
		农村居民人均纯收入(元)	4736.30	5285.20	5788.60	5523.70	5832.30	5622.20
		城乡居民收入比(逆指标)	3.30	2.99	2.67	2.88	2.75	2.95
		基尼系数	0.16	0.18	0.18	0.17	0.16	0.17
		CPI 指数(%)	103.00	103.10	103.00	103.50	102.90	103.10

续表

一级指标	二级指标	三级指标	山西	安徽	江西	河南	湖北	湖南
民生保障竞争力	民生维度	恩格尔系数(%)	0.34	0.39	0.43	0.35	0.41	0.42
		人均居住面积(平方米)	28.25	32.05	40.00	34.45	40.99	42.01
		居民储蓄存款(亿元)	9223.00	7788.50	6113.20	12883.70	9798.10	9022.60
	社保维度	失业保险覆盖率(%)	8.54	4.06	8.69	7.41	8.11	6.08
		医疗保险覆盖率(%)	25.84	25.67	29.73	21.73	32.47	28.84
		基本住房保障率(%)	94.00	84.00	87.00	96.00	88.00	81.00
		养老保险覆盖率(%)	16.54	8.26	10.36	11.48	18.34	14.27
		万人拥有病床数(张/万人)	43.62	31.56	27.93	34.83	34.98	35.54
		城镇新增就业人数(万人)	49.60	54.80	50.60	132.10	70.50	70.83
	安全维度	城镇失业率(%)	3.60	3.70	3.30	3.40	4.20	4.20
		每万人刑事案件数(件/万人)	3.08	2.55	3.17	3.06	3.09	2.86
		重大安全生产事故数(起)	4.90	4.40	2.70	3.00	3.10	7.40
		重大交通事故发生数(起)	6962.00	7901.00	4126.00	7890.00	6543.00	8413.00
		重大火灾事故发生数(起)	4439.00	5173.00	4715.00	3534.00	9383.00	2915.00

注：实际利用外资总额数据为各地区外商投资企业年底注册登记情况中的投资总额数；工业化率是指工业增加值占全部生产总值的比重；高新技术产业产值为2009年数据；每万人拥有研究与实验发展人员数、博士及硕士学历人员比例、全时当量以及R&D经费占GDP比重取2009年数据；高新技术市场成交额指标用技术市场成交额指标来替代；人均受教育年限用每十万人拥有的大专及以上受教育程度人口数指标替代，单位为人；职业教育在校生数用中等职业学校在校生数的指标数据来替代；文化产业产值指标用出版印刷工业销售总值指标近似替代；财政性文化产业支出用文化体育娱乐支出指标的数据近似来替代；互联网普及率指标的数据来源于中国互联网信息中心第25次中国互联网发展状况统计报告，数据年份为2009年；人均居住面积指标用农村居民人均居住面积指标替代；基本住房保障率用保障性住房开工率指标来替代，数据来源于住建部2011年公布的统计数据，时间1~8月份；刑事案件数用刑事辩护及代理数这一指标来表示；安全生产事故数用享受工伤待遇人数指标来替代，单位为万人。

资料来源：《中国统计年鉴（2011）》、《山西统计年鉴（2011）》、《安徽统计年鉴（2011）》、《江西统计年鉴（2011）》、《河南统计年鉴（2011）》、《湖北统计年鉴（2011）》、《湖南统计年鉴（2011）》，2011年中部六省经济社会发展公报。

三　中部六省经济发展竞争力评价

在中部六省经济社会发展竞争力评价指标数据库的基础上，运用上述线性加权评价模型，对中部六省的经济发展竞争力进行评价，结果如下。

表2　中部六省经济发展竞争力——规模维度评价结果

	评价值	排序		评价值	排序
山西	0.233	5	河南	0.819	1
安徽	0.370	4	湖北	0.694	2
江西	0.213	6	湖南	0.468	3

表3　中部六省经济发展竞争力——速度维度评价结果

	评价值	排序		评价值	排序
山西	0.403	5	河南	0.094	6
安徽	0.746	2	湖北	0.543	3
江西	0.835	1	湖南	0.534	4

表4　中部六省经济发展竞争力——结构维度评价结果

	评价值	排序		评价值	排序
山西	0.612	1	河南	0.169	6
安徽	0.462	3	湖北	0.568	2
江西	0.386	5	湖南	0.395	4

表5　中部六省经济发展竞争力评价结果

	评价值	排序		评价值	排序
山西	0.398	6	河南	0.407	5
安徽	0.510	2	湖北	0.611	1
江西	0.452	4	湖南	0.466	3

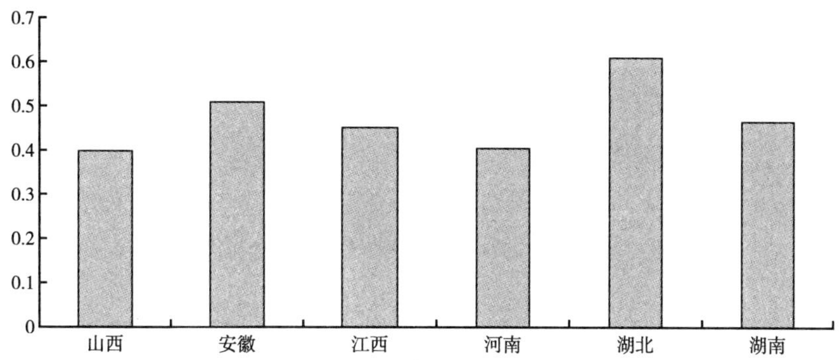

图 3　中部六省经济发展竞争力评价结果柱形图

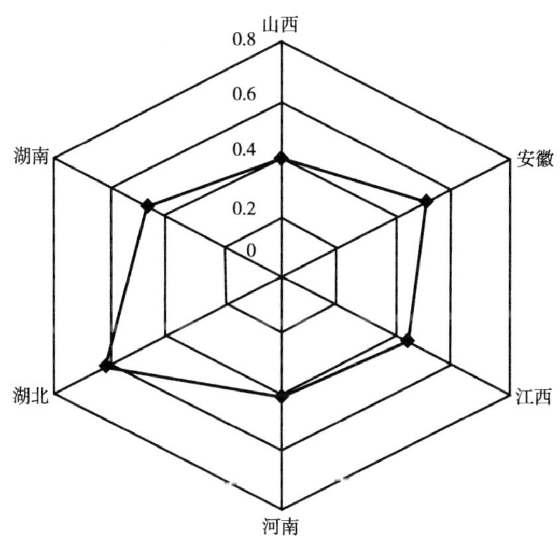

图 4　中部六省经济发展竞争力评价结果雷达图

从表 5、图 3 和图 4 可以看出，中部六省经济发展竞争力最强的是湖北，其综合得分值为 0.611，其次是安徽，随后从高到低排序分别为湖南、江西、河南和山西。其中，①从经济发展规模维度来看，河南排名第一，其经济规模维度综合得分值达到了 0.819，湖北次之，随后依次是湖南、安徽、山西和江西；②从经济发展速度维度来看，发展最快的是江西，其综合得分值为 0.835，安徽（0.746）次之，湖北、湖南、山西紧随其后，河南最低，其综合得分值仅有 0.094；③从经济发展的结构维度来看，山西的结构维度综合得分为0.612，排在中部六省的第一位，湖北次之，安徽、湖南、江西紧随其后，河南最低，得分为0.169。

四　中部六省资源环境竞争力评价

在评价指标数据库的基础上，运用线性加权评价模型，对中部六省的环境资源竞争力进行评价，结果如下。

表6　中部六省资源环境竞争力——资源维度评价结果

	评价值	排序		评价值	排序
山西	0.700	1	河南	0.313	4
安徽	0.446	2	湖北	0.398	3
江西	0.294	5	湖南	0.273	6

表7　中部六省资源环境竞争力——生态维度评价结果

	评价值	排序		评价值	排序
山西	0.415	3	河南	0.133	6
安徽	0.156	5	湖北	0.333	4
江西	0.965	1	湖南	0.433	2

表8　中部六省资源环境竞争力——环保维度评价结果

	评价值	排序		评价值	排序
山西	0.457	6	河南	0.530	4
安徽	0.614	2	湖北	0.628	1
江西	0.527	5	湖南	0.555	3

表9　中部六省资源环境竞争力评价结果

	评价值	排序		评价值	排序
山西	0.517	2	河南	0.346	6
安徽	0.426	5	湖北	0.471	3
江西	0.588	1	湖南	0.434	4

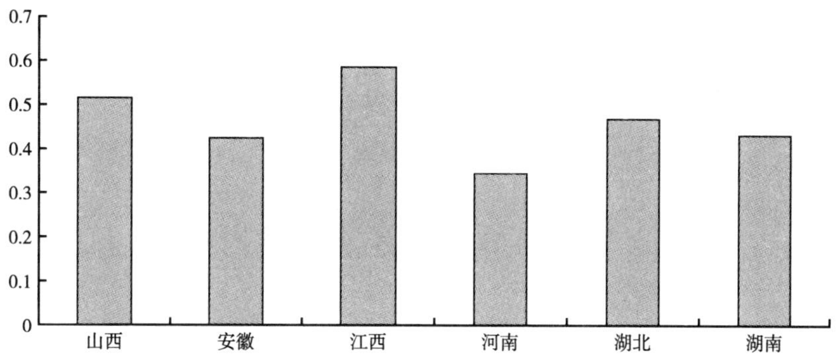

图5　中部六省资源环境竞争力评价结果柱形图

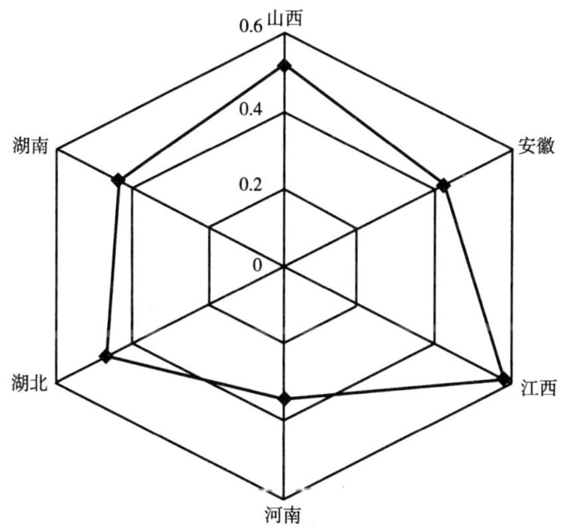

图6　中部六省资源环境竞争力评价结果雷达图

从表9、图5和图6可知，中部六省资源环境竞争力评价综合得分值从高到低排名依次为江西、山西、湖北、湖南、安徽和河南。①从资源维度来看，山西排在第一，得分为0.700；安徽次之（0.446），随后分别是湖北（0.398）、河南（0.313）、江西（0.294）、湖南（0.273）；②从生态维度来看，江西省生态竞争力综合得分值为0.965，排在中部第一，随后是湖南（0.433）、山西（0.415）、湖北（0.333）、安徽（0.156）和河南（0.133）分别次之；③从环保维度来看，湖北在环境保护方面的付出，取得了显著的成效，其综合得分值达到了0.628，随后是安徽（0.614）、湖南（0.555）、河南（0.530）、江西（0.527）、山西（0.457）。

五　中部六省科教文化竞争力评价

在评价指标数据库的基础上，运用线性加权评价模型，对中部六省的科教文化竞争力进行评价，结果如下。

表10　中部六省科教文化竞争力——科技维度评价结果

	评价值	排序		评价值	排序
山西	0.235	4	河南	0.206	5
安徽	0.524	2	湖北	0.996	1
江西	0.081	6	湖南	0.449	3

表11　中部六省科教文化竞争力——教育维度评价结果

	评价值	排序		评价值	排序
山西	0.679	1	河南	0.361	3
安徽	0.289	5	湖北	0.622	2
江西	0.298	4	湖南	0.256	6

表12　中部六省科教文化竞争力——文化维度评价结果

	评价值	排序		评价值	排序
山西	0.493	3	河南	0.394	4
安徽	0.501	2	湖北	0.338	5
江西	0.188	6	湖南	0.603	1

表13　中部六省科教文化竞争力评价结果

	评价值	排序		评价值	排序
山西	0.455	2	河南	0.307	5
安徽	0.436	3	湖北	0.701	1
江西	0.184	6	湖南	0.420	4

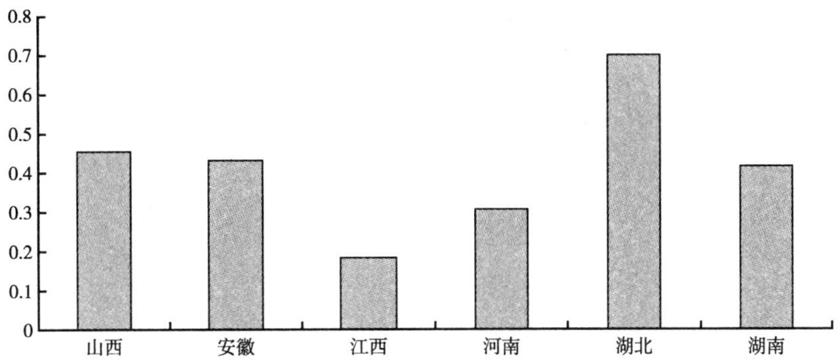

图7　中部六省科教文化竞争力评价结果柱形图

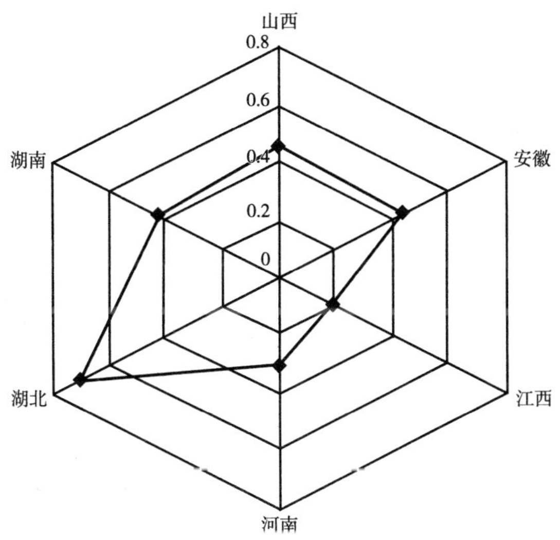

图8　中部六省科教文化竞争力评价结果雷达图

从表13、图7和图8可知，中部六省科教文化竞争力评价综合得分值从高到低排名依次为湖北、山西、安徽、湖南、河南和江西。其中，①从科技维度来看，排名第一的是湖北，其综合得分值为0.996，远高于中部其他省份，随后是安徽（0.524）和湖南（0.449），山西第四（0.235），河南（0.206）和江西（0.081）分列后两位；②从教育维度来看，山西教育维度综合得分值为0.679，在中部六省排名第一，湖北综合得分值为0.622，排在第二位，然后是河南（0.361）、江西

（0.298）、安徽（0.289）、湖南（0.256）；③从文化维度来看，排名第一的是湖南，其综合得分值为0.603，随后是安徽（0.501）、山西（0.493）、河南（0.394）、湖北（0.338）、江西（0.188）。

六　中部六省民生保障竞争力评价

同样在评价指标数据库的基础上，运用线性加权评价模型，对中部六省的民生保障竞争力进行评价，结果如下。

表14　中部六省民生保障竞争力——民生维度评价结果

	评价值	排序		评价值	排序
山西	0.478	5	河南	0.524	3
安徽	0.381	6	湖北	0.805	1
江西	0.498	4	湖南	0.622	2

表15　中部六省民生保障竞争力——社保维度评价结果

	评价值	排序		评价值	排序
山西	0.556	3	河南	0.650	1
安徽	0.127	6	湖北	0.622	2
江西	0.356	5	湖南	0.380	4

表16　中部六省民生保障竞争力——安全维度评价结果

	评价值	排序		评价值	排序
山西	0.518	3	河南	0.504	4
安徽	0.537	2	湖北	0.100	6
江西	0.594	1	湖南	0.473	5

表17　中部六省民生保障竞争力综合评价结果

	评价值	排序		评价值	排序
山西	0.509	4	河南	0.558	2
安徽	0.336	6	湖北	0.609	1
江西	0.475	5	湖南	0.520	3

从表17、图9和图10可知，中部六省民生保障竞争力评价综合得分值从高到低排名依次为湖北、河南、湖南、山西、江西和安徽。①从

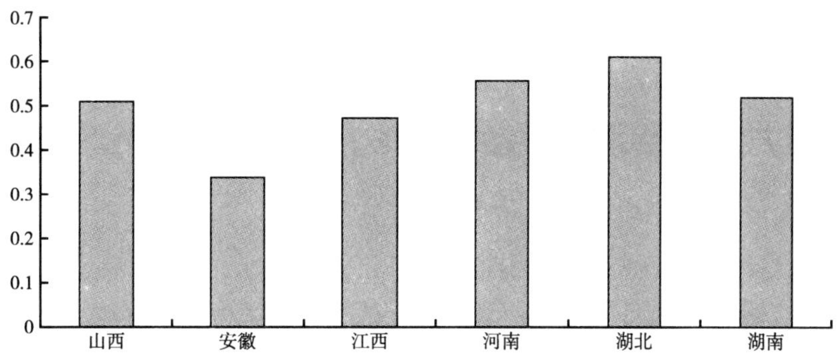

图9 中部六省民生保障竞争力综合评价柱形图

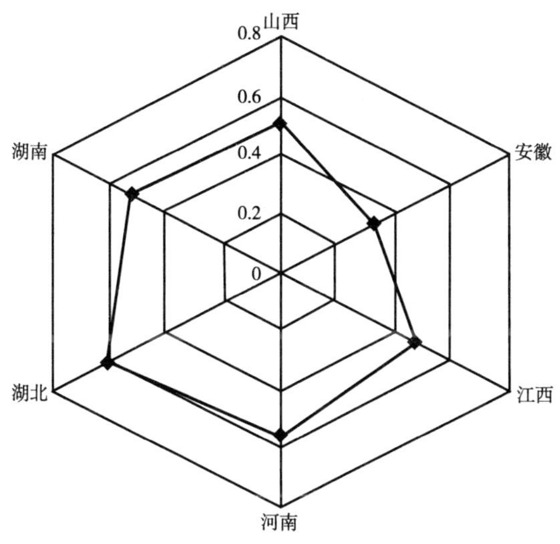

图10 中部六省民生保障竞争力评价结果雷达图

民生维度来看，湖北排在第一，其综合得分值为0.805，湖南（0.622）排在第二，随后分别是河南（0.524）、江西（0.498）、山西（0.478）和安徽（0.381）；②从社保维度来看，河南排在第一，其综合得分值为0.650，湖北次之（0.622），随后是山西（0.556）、湖南（0.380）、江西（0.356）和安徽（0.127）；③从安全维度来看，江西得分值最高，为0.594，其次是安徽（0.537），之后依次为山西（0.518）、河南（0.504）、湖南（0.473）、湖北（0.100）。

B.5

中部六省经济社会竞争力 TOPSIS 评价*

摘　要： TOPSIS 法是一种解决多指标/属性决策方法，该方法的基本思想就是以靠近正理想解和远离负理想解的程度为基准，来判断各已知可行方案的优劣。TOPSIS 方法具有其他评价方法所不具有的优点。为此，采用加权 TOPSIS 综合评价法，对中部六省经济社会竞争力的经济发展竞争力、资源环境竞争力、科教文化竞争力以及民生保障竞争力进行 TOPSIS 加权综合评价。

关键词： 中部经济社会竞争力　TOPSIS 加权评价法　综合评价

一　TOPSIS 的综合评价模型

设有 n 个待评价的对象（这里指中部六省），m 个评价指标（参见附表），x_{ij}为第 i（$i=1$，2，…，n）个待评对象关于评价指标 x_j（$j=1$，2，…，m）的观测值，对应的初始数据矩阵为：

$$X = [x_{ij}]n \times m = \begin{bmatrix} x_{11} & x_{12} & \cdots & x_{1m} \\ x_{21} & x_{22} & \cdots & x_{2m} \\ \cdots & \cdots & \cdots & \cdots \\ x_{n1} & x_{n2} & \cdots & x_{nm} \end{bmatrix}$$

基于 TOPSIS 的综合评价方法过程如下：

* 撰写人：张发明，博士，南昌大学经济管理学院讲师，硕士生导师，南昌大学中国中部经济社会发展研究中心兼职研究员，研究方向为综合评价与决策支持。

（1）对初始数据矩阵 $X = [x_{ij}]_{n \times m}$ 利用功效系数法进行无量纲化处理，设规范化后的评价矩阵为：

$$Z = [Z_{ij}]_{n \times m} = \begin{bmatrix} z_{11} & z_{12} & \cdots & z_{1m} \\ z_{21} & z_{22} & \cdots & z_{2m} \\ \cdots & \cdots & \cdots & \cdots \\ z_{n1} & z_{n2} & \cdots & z_{nm} \end{bmatrix} \tag{1}$$

其中，对于效益型指标采用该处理方法：$z_{ij} = 40 + 60 \times \frac{x_{ij} - \min_i \{x_{ij}\}}{\max_i \{x_{ij}\} - \min_i \{x_{ij}\}}$；对于损益型指标采用该处理方法：$z_{ij} = 40 + 60 \times \frac{\max_i \{x_{ij}\} - x_{ij}}{\max_i \{x_{ij}\} - \min_i \{x_{ij}\}}$。

（2）由各项指标最优值和最劣值分别构成最优值向量 Z^+ 和最劣值向量 Z^-：

$$\begin{aligned} Z^+ &= (z_1^+, z_2^+, \cdots, z_m^+) \\ Z^- &= (z_1^-, z_2^-, \cdots, z_m^-) \end{aligned} \tag{2}$$

其中，$z_j^+ = \max\{z_{1j}, z_{2j}, \cdots, z_{nj}\}$；$z_j^- = \min\{z_{1j}, z_{2j}, \cdots, z_{nj}\}$，$j = 1, 2, \cdots, m$。

（3）利用 Delphi 专家咨询法和层次分析法（AHP），计算出各指标的权重，记为 $W = (w_1, w_2, \cdots, w_m)^T$。

（4）计算被评价对象（o_{i1}，o_{i2}，…，o_{im}）与最优理想系统 $Z^+ = (z_1^+, z_2^+, \cdots, z_m^+)$ 及最劣系统 $Z^- = (z_1^-, z_2^-, \cdots, z_m^-)$ 之间的加权距离。

$$\begin{aligned} d_i^+ &= [\sum_{j=1}^{m} w_j (x_{ij} - z_j^+)^2]^{1/2} \\ d_i^- &= [\sum_{j=1}^{m} w_j (x_{ij} - z_j^-)^2]^{1/2} \end{aligned} \tag{3}$$

式中，w_j 为由专家咨询法和层次分析法所确定的权重。

（5）在求得正负理想解所对应的目标分量后，定义方案与理想解的相对贴近度为：

$$C_i = d_i^- / (d_i^+ + d_i^-) \quad 0 \leqslant c_i \leqslant 1 \tag{4}$$

对于评价的理想方案，则 c_i 为 1，如其为负理想方案，则 c_i 为 0，一般情况下，c_i 处于 0 到 1 之间，c_i 愈接近 1，则相应的方案愈符合择优的标准。

二　中部六省经济发展竞争力评价

针对中部六省经济发展状况，选用指标体系中的第 1 ~ 23 项指标（即三级具体指标），利用基于 TOPSIS 的综合评价模型，对其竞争力进行评价，其排序结果及排名如表 1 至表 4 所示。

表 1　中部六省经济发展竞争力——规模维度评价结果

	离正理想点距离	离负理想点距离	评价值	排序
山西	49. 71265	23. 38276	0. 319894	5
安徽	41. 16336	27. 50968	0. 400589	4
江西	51. 14279	23. 48403	0. 314686	6
河南	17. 70398	51. 09045	0. 742654	1
湖北	24. 28532	44. 56209	0. 647259	2
湖南	32. 77628	29. 08412	0. 470157	3

表 2　中部六省经济发展竞争力——速度维度评价结果

	离正理想点距离	离负理想点距离	评价值	排序
山西	41. 58510	32. 12588	0. 43584	5
安徽	23. 29069	48. 07878	0. 67366	2
江西	14. 40254	51. 18481	0. 78041	1
河南	55. 22757	11. 29814	0. 16983	6
湖北	30. 05945	34. 87229	0. 53706	3
湖南	29. 45081	33. 33598	0. 53094	4

表 3　中部六省经济发展竞争力——结构维度评价结果

	离正理想点距离	离负理想点距离	评价值	排序
山西	35. 12095	45. 17033	0. 562581	2
安徽	31. 20147	35. 46392	0. 531969	3
江西	39. 59724	33. 14886	0. 455679	4
河南	48. 13885	25. 64578	0. 347576	6
湖北	27. 35828	38. 7997	0. 58647	1
湖南	36. 18435	29. 87697	0. 452261	5

表 4　中部六省 2010 年的经济发展竞争力评价结果

	离正理想点距离	离负理想点距离	评价值	排序
山西	43. 32874	33. 770	0. 438	6
安徽	33. 65361	37. 061	0. 524	2
江西	39. 7347	36. 554	0. 479	4
河南	41. 66056	35. 773	0. 462	5
湖北	27. 04671	40. 134	0. 597	1
湖南	32. 90457	30. 652	0. 482	3

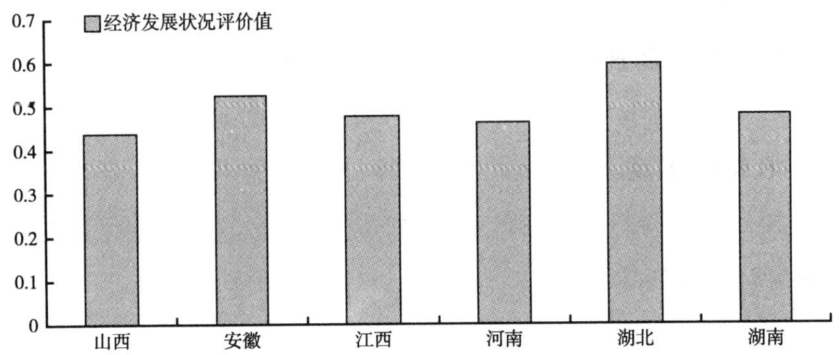

图 1　中部六省 2010 年经济发展竞争力评价结果柱形图

从图 1、图 2 中可以看出，在经济发展竞争力方面，湖北省的得分最高，并且远高于其他省份，安徽省、湖南省的得分次之，紧随其后的是江西、河南、山西，但是结果比较接近。具体的，在经济规模维度方

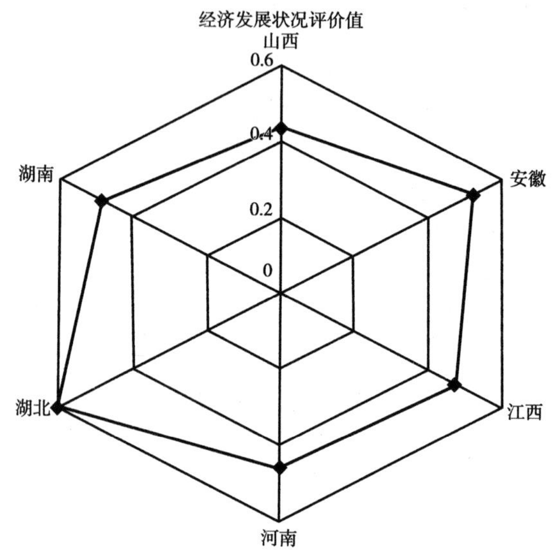

图2　中部六省2010年经济发展竞争力评价结果雷达图

面，河南省的得分最高，为0.743，湖北省次之，为0.647，且这两个省份的得分均高于0.5，而其余省份得分均小于0.5，得分最低的是江西省，仅为0.315。在速度维度方面，江西省的得分最高，为0.780，说明江西省的发展速度是最快的，其次依次为安徽（0.674）、湖北（0.537）、湖南（0.531）、山西（0.436），河南省的得分最低，仅为0.170。在结构维度方面，湖北省的得分最高为0.586，其次为山西，得分0.563，紧接着为安徽省，得分0.532，其余省份均小于0.5，最低的为河南省，仅为0.348。

三　中部六省资源环境竞争力评价

针对中部六省资源环境状况，选用指标体系中的第24～45项指标（即三级具体指标），利用基于TOPSIS的综合评价模型，对其状况进行评价，其排序结果及排名如表5至表8所示。

表 5　中部六省资源环境竞争力——资源维度评价结果

	离正理想点距离	离负理想点距离	评价值	排序
山西	30. 61822	48. 79096	0. 61442	1
安徽	37. 78961	32. 25548	0. 46050	2
江西	46. 33852	25. 73962	0. 35711	5
河南	45. 72602	27. 27700	0. 37364	4
湖北	40. 79070	30. 47457	0. 42762	3
湖南	45. 80301	21. 60637	0. 32052	6

表 6　中部六省资源环境竞争力——生态维度评价结果

	离正理想点距离	离负理想点距离	评价值	排序
山西	42. 03588	33. 94934	0. 44679	3
安徽	50. 91556	10. 80153	0. 17502	6
江西	6. 61967	58. 24621	0. 89795	1
河南	53. 78533	15. 72935	0. 22627	5
湖北	41. 53871	22. 93016	0. 35568	4
湖南	39. 59400	32. 99461	0. 45454	2

表 7　中部六省资源环境竞争力——环保维度评价结果

	离正理想点距离	离负理想点距离	评价值	排序
山西	40. 50301	36. 43413	0. 473557	6
安徽	33. 22259	43. 84825	0. 568934	2
江西	39. 80308	42. 13614	0. 514237	5
河南	35. 33345	38. 24973	0. 519816	4
湖北	26. 90524	40. 5869	0. 601357	1
湖南	34. 06348	39. 42979	0. 536509	3

表 8　中部六省 2010 年的资源环境竞争力评价结果

	离正理想点距离	离负理想点距离	评价值	排序
山西	38. 30855	39. 88625	0. 510	2
安徽	40. 59102	33. 40949	0. 451	5
江西	35. 93101	43. 89449	0. 550	1
河南	44. 65983	29. 70944	0. 400	6
湖北	36. 14361	33. 09481	0. 478	3
湖南	39. 54502	32. 99283	0. 455	4

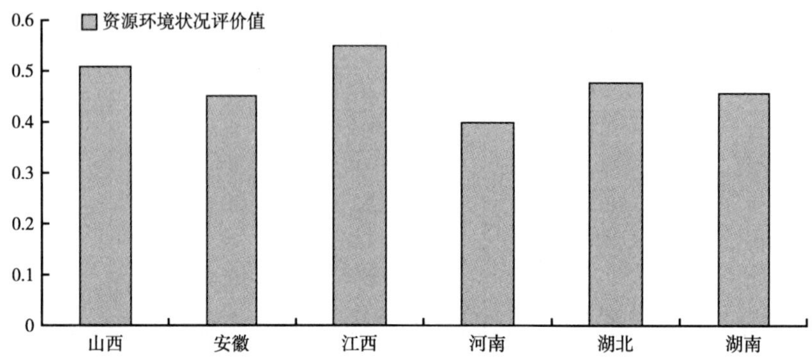

图 3　中部六省 2010 年资源环境竞争力评价结果柱形图

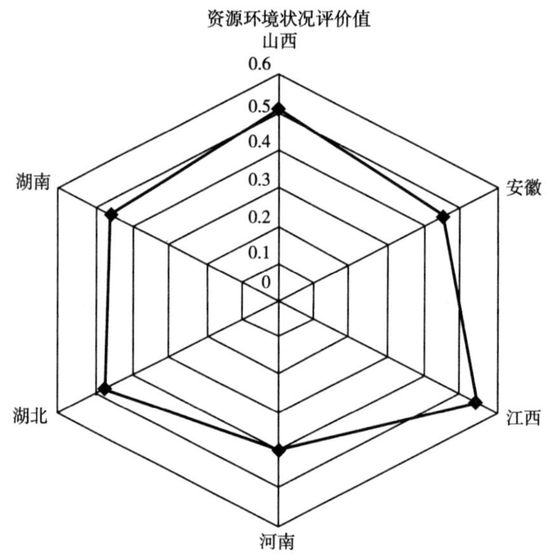

图 4　中部六省 2010 年资源环境竞争力评价结果雷达图

从图 3、4 中可以看出，在资源环境竞争力方面，江西省的得分最高，为 0.550。山西省的评价值也较高，为 0.510。其余四个省份的评价值均小于 0.5，说明这四个省在这些方面有待提高。具体的，在资源维度方面，山西省的得分最高，为 0.614，大于 0.5，其余省份均小于 0.5，依次为安徽省（0.461）、湖北省（0.428）、河南省（0.374）、江西省（0.357）、湖南省（0.321），其中河南省、江西省和湖南省的得分均小于

0.4；在生态维度方面，得分最高的是江西省，为0.898，远远高于其他省份，甚至达到了2倍左右的数值，其余省份得分依次为湖南（0.455）、山西（0.447）、湖北（0.356）、河南（0.226）、安徽（0.175），得分均小于0.5；在环保维度方面，得分排序依次为湖北（0.601）、安徽（0.569）、湖南（0.537）、河南（0.520）、江西（0.514）、山西（0.474），值得一提的是，在环保维度方面，绝大部分省份的得分高于0.5，这也是在所有的维度方面，得分大部分高于0.5的唯一一个维度。

四　中部六省科教文化竞争力评价

针对中部六省科教文化状况，选用指标体系中的第46～64项指标（即三级具体指标），利用基于TOPSIS的综合评价模型，对其状况进行评价，其排序结果及排名如表9至表12所示。

表9　中部六省科教文化竞争力——科技维度评价结果

	离正理想点距离	离负理想点距离	评价值	排序
山西	47.22485	17.86819	0.27450	5
安徽	30.61025	33.35090	0.52142	2
江西	55.36217	7.11365	0.11386	6
河南	50.83140	21.52779	0.29751	4
湖北	0.50240	59.78863	0.99167	1
湖南	35.33473	29.65128	0.45627	3

表10　中部六省科教文化竞争力——教育维度评价结果

	离正理想点距离	离负理想点距离	评价值	排序
山西	22.51553	43.51902	0.659034	1
安徽	45.94572	23.44361	0.337856	5
江西	39.59632	28.86536	0.421628	4
河南	44.21923	33.77935	0.433076	3
湖北	40.60032	42.49951	0.511427	2
湖南	45.41419	19.64056	0.301908	6

表 11　中部六省科教文化竞争力——文化维度评价结果

	离正理想点距离	离负理想点距离	评价值	排序
山西	39.51419	38.88010	0.495956	3
安徽	35.39531	35.48395	0.500625	2
江西	51.21314	19.48293	0.275587	6
河南	42.01576	31.63491	0.429526	4
湖北	45.12416	29.49329	0.39526	5
湖南	35.55766	44.76495	0.557314	1

表 12　中部六省 2010 年的科教文化竞争力评价结果

	离正理想点距离	离负理想点距离	评价值	排序
山西	38.20798	34.1832	0.472	2
安徽	37.77374	30.85533	0.450	3
江西	49.29948	20.16831	0.290	6
河南	46.46754	28.89525	0.383	5
湖北	32.95578	47.7442	0.592	1
湖南	39.20919	31.42718	0.445	4

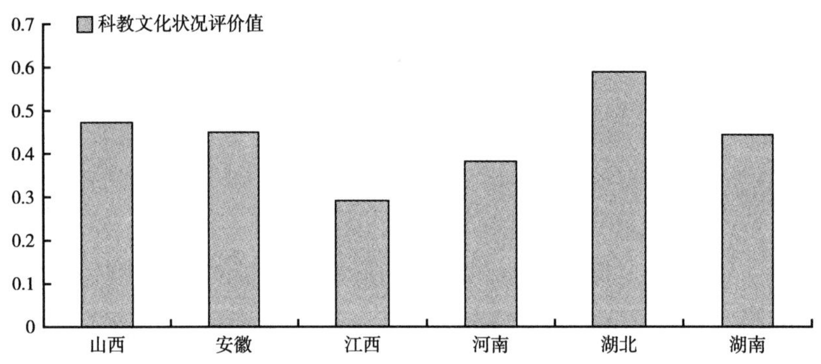

图 5　中部六省 2010 年科教文化状况评价结果柱形图

从表 9 至表 12、图 5、图 6 中可以明显看出，在科教文化方面，湖北省的得分最高，并且明显高于其他五省，说明湖北省的聚集效应和辐射效应较强，科技信息资源状况较好，教育科技投入较高，科技产出和成果转化较快，文化投入较多和人力资本方面做得较好，具备一定的可持续发展能力，而其他的省都小于 0.5，说明政府要加大在这些方面的

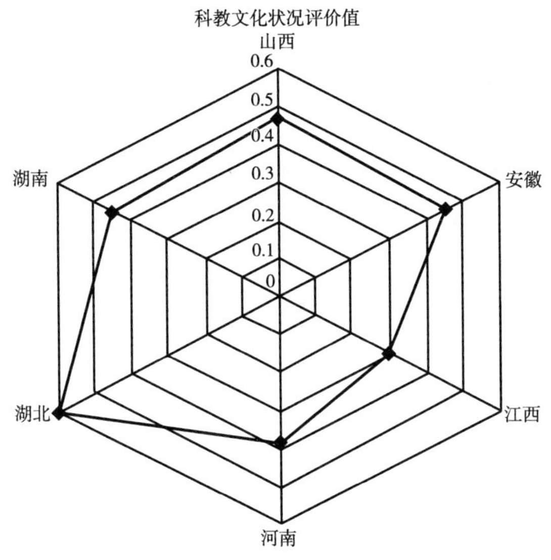

图 6　中部六省 2010 年科教文化状况评价结果雷达图

投资。在这五省中，江西省的得分最低，仅为 0.290，远小于其余几个省份，原因在于江西省在科技、教育和文化三个维度中得分均较低，因此政府应当加大这几方面的投入，而安徽、湖南和河南三个省份的得分较接近，说明这三个省份的情况比较相似。具体而言，在科技维度方面，得分最高的是湖北省，为 0.992，远远高于其余五省；得分高于 0.5 的还有安徽省，为 0.521；其余省份均低于 0.5，依次为湖南省（0.456）、河南省（0.298）、山西省（0.275），得分最少的是江西省，仅为 0.114。在教育维度方面，得分最高的是山西省，得分为 0.659，其次为湖北省，得分为 0.511，其余四省份得分均小于 0.5，依次为河南省、江西省、安徽省、湖南省。在文化维度方面，高于 0.5 的为湖南省（0.557）、安徽省（0.501），其余省份排序依次为山西省、河南省、湖北省、江西省。

五　中部六省民生保障竞争力评价

针对中部六省民生保障状况，选用指标体系中的第 65 ~ 83 项指标

（即三级具体指标），利用基于 TOPSIS 的综合评价模型，对其状况进行评价，其排序结果及排名如表 13 至表 16 所示。

表 13　中部六省民生保障竞争力——民生维度评价结果

	离正理想点距离	离负理想点距离	评价值	排序
山西	40.53567	38.52848	0.48731	5
安徽	39.27350	26.23508	0.40048	6
江西	40.59834	40.42946	0.49896	4
河南	34.33160	36.77346	0.51717	3
湖北	19.33604	50.69930	0.72391	1
湖南	27.76779	40.64023	0.59409	2

表 14　中部六省民生保障竞争力——社保维度评价结果

	离正理想点距离	离负理想点距离	评价值	排序
山西	36.24017	41.38961	0.53317	3
安徽	52.94202	10.85690	0.17017	6
江西	44.52383	30.80842	0.40897	4
河南	30.74060	45.01532	0.59422	1
湖北	29.55136	41.86337	0.58620	2
湖南	39.40074	26.22057	0.39957	5

表 15　中部六省民生保障竞争力——安全维度评价结果

	离正理想点距离	离负理想点距离	评价值	排序
山西	32.71054	32.34249	0.497171	3
安徽	33.62707	34.73585	0.508110	2
江西	36.08076	45.62088	0.558384	1
河南	39.70261	36.38937	0.478229	4
湖北	53.61346	12.22134	0.185636	6
湖南	44.05362	37.27462	0.458323	5

表 16　中部六省 2010 年的民生保障状况评价结果

	离正理想点距离	离负理想点距离	评价值	排序
山西	37.80967	38.28001	0.503	4
安徽	42.87443	24.91621	0.368	6
江西	40.9779	38.965	0.487	5
河南	34.4686	39.356	0.533	2
湖北	31.99698	42.90506	0.573	1
湖南	35.20504	36.19322	0.507	3

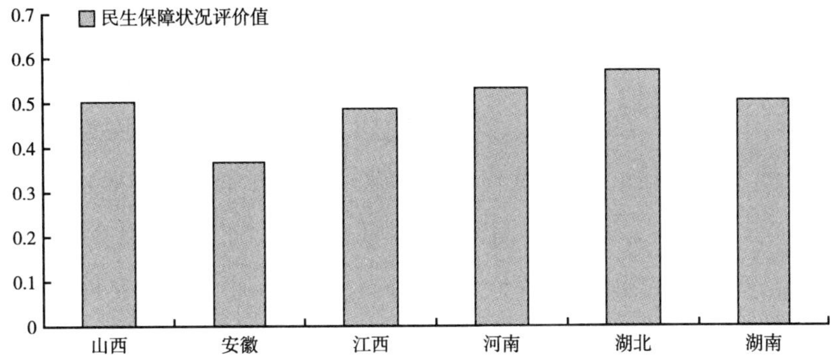

图 7　中部六省 2010 年民生保障状况评价结果柱形图

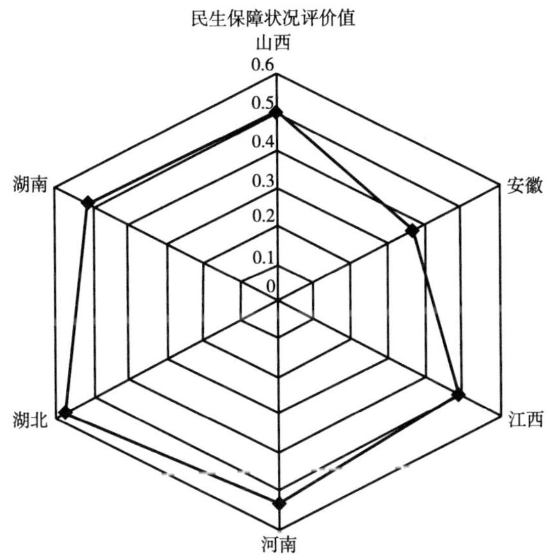

图 8　中部六省 2010 年民生保障状况评价结果雷达图

从表 13 至表 16、图 7、图 8 中可以看出，在民生保障状况方面，湖北省、河南省、湖南省、山西省的得分均大于 0.5，说明这四个省的民生保障状况较好（其中湖北省最高），而其他的省都小于 0.5。其得分值从高到低排名依次为湖北省、河南省、湖南省、山西省、江西省、安徽省。具体而言，在民生维度方面，得分从高到低排序依次为湖北省（0.724）、湖南省（0.594）、河南省（0.517）、江西省（0.499）、山西省（0.487）、安徽省（0.400）；在社保维度方面，得分从高到低排序依次为河南省（0.594）、湖北省（0.586）、山西省（0.533）、江西省（0.409）、湖南省（0.400）、安徽省（0.170）；在安全维度方面，得分从高到低排序依次为江西省（0.558）、安徽省（0.508）、山西省（0.497）、河南省（0.478）、湖南省（0.458）、湖北省（0.186），其中江西省、安徽省的得分均高于0.5，其余省份均小于0.5，得分最低的是湖北省，并且其余省份相差很大。

B.6

中部六省经济社会竞争力组合模型综合评价*

摘　要： 线性加权评价法属于对自身的评价，其优点在于进行竞争力自身发展的时序比较。加权 TOPSIS 评价法属于相对评价法，其优点在于能进行相对竞争优势的优劣比较。以线性加权评价法作为主体，能体现评价的科学性，并具有较好的连续性及时序可比性；以加权 TOPSIS 评价法作为辅助，能反映中部经济社会竞争力的动态性，具有较强的学术性及区域比较性。为此，在进行中部六省经济社会发展竞争力评价时，把线性加权评价法和加权 TOPSIS 评价法组合构成组合评价模型。

关键词： 中部经济社会竞争力　组合评价法　综合评价

一　中部六省经济社会发展竞争力组合评价模型

单一评价方法有其长处，也有其不足，对评价方法做一组合，可实现优势互补，得到更为合理、科学的中部经济社会竞争力评价结果。此外，区域经济社会竞争力增强有两层含义，一是指某区域经济社会竞争力的自身水平是增强的，二是指某区域经济社会竞争力和其他区域相

* 基金项目：教育部人文社会科学研究 2011 年度青年基金项目（项目批准号 11YJC790188）；南昌大学中国中部经济社会发展研究中心招标项目（项目批准号：11ZBND01）。
撰写人：王圣云，博士，南昌大学中国中部经济社会发展研究中心专职研究员，主要从事区域经济与规划和国民福祉学等研究。

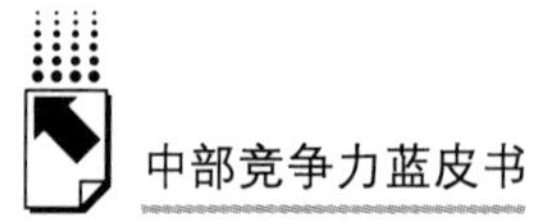

比，具有明显的比较优势。比较而言，线性加权评价法属于对自身的评价，其优点在于进行竞争力自身发展的时序比较；加权 TOPSIS 评价法属于相对评价法，其优点在于能进行相对竞争优势的优劣比较。为此，我们在进行中部六省经济社会发展竞争力评价时，把线性加权评价法和加权 TOPSIS 评价法组合构成组合评价模型。

中部经济社会竞争力综合评价采用组合评价方法：以线性加权评价法作为主体，能体现评价的科学性，并具有较好的连续性及时序可比性；以加权 TOPSIS 评价法作为辅助，能反映中部经济社会竞争力的动态性，具有较强的学术性及区域比较性。

需要说明的是，为了使线性加权评价法和加权 TOPSIS 评价法两种方法的综合计算值具有可比较性，首先对这两种方法计算的中部经济社会分项竞争力和综合竞争力得分进行无量纲化处理。为了使评价结果介于 0 到 1 之间，主要采用极值化法，设规范化后的评价矩阵为：

$$z_{ij} = \frac{x_{ij}}{\max(x_{ij})}$$

式中，x_{ij}表示线性加权评价法或加权 TOPSIS 评价法计算的 i 省 j 竞争力得分，max（x_{ij}）表示线性加权评价法或加权 TOPSIS 评价法计算的 i 省的 j 竞争力得分的最大值。

其次，赋予线性加权评价法权重 w_f，加权 TOPSIS 评价法权重 w_t。

最后，将线性加权评价法和加权 TOPSIS 评价法进行加权组合，构建中部经济社会竞争力的组合评价模型：

$$C_{ij} = w_f \cdot C_{fij} + w_t \cdot C_{tij}$$

式中，C_{ij}为组合评价法计算的 i 省的 j 竞争力得分，C_{fij}为线性加权法计算的 i 省 j 竞争力得分，C_{tij}为加权 TOPSIS 评价法计算的 i 省 j 竞争力得分。

二　中部六省经济发展竞争力评价

将线性加权法和加权 TOPSIS 法计算的中部六省经济发展竞争力结果，应用中部经济社会竞争力组合评价模型，计算得到中部六省经济发展竞争力（见表 1 至表 4、图 1）。

表 1　中部六省经济发展竞争力——规模维度组合评价结果

	线性加权法	加权 TOPSIS 法	组合评价值	排序
山西	0.233	0.320	0.250	5
安徽	0.370	0.401	0.376	4
江西	0.213	0.315	0.233	6
河南	0.819	0.743	0.804	1
湖北	0.694	0.647	0.685	2
湖南	0.468	0.470	0.468	3

表 2　中部六省经济发展竞争力——速度维度组合评价结果

	线性加权法	加权 TOPSIS 法	组合评价值	排序
山西	0.403	0.436	0.410	5
安徽	0.746	0.674	0.732	2
江西	0.835	0.780	0.824	1
河南	0.094	0.170	0.109	6
湖北	0.543	0.537	0.542	3
湖南	0.534	0.531	0.533	4

表 3　中部六省经济发展竞争力——结构维度组合评价结果

	线性加权法	加权 TOPSIS 法	组合评价值	排 序
山西	0.612	0.563	0.602	1
安徽	0.462	0.532	0.476	3
江西	0.386	0.456	0.400	5
河南	0.169	0.348	0.205	6
湖北	0.568	0.586	0.572	2
湖南	0.395	0.452	0.406	4

表4　中部六省经济发展竞争力评价结果

	线性加权法	加权 TOPSIS 法	组合评价值	组合评价值排序
山西	0. 398	0. 438	0. 668	6
安徽	0. 510	0. 524	0. 843	2
江西	0. 452	0. 479	0. 752	4
河南	0. 407	0. 462	0. 688	5
湖北	0. 611	0. 597	1. 000	1
湖南	0. 466	0. 482	0. 772	3

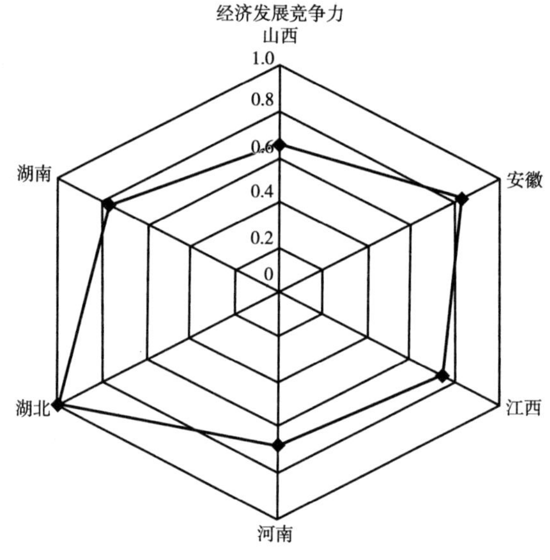

图1　中部六省经济发展竞争力评价结果

从表1至表4、图1中可以看出，在经济发展竞争力方面，湖北的得分最高，线性加权法计算结果为0. 611，加权 TOPSIS 法计算结果为0. 597，在中部六省中都是最高的。安徽排名第二，线性加权法计算结果为0. 510，加权 TOPSIS 法计算结果为0. 524。湖南排名第三，线性加权法计算结果为0. 466，加权 TOPSIS 法计算结果为0. 482。江西排名第四，线性加权法计算结果为0. 452，加权 TOPSIS 法计算结果为0. 479。河南排名第五，线性加权法计算结果为0. 407，加权 TOPSIS 法计算结果为0. 462。山西排名第六，线性加权法计算结果为0. 398，加权

TOPSIS 法计算结果为0.438。

（1）从经济发展规模维度来看，河南经济规模维度得分值为0.804，居中部六省之首。湖北次之（0.685），随后依次是湖南（0.468）、安徽（0.376）、山西（0.250）和江西（0.233）。河南和湖北的得分均高于0.5，而其余省份得分均小于0.5。（2）从经济发展速度维度来看，发展最快的是江西，其综合得分值为0.824，安徽次之（0.732），湖北（0.542）、湖南（0.533）、山西（0.410）紧随其后，河南最低（0.109）。（3）从经济发展结构维度来看，山西由于工业化、城镇化的发展进程相对较快，使得其结构维度综合得分为0.602，排在中部六省的第一位，湖北次之（0.572），安徽（0.476）、湖南（0.406）、江西（0.400）紧随其后，河南最低（0.205）。河南省在速度和结构维度方面的得分都是最小的，且远小于其余省份，这也是为什么河南省在经济规模维度方面得分最高，但经济发展竞争力不高的主要原因所在。山西省尽管在结构维度方面相对较好，但是由于其在规模维度和速度维度方面均较弱，因此导致山西省在经济发展竞争力方面处于靠后的位置。

三　中部六省资源环境竞争力组合评价

将线性加权法和加权 TOPSIS 法计算的中部六省资源环境竞争力结果，应用中部经济社会竞争力组合评价模型，计算得到中部六省资源环境竞争力（见表5 至表8、图2）。

表5　中部六省资源环境竞争力——资源维度组合评价结果

	线性加权法	加权 TOPSIS 法	组合评价值	排序
山西	0.700	0.614	0.683	1
安徽	0.446	0.461	0.449	2
江西	0.294	0.357	0.307	5
河南	0.313	0.374	0.325	4
湖北	0.398	0.428	0.404	3
湖南	0.273	0.321	0.283	6

表6　中部六省资源环境竞争力——生态维度组合评价结果

	线性加权法	加权 TOPSIS 法	组合评价值	排序`
山西	0. 415	0. 447	0. 421	3
安徽	0. 156	0. 175	0. 160	5
江西	0. 965	0. 898	0. 952	1
河南	0. 133	0. 226	0. 152	6
湖北	0. 333	0. 356	0. 338	4
湖南	0. 433	0. 455	0. 437	2

表7　中部六省资源环境竞争力——环保维度组合评价结果

	线性加权法	加权 TOPSIS 法	组合评价值	排序`
山西	0. 457	0. 474	0. 460	6
安徽	0. 614	0. 569	0. 605	2
江西	0. 527	0. 514	0. 524	5
河南	0. 530	0. 520	0. 528	4
湖北	0. 628	0. 601	0. 623	1
湖南	0. 555	0. 537	0. 551	3

表8　中部六省资源环境竞争力评价结果

	线性加权法	加权 TOPSIS 法	组合评价值	组合评价值排序
山西	0. 517	0. 510	0. 889	2
安徽	0. 426	0. 451	0. 744	5
江西	0. 588	0. 550	1. 000	1
河南	0. 346	0. 400	0. 616	6
湖北	0. 471	0. 478	0. 815	3
湖南	0. 434	0. 455	0. 756	4

由表5至表8、图2可以看出，在资源环境竞争力方面，江西排名第一，优势十分明显，线性加权法计算结果为0. 588，加权TOPSIS法计算结果为0. 550。山西第二，线性加权法计算结果为0. 517，加权TOPSIS法计算结果为0. 510。湖北第三，线性加权法计算结果为0. 471，加权TOPSIS法计算结果为0. 478。湖南第四，线性加权法计算结果为0. 434，加权TOPSIS法计算结果为0. 455。安徽第五，线性加权法计算结果为0. 426，加权TOPSIS法计算结果为0. 451。河南第六，线性加权法计算结果为0. 346，加权TOPSIS法计算结果为0. 399。

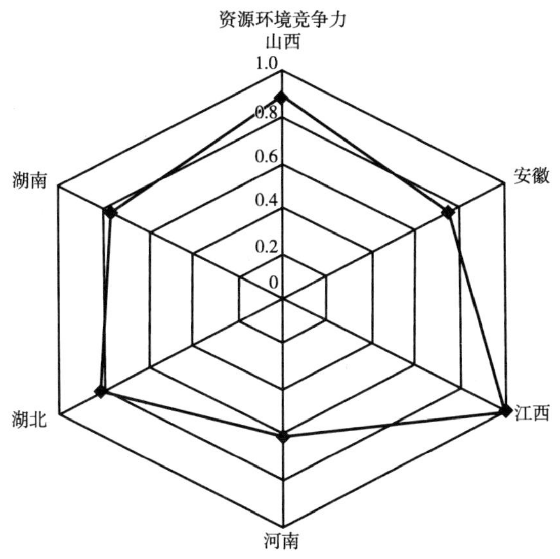

图 2　中部六省资源环境竞争力评价结果

（1）从资源维度来看，山西排在第一（0.683），大于0.5，其余省份均小于0.5。安徽次之（0.449），随后分别是湖北（0.404）、河南（0.325）、江西（0.307）、湖南（0.283）。数据分析可以发现，山西资源维度之所以能排在第一，固然与其本省资源条件有关，同时与山西的人口基数过小也不无关系，因为资源维度的衡量指标基本上是人均指标，比如，山西人均矿产占有量达到了2399.55万吨，安徽154.55万吨、河南126.27万吨，而江西、湖北和湖南的人均矿产占有量仅有30万吨左右，另外，山西2010年的人均旅游收入达到了3031.51元，也大大高于中部其他省份。（2）从生态维度来看，虽然江西的经济实力比较弱，但是江西生态条件很好，2010年江西森林覆盖率、人均林地面积、当年新增种草面积、绿化覆盖率以及提高率指标均高于中部其他省份，其生态维度综合得分值为0.952，排在中部第一，随后是湖南（0.437）、山西（0.421）、湖北（0.338）、安徽（0.160）和河南（0.152）分别次之。（3）从环保维度来看，得分排序依次为湖北（0.623）、安徽（0.605）、湖南（0.551）、河南（0.528）、江西

（0.524）、山西（0.460）。湖北在环境保护方面取得了显著的成效，其综合得分值达到了0.623。

四　中部六省科教文化竞争力组合评价

将线性加权法和加权TOPSIS法计算的中部六省科教文化竞争力结果，应用中部经济社会竞争力组合评价模型，计算得到中部六省科教文化竞争力（见表9至表12、图3）。

表9　中部六省科教文化竞争力——科技维度组合评价结果

	线性加权法	加权TOPSIS法	组合评价值	排序
山西	0.235	0.275	0.243	4
安徽	0.524	0.521	0.523	2
江西	0.081	0.114	0.088	6
河南	0.206	0.298	0.224	5
湖北	0.996	0.992	0.995	1
湖南	0.449	0.456	0.450	3

表10　中部六省科教文化竞争力——教育维度组合评价结果

	线性加权法	加权TOPSIS法	组合评价值	排序
山西	0.679	0.659	0.675	1
安徽	0.289	0.338	0.299	5
江西	0.298	0.422	0.323	4
河南	0.361	0.433	0.375	3
湖北	0.622	0.511	0.600	2
湖南	0.256	0.302	0.265	

表11　中部六省科教文化竞争力——文化维度组合评价结果

	线性加权法	加权TOPSIS法	组合评价值	排序
山西	0.493	0.496	0.494	3
安徽	0.501	0.501	0.501	2
江西	0.188	0.276	0.206	6
河南	0.394	0.430	0.401	4
湖北	0.338	0.395	0.349	5
湖南	0.603	0.557	0.594	1

表 12　中部六省科教文化竞争力评价结果

	线性加权法	加权 TOPSIS 法	组合评价值	组合评价值排序
山西	0. 455	0. 472	0. 679	2
安徽	0. 436	0. 450	0. 650	3
江西	0. 184	0. 290	0. 308	6
河南	0. 307	0. 383	0. 480	5
湖北	0. 701	0. 592	1. 000	1
湖南	0. 420	0. 445	0. 630	4

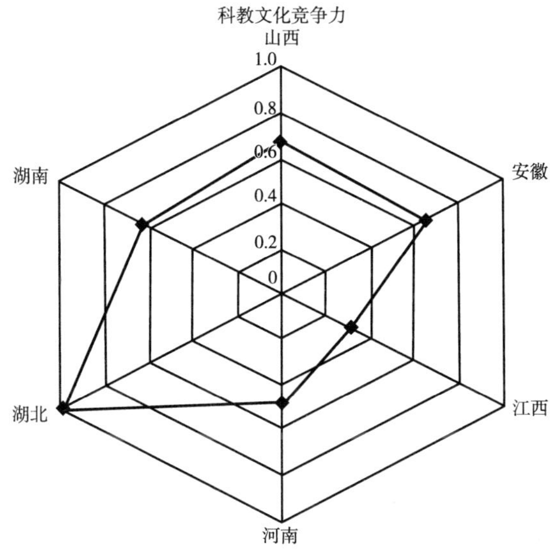

图 3　中部六省科教文化竞争力评价结果

由表 9 至表 12、图 3 可以看出，在科教文化竞争力方面，湖北排名第一，优势十分突出，线性加权法计算结果为 0. 701，加权 TOPSIS 法计算结果为 0. 592。山西第二，线性加权法计算结果为 0. 455，加权 TOPSIS 法计算结果为 0. 472。安徽第三，线性加权法计算结果为 0. 436，加权 TOPSIS 法计算结果为 0. 450。湖南第四，线性加权法计算结果为 0. 420，加权 TOPSIS 法计算结果为 0. 445。河南第五，线性加权法计算结果为 0. 307，加权 TOPSIS 法计算结果为 0. 383。江西第六，线性加权法计算结果为 0. 184，加权 TOPSIS 法计算结果为 0. 290。

（1）从科技维度来看，排名第一的是湖北，其综合得分值为0.995，远高于中部其他省份，随后是安徽（0.523）和湖南（0.450），山西第四（0.243），河南（0.224）和江西（0.088）分列后两位。（2）从教育维度来看，2010年，山西教育指标普遍较高，财政性教育支出占GDP的比重这一指标最为突出，达到了3.24，居中部六省的首位，这使得山西教育维度综合得分值达到了0.675，中部六省排名第一，湖北综合得分值为0.600，排在第二位；其余省份得分均低于0.5。降序排列依次为河南（0.375）、江西（0.323）、安徽（0.299）、湖南（0.265）。（3）从文化维度来看，排名第一的是湖南，其综合得分值为0.594，2010年湖南省的文化产业从业人员达到了11.76万人，文化产业产值占GDP的比重达到38%，均大大高于中部其他省份。随后是安徽为0.501。然后依次为山西（0.494）、河南（0.401）、湖北（0.349）、江西（0.206）。

五　中部六省民生保障竞争力组合评价

将线性加权法和加权TOPSIS法计算的中部六省民生保障竞争力结果，应用中部经济社会竞争力组合评价模型，计算得到中部六省民生保障竞争力（见表13至表16、图4）。

表13　中部六省民生保障竞争力——民生维度组合评价结果

	线性加权法	加权TOPSIS法	组合评价值	排序
山西	0.478	0.487	0.480	5
安徽	0.381	0.400	0.385	6
江西	0.498	0.499	0.498	4
河南	0.524	0.517	0.523	3
湖北	0.805	0.724	0.789	1
湖南	0.622	0.594	0.616	2

表 14　中部六省民生保障竞争力——社保维度组合评价结果

	线性加权法	加权 TOPSIS 法	组合评价值	排序
山西	0. 556	0. 533	0. 551	3
安徽	0. 127	0. 170	0. 136	6
江西	0. 356	0. 409	0. 367	5
河南	0. 650	0. 594	0. 639	1
湖北	0. 622	0. 586	0. 615	2
湖南	0. 380	0. 400	0. 384	4

表 15　中部六省民生保障竞争力——安全维度组合评价结果

	线性加权法	加权 TOPSIS 法	组合评价值	排序
山西	0. 518	0. 497	0. 514	3
安徽	0. 537	0. 508	0. 531	2
江西	0. 594	0. 558	0. 587	1
河南	0. 504	0. 478	0. 499	4
湖北	0. 100	0. 186	0. 117	6
湖南	0. 473	0. 458	0. 470	5

表 16　中部六省民生保障竞争力综合评价结果

	线性加权法	加权 TOPSIS 法	组合评价值	组合评价值排序
山西	0. 509	0. 503	0. 844	4
安徽	0. 336	0. 368	0. 570	6
江西	0. 475	0. 487	0. 794	5
河南	0. 558	0. 533	0. 919	2
湖北	0. 609	0. 573	1. 000	1
湖南	0. 520	0. 507	0. 860	3

由表 13 至表 16、图 4 可以看出，在民生保障竞争力方面，湖北排名第一，优势十分明显，线性加权法计算结果为 0. 609，加权 TOPSIS 法计算结果为 0. 573。河南第二，线性加权法计算结果为 0. 558，加权 TOPSIS 法计算结果为 0. 533。湖南第三，线性加权法计算结果为 0. 520，加权 TOPSIS 法计算结果为 0. 507。山西第四，线性加权法计算

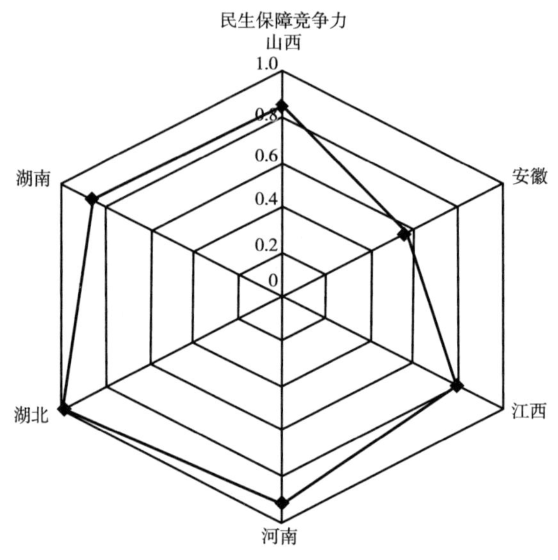

图4　中部六省民生保障竞争力综合评价结果

结果为0.509，加权TOPSIS法计算结果为0.503。江西第五，线性加权法计算结果为0.475，加权TOPSIS法计算结果为0.487。安徽第六，线性加权法计算结果为0.336，加权TOPSIS法计算结果为0.368。

（1）从民生维度来看，湖北排在第一，其综合得分值为0.789，湖南排在第二（0.616），随后分别是河南（0.523）、江西（0.498）、山西（0.480）和安徽（0.385）。需要指出的是，从CPI指数来看，湖北物价控制势头最好，2010年CPI指数较2009年涨幅最小。（2）从社保维度来看，河南排在第一，其综合得分值为0.639，湖北次之（0.615），随后是山西（0.551）、湖南（0.384）、江西（0.367）和安徽（0.136）。（3）从安全维度来看，江西得分值最高，为0.587，这主要是由于其交通安全以及防火防灾方面发生事故低。其余省份依次为安徽省（0.531）、山西省（0.514）、河南省（0.499）、湖南省（0.470）、湖北省（0.117）。

专题研究篇

Topic Study

中部六省重点开发区

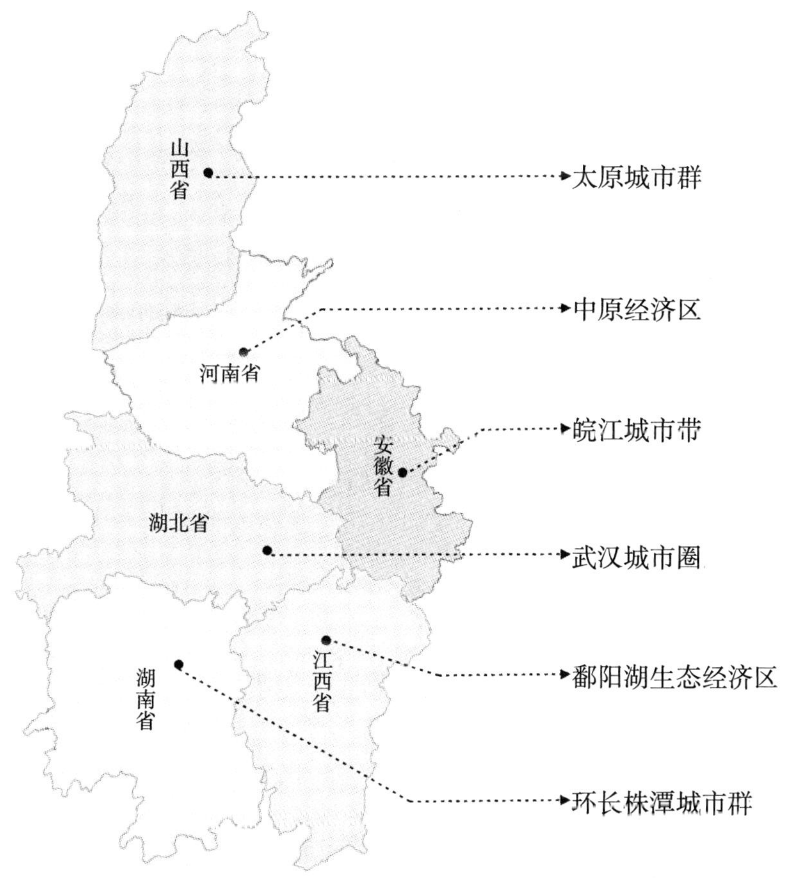

B.7

中国区域发展的空间格局与中部地区主体功能区建设*

摘　要：随着我国人多地少矛盾的日益突出，经济增长资源环境约束的不断增强等一系列矛盾的产生，国家颁布了《全国主体功能区划》，明确提出要构建人口、经济、资源环境相协调的国土空间开发格局，并对我国城市化格局的空间发展战略问题、农业战略的空间布局问题和生态安全的战略格局问题进行明确界定，从而对中国区域空间发展的总体格局产生了重大影响。本文首先阐明了主体功能区划与中国区域发展的空间格局，然后依据《全国主体功能区划》，结合中部地区的实际，对中部地区主体功能区中的优化开发区、重点开发区、限制开发区和禁止开发区进行划分和界定，并具体论证了太原城市群、皖江城市带、鄱阳湖生态经济区、中原经济区、武汉城市圈、长株潭城市群等六大区域是中部地区优先发展和重点建设的功能区。最后，文章对主体功能区的实施和中国区域发展空间格局的变化趋势进行了预测。

关键词：区域发展　空间格局　主体功能区　中部地区

随着我国经济持续高速增长，我国人多地少的矛盾日益突出，经济

---

* 撰写人：陈栋生，南昌大学中国中部经济社会发展研究中心学术委员会顾问，中国社会科学院荣誉学部委员，中国区域经济学会前副会长，中国社会科学院工业与经济研究所研究员，博士生导师，区域经济学家；姚成胜，博士，副教授，南昌大学中国中部经济社会发展研究中心专职研究员。

增长的资源环境约束强化，区域与区域之间发展不协调，城乡差距、收入分配差距不断拉大，社会矛盾明显增多。因此，为发挥国家统筹规划全国经济社会发展的能力，更好地实现经济的持续平稳快速发展，推进区域与区域之间、城市与农村之间的协调发展，国家发展和改革委员会于2010年12月21日颁布了《全国主体功能区划》，明确提出了要根据不同区域的资源环境承载能力、现有开发强度和发展潜力，统筹谋划人口分布、经济布局、国土利用和城镇化格局，确定不同区域的主体功能，并据此明确开发方向，完善开发政策，控制开发强度，规范开发秩序，逐步形成人口、经济、资源环境相协调的国土空间开发格局。《中华人民共和国国民经济和社会发展第十二个五年规划纲要》也进一步明确指出，要实施区域发展总体战略和主体功能区战略，构筑区域经济优势互补、主体功能定位清晰、国土空间高效利用、人与自然和谐相处的区域发展新格局。两个全国性的纲要性文件对我国的区域发展指明了方向，是在新形势下深入贯彻落实科学发展观、推进我国区域协调发展的重大战略举措。因此，“十二五”期间，中国区域发展的空间格局变化必然围绕“十二五”规划的区域发展总体战略和《全国主体功能区划》这两个中心展开。

一　主体功能区划与中国区域发展的空间格局

主体功能区化战略是在2005年提出的，它是根据不同区域的资源环境承载能力、现有开发密度和发展潜力，在统筹谋划未来人口分布、经济布局、国土利用和城镇化格局的基础上，按照优化结构、区域分工、保护自然、有限开发、集约开发、协调开发的原则，将国土空间划分为具有某种特定主体功能定位的地域空间单元，主要可分为优先开发区、重点开发区、限制开发区和禁止开发区四类。按规划内容则又分为三种：第一种是以工业化、城镇化发展以及人口集聚为主体功能的区域，包括优化开发区和重点开发区两个；第二种是以提供农产品或维护区域生态安全为主体功能的区域，这类区域需要限制其工业化、城镇化发展，以保持其提供农产品的能力或维护区域生态安全，被称为限制开发区；第三种是指有代表性的自然生态系统、珍稀濒危野生动植物物种的天然集中分布地、有特殊价值的自然遗迹所在地和文化遗址等，需要在国土空间开发中禁止进行工业化城镇化开发的重点生态功能区，被称为禁止开发区。

在《全国主体功能区划》对我国不同功能区划分的基础之上，“十二五”规划又进一步强化了《全国主体功能区划》的三方面发展战略：

（1）中国城市化格局的空间发展战略问题。为更好地推进中国城市化，“十二五”规划提出了“两横三纵”的城市化发展战略。“两横”是指沿长江这一主线以及北边的陇海—兰新铁路干线，即所谓的陆桥大通道。“三纵”即沿海、京广—京九沿线、包昆（包头—昆明）铁路沿线，这“两横三纵”基本上把我国21个城市群串通起来。

（2）中国农业发展战略的空间布局问题。这一问题在《全国主体功能区划》中已经明确提出，在“十二五”规划中得到了进一步的明确。《全国主体功能区划》和《中华人民共和国国民经济和社会发展第十二个五年规划纲要》均明确提出了我国农业发展区域布局，即强化农业生产的“七区二十三带”。“七区”是指东北平原产区、黄淮海平原产区、长江流域主产区、汾渭平原主产区、河套灌区主产区、华南主产区以及甘肃新疆主产区；“二十三带”则是按主要的农作物种类的分布情况进行划分的，如西南和东北的小麦产业带，西南和东南的玉米产业带，南方的高蛋白及菜用大豆产业带，北方的油菜产业带，东北、华北、西北、西南和南方的马铃薯产业带，广西、云南、广东、海南的甘蔗产业带，海南、云南和广东的天然橡胶产业带，等等。

（3）中国生态安全的战略格局问题。《全国主体功能区划》提出了维护中国生态安全问题，提出了建设“两个屏障”和“三个防护带”。“两个屏障”是指青藏高原生态屏障和黄土高原—川滇生态屏障，“三带”是指东北森林带、北方防沙带、南方丘陵山地带。“十二五”规划

则进一步强化了这一生态安全空间布局，《中华人民共和国国民经济和社会发展第十二个五年规划纲要》指出，要加强重点生态功能区保护和管理，增强涵养水源、保持水土、防风固沙能力，保护生物多样性，构建以青藏高原生态屏障、黄土高原—川滇生态屏障、东北森林带、北方防沙带和南方丘陵山地带以及大江大河重要水系为骨架，以其他国家重点生态功能区为重要支撑，以点状分布的国家禁止开发区域为重要组成的生态安全战略格局。

《全国主体功能区划》的主要目的是为了解决人与自然的和谐发展，其设计理念较为先进，其中的许多内容都被直接写入“十二五”规划。由于中国人多地少，在一些生态脆弱区或者是生态重要性尤为突出的地区，仍然存在着大规模的人类经济活动。而与中国类似的地广人稀的国家，如澳大利亚、加拿大等，这类地区基本上是无人区，因此它们的生态保护目标很容易实现。由于中国区域经济发展水平的差异，很多生态脆弱区的经济发展水平仍然较低，因此，提高当地人们的福祉水平仍然是当地政府部门的主要工作。中国在实施主体功能区划的过程中将会遇到很多问题，主体功能区划仍然需要进一步的完善，增加一些可以操作的条款，以增强规划的可实施性。

二　中部地区主体功能区分类

覆盖山西、安徽、江西、河南、湖北、湖南六个相邻省份的中部地区地处内陆腹地，起着承东启西、连接南北、吸引四面、辐射八方的重要战略作用。自2006年《中共中央国务院关于促进中部地区崛起的若干意见》颁布以来，中部地区发展步伐明显加快，在全国区域格局中的地位不断提升。随着《〈促进中部崛起规划〉实施意见》、《关于促进中部地区城市群发展的指导意见》的颁发以及《全国主体功能区划》的全面实施，中部崛起战略正不断向纵深方向发展。依据《全国主体功能区划》，结合中部地区经济、社会、资源、环境等方面的发展状况

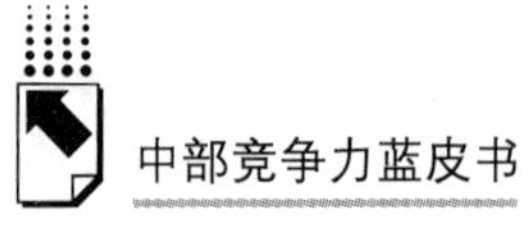

和特点，划分出中部地区的优先开发区、重点开发区、限制开发区和禁止开发区如下。

（1）优先开发区域：优先开发区域指经济比较发达、人口密集、开发强度偏高、资源环境负荷过重的部分城市化地区。目前，中部地区的优先开发区是业已形成的太原城市圈、皖江城市带、鄱阳湖生态经济区、中原经济区、武汉城市圈、长株潭城市群等六大城市区域（城市群、经济带、经济区）中的地级市（直管县、区）。其中，山西太原城市圈中包括太原、阳泉、忻州、吕梁、晋中5市；安徽皖江城市带包括合肥、芜湖、马鞍山、铜陵、安庆、滁州、池州、巢湖、宣城9个地级市；鄱阳湖生态经济区包括南昌、景德镇、鹰潭、九江4个地级市；河南中原城市群包括郑州、洛阳、开封、新乡、焦作、许昌、平顶山、漯河、济源9个地级市；武汉城市圈包括武汉市和黄石、鄂州、黄冈、孝感、咸宁5个地级市和仙桃、天门、潜江3个直管县；湖南长株潭城市群指长沙、株洲、湘潭3市。城市圈（城市群、经济带、经济区）中的这些龙头城市、核心城市的实力、竞争力与活力直接影响到整个省区综合实力、竞争力和活力的提升，成为带动整个区域经济社会发展的领航者和排头兵。因此，这些区域的功能定位主要是探索科学发展模式的实验区，深化改革的先行区，扩大开放的重要窗口，人口和经济重要密集区；其发展方向是把提高经济发展质量和效益放在首位，保持经济持续稳定发展，提升参与国内外分工与竞争的层次，率先优化创业环境、营造创新氛围，提高自主创新能力，率先实现经济结构战略性优化升级，率先加快转变经济发展方式，实现从生产要素投入驱动、规模效应扩大驱动向科学技术进步、人力资源开发双轮驱动转变，率先完善社会主义市场经济体制。

（2）重点开发区域：重点开发区域主要指具有一定经济基础、资源环境承载能力较强、发展潜力较大、集聚人口和经济条件较好的城市化地区。确定重点开发区域，既是落实区域发展总体战略、拓展发展空间、促进区域协调发展的需要，也是避免经济发展过于依赖少数区域，

减轻其人口、资源、环境压力的需要。当前，在全国各地区主体功能区规划编制过程中，各省对优先开发区域和重点开发区域这两个概念的认识存在一定的分歧，对重点开发区域范围的边界难以确定。我们认为，所有具备了聚集相当经济规模和人口的区域都应被纳入重点开发区域范围之内。需要强调的是，必须将重点开发的区域划分成近期、中期和远期的开发时序，对目前尚不需要开发的区域，要作为预留的发展区域予以必要的保护。目前，中部地区各省近期重点开发的区域主要是被明确纳入六大城市区域（城市群、经济带、经济区）规划中的非地级市（直管县、区）。比如，山西太原城市圈中的介休市、孝义市、汾阳县、柳林县、中阳县、原平市；江西鄱阳湖生态经济区中的南昌县、新建县、九江县、瑞昌市、樟树市、丰城市等。中期重点开发的区域主要是城市圈（城市群、经济带、经济区）外围的其他地级市（区）、县级市。远期重点开发的区域主要是外围的县级城镇群。重点开发区域，特别是近期重点开发区域的功能定位是重要的经济和人口集聚区，成为支撑和促进经济持续发展的重要增长极，承接优先开发区域的产业转移区，限制开发和禁止开发区域的人口转移区；成为农业转移人口向城镇转移、落户的主要接受区。其发展方向是在优化经济发展结构，提高经济发展质量和效益，节约资源、保护环境的基础上，加快经济发展，加快推进工业化和城镇化的步伐。

（3）限制开发区域：限制开发区域主要是影响全局农产品和生态安全的重点生态功能区。该区域内的生态系统比较脆弱、生态重要性程度高、自然灾害危险大，大规模集聚经济和人口的条件不够好，且关系到农产品供给安全，关系到较大范围生态安全的区域，因此，有必要对这些区域限制开发。这既是从全局上遏制生态环境恶化趋势的迫切需要，也是从根本上提高这些区域人民生活水平的长远之计。限制开发区域主要是限制这些区域大规模、高强度的工业化、城镇化的开发活动，并不限制其资源环境可承载的产业发展，更不是限制社会发展。中部地区的限制开发区域主要包括中部地区粮食主产区、棉花优势产区、油菜优势产区、特色农产品优势产区，三峡库区、黄土高原区、武陵山区、丹江口库区及上游地区等重点水土保持区，晋西及晋西北、豫西、桐柏山区、大别山区、皖南山区、伏牛山区、赣南山区、井冈山区、太行山区和湘西等流域综合治理区，以及韶山、井冈山、大别山、太行山、洞庭湖、鄱阳湖等旅游资源丰富的景区。限制开发区域的功能定位是重要的生态屏障区、水源涵养区、生态旅游示范区以及人与自然和谐相处的示范区，是保障国家农产品安全的重要基地，保障国家生态安全的重要区域。发展方向是：农业地区要以发展现代农业为首要任务，切实保护耕地，着力提高农业综合生产能力；生态地区要以生态修复和环境保护为首要任务，增强水源涵养、水土保持、防风固沙、维护生物多样性等的能力；要在保护和发挥农业、生态功能的前提下，适度发展矿产资源开采、旅游、农林产品加工以及其他生态型产业；要严格控制开发强度，在现有基础上集约建设城镇，重点增强城镇的公共服务功能，引导农村人口和生态地区超载人口逐步有序转移；要严格保护自然植被，禁止过度放牧、无序采矿、毁林开荒、开垦草地和湿地等行为。

（4）禁止开发区域：禁止开发区域主要是各级各类依法设立的自然文化资源保护区和其他需要特殊保护的区域，包括自然保护区、文化自然遗产、风景名胜区、森林公园、地质公园等。比如，中部各省自然保护区有湖北的神农架、青龙山自然保护区，湖南的东洞庭湖、张家界大鲵、乌云界自然保护区，河南的鸡公山、小秦岭自然保护区，江西的鄱阳湖候鸟、桃红岭梅花鹿自然保护区，山西的芦芽山、五鹿山自然保护区，安徽的扬子鳄、淡水豚自然保护区等；文化自然遗产有湖北的武当山古建筑群、湖南的武陵源名胜区、河南的洛阳龙门石窟、江西的庐山名胜区、山西的平遥古城、安徽的黄山和西递宏村古村落等；森林公园有湖北的九峰、鹿门寺国家森林公园，湖南的张家界、神农谷国家森林公园，河南的嵩山、花果山国家森林公园，江西的梅岭、庐山山南国家森林公园，山西的五台山、太岳山国家森林公园，安徽的九华山、琅琊山国家森林公园，等等。这些禁止开发区域的功能定位是成为保护自

然文化遗产的重要区域，包括有代表性的自然生态系统保护区，珍稀濒危野生动植物物种的天然集中分布区，有特殊价值的文化和自然遗迹所在地；发展方向是要依据现行法律法规的规定和相关规划实施强制性保护，保持原真性、完整性，控制人为因素对自然生态的干扰，严禁不符合主体功能定位的开发活动，引导人口逐步有序向外转移。

三　中部地区主体功能区建设的重点方向

优先开发区域、重点开发区域、限制开发区域和禁止开发区域主要是对开发方式而言的，不是指开发内容，所谓限制开发区域或禁止开发区域并不是限制或禁止这些区域的发展。中部地区实施主体功能区战略，既要突出主体功能，也要兼顾和发挥好其他功能。优化开发区域和重点开发区域，作为中部主要的工业化和城镇化空间，主要是集聚经济和人口，但同时也要保护好基本农田、森林、水源，提供一定数量的生态产品和农产品。限制开发和禁止开发区域，作为中部重要的农业空间和主要的生态空间，主要是提供农产品和生态产品，保障农产品的供给安全和生态系统稳定，但同时也要发展与当地资源环境相适宜的产业。由于中部地区是我国农业和农村最为集中的地区，限制开发区和禁止开发区面积相对较大，中部地区的发展正面临着城市群缺乏、中心城市辐射带动作用不强、资源要素整合有限、产业集聚度不高、创新能力较弱、城市间分工协作程度较低等突出问题。因此，如何在经济社会发展过程中，更好更快地实现中部崛起，是实现我国东、中、西、东北四大区域协调发展的重要环节。对于这一问题《全国主体功能区划》指出，中部地区的太原城市群、皖江城市带、鄱阳湖生态经济区、中原经济区、武汉城市圈、环长株潭城市群等六大区域属于优先发展和重点开发区，应大力推进区域经济社会发展和城市化建设，并以此为经济社会发展的引擎，以加快中部地区崛起；《中华人民共和国国民经济和社会发展第十二个五年规划纲要》则进一步明确指出：“要大力促进中部地区崛起，要重点推进太原城市群、皖江城市带、鄱阳湖生态经济区、中原经济区、武汉城市圈、环长株潭城市群等区域发展”。可见，《全国主体功能区划》和《中华人民共和国国民经济和社会发展第十二个五年规划纲要》这两个纲领性文件，为中部地区快速崛起的路径，指明了方向。

根据《全国主体功能区划》，所谓优化开发区是指综合实力较强，能够体现国家竞争力；经济规模较大，能支撑并带动全国经济发展；城镇体系比较健全，有条件形成具有全球影响力的特大城市群；内在经济联系紧密，区域一体化基础较好；科学技术创新实力较强，能引领并带动全国自主创新和结构升级的区域。所谓重点开发区是指具备较强的经济基础，具有一定的科技创新能力和较好的发展潜力；城镇体系初步形成，具备经济一体化的条件，中心城市有一定的辐射带动能力，有可能发展成为新的大城市群或区域性城市群；能够带动周边地区发展，且对促进全国区域协调发展意义重大的区域。因此在新的历史起点上，要切实把实施主体功能区战略，推进中部地区的优化开发区和重点开发区建设，作为科学崛起的着力点，大力推进中部地区经济新一轮的发展。要以太原城市圈、皖江城市带、鄱阳湖生态经济区、中原经济区、武汉城市圈、长株潭城市群等六大优化开发区和重点开发区为引擎，大力推进城市群的发展，加速促进人口和产业集聚，加快推进工业化和城镇化进程，培育壮大经济增长极，提升中部地区整体竞争力、激发市场潜力；充分发挥城市群的辐射带动作用，增强对全国经济发展的支撑能力，大力促进中部地区崛起，推动区域协调发展。综合以上分析可知，太原城市圈、皖江城市带、鄱阳湖生态经济区、中原经济区、武汉城市圈、长株潭城市群等六大城市区域（城市群、经济带、经济区）是中部地区主体功能区建设的重点方向，是提高中部经济社会发展竞争力、加快中部地区崛起的关键。

四　主体功能区与中国区域发展格局的变化趋势

随着《全国主体功能区划》和《中华人民共和国国民经济和社会

发展第十二个五年计划纲要》区域发展总体战略的实施，东、中、西、东北四大板块的发展定位逐步明确，而不同地区依据其自然资源状况、经济社会发展水平，可以较为方便地确定相应的主体功能区。因此，随着《全国主体功能区划》的进一步实施，未来5～10年中国的空间发展战略将呈现三大变动。

（1）大尺度的区域空间规划，将向均衡方向发展。随着西部大开发、振兴东北老工业基地、中部崛起战略等一系列政策的实施，2007年西部的经济增长速度首次超过东部，2008年中部、西部、东北三大板块的经济增长速度都超过了东部板块，而且一直维持到“十一五”末期。因此，随着区域总体发展战略的不断实施，东、中、西、东北四大板块差距将进一步缩小，并不断向均衡方向发展。

（2）中尺度的区域空间规划，将朝集中和分散两个方向发展。集中的发展趋势就是把一个省的人口与资源，尽量向发展条件比较好以及城市基础设施比较好的地区集中。分散的发展方式主要适合于城市群，主要是以一个大城市为核心，围绕其周边的城市群进行分散方式的配置，实行大、中、小城市综合发展战略。

（3）小尺度的区域空间规划难度加大，且变化日趋复杂。小尺度规划问题以社会主义新农村建设最为典型，在新农村发展过程中，农村空心村、半空心村的整治问题表现得尤为突出，其所面临的各种问题多，治理难度大。尤其是如何进行新农村土地利用规划，是一个很值得探究的问题。

参考文献

国家发展和改革委员会：《全国主体生态功能区划》，2010年12月21日。

国家发展和改革委员会：《中华人民共和国国民经济和社会发展第十二个五年规划》，2011年1月12日。

B.8

太原城市圈建设与发展*

摘　要： 在资源型城市转型背景下，山西需要选择以大城市作为核心的城市化模式，重视以城市圈为中心的城市化模式具有重要战略意义。新时期，山西的经济、社会、体制都处于急剧变革中，其空间重构在城市—区域上表现为密度、距离和分割三个变量的改变，高密度、近距离、浅分割的城市群体不断涌现和发育，已开始形成以太原为中心城市、太原都市区为核心、大中小城市之间分工协作的城镇空间组织形态。

关键词： 太原城市圈　都市区　中部崛起　北引擎

中国城市化要走以城市群为主体形态的城市化道路①。城市圈崛起是山西城市区域发展的新趋势。太原城市圈与武汉城市圈、中原城市群、长株潭城市群、皖江城市带和环鄱阳湖城市群并列为“中部六极”，是实现中部地区崛起的北引擎。

---

* 基金项目：教育部人文社会科学研究2011年度青年基金项目（项目批准号11YJC790188）；南昌大学中国中部经济社会发展研究中心招标项目（项目批准号：11ZBND01）。感谢山西大学经济与工商管理学院梁红岩教授在资料搜集方面提供的帮助。

撰写人：王圣云，博士，南昌大学中国中部经济社会发展研究中心专职研究员，主要从事区域经济与规划和国民福祉学研究；史利江，博士，太原师范学院城市与旅游学院教师，主要从事中部经济研究。

① 中国发展研究基金会：《中国发展报告2010：促进人的发展的中国新型城市化战略》，人民出版社，2010。

一　太原城市圈的提出和界定

（一）太原城市圈的提出

迄今，对于太原城市圈有很多提法。2005 年，山西省公布《山西省城镇化发展纲要》，提出增强太原的城市集聚辐射功能、加快太原都市圈发展的任务，确立了太原市与晋中市榆次区“同城化”的发展目标，即建设大太原都市圈。此外，还提出要形成以太原城市圈为核心，大城镇带为主干，晋北、晋中、晋南、晋东南 4 个城镇密集区为主体的“一核一带四片”的城镇空间发展格局。2006 年，《山西省国民经济和社会发展十一五规划纲要》明确提出“继续支持太原率先发展，逐步形成太原城市经济圈”之后，太原城市圈进入规划和起步阶段，并取得一些成果。

国务院在 2009 年 9 月通过的《促进中部地区崛起规划》在“培育城市群增长极”一节中明确提出了太原城市圈的概念，标志着建设太原城市圈已经成为国家战略。国发〔2010〕46 号文件《国务院关于印发全国主体功能区规划的通知》中指出：“太原城市群位于全国‘两横三纵’城市化战略格局中京哈京广通道纵轴的中部，包括山西省中部以太原为中心的部分地区。构建以太原为中心，以太原盆地城镇密集区为主体，以主要交通干线为轴线，以汾阳、忻州、长治、临汾等主要节点城市为支撑的空间开发格局。”

《山西省“十二五”规划纲要（草案）》提出：“太原都市圈的发展以太原都市区为核心，太原盆地城镇密集区为主体，辐射阳泉、忻定原、离柳中三个城镇组群，构建太原都市圈‘一核一区三组群’的城镇空间格局，形成有机融合的交通圈、物流圈、商贸圈、旅游圈和生态圈，把太原都市圈打造成为具有全国意义的重点开发区域，成为中部崛起新的增长极，成为山西经济转型的强大引擎和综合配套改革的先行区。”《中共山西省委关于制定国民经济和社会发展第十二个五年规划的建议》中提出要加快发展太原都市圈，积极发展以太原都市区为核心，太原盆地城镇密集区为主体，阳泉、忻定原、离柳中等城镇组群为支撑的太原都市圈，形成推动转型跨越发展的强大引擎。

2010年，《加快太原城市群和经济圈发展研究》提出：综合政治、地缘、产业、文化等因素，太原城市群和经济圈由24个市县组成，包括：太原市的10个县（市、区）；晋中市的榆次、寿阳、太谷、祁县、平遥、介休、灵石、榆社；吕梁市的交城、文水、汾阳、孝义、岚县；忻州市的静乐。太原城市群和经济圈的发展定位为：国家新能源建设服务中心、世界不锈钢和镁合金深加工基地、世界级煤机生产基地；华北和黄河中下游地区重要的物流、人流、资金流、信息流集散中心；山西省经济、文化、政治和科技创新中心。其发展目标为：到2015年，太原城市群总人口达到1000万人；地区生产总值达到6000亿元，占到山西省的45%；财政总收入达到950亿元；城乡居民收入年均增长10%；城镇化率达到70%；城区建成区绿化覆盖率达40%以上，万元GDP能耗下降25%以上；万元工业增加值用水量累计减少30%以上；城镇登记失业率稳定在4%以下。

《山西资源型经济转型发展报告（2011）》[①] 中将太原经济圈划分为三个圈层，即核心圈层、基本圈层、拓展圈层。其中：核心圈层由太原市的小店区、迎泽区、杏花岭区、尖草坪区、万柏林区、晋源区、清徐县、阳曲县和晋中市的榆次区组成；基本圈层由核心圈及与核心圈联系相对紧密的周围市、县构成，包括4个地级市的24个县（市、区）：太原市的6个城区及古交市、清徐县、阳曲县、娄烦县；晋中市的榆次区及寿阳县、太谷县、祁县、平遥县、介休市、灵石县、榆社县；吕梁市的文水县、交城县、孝义市、汾阳市、岚县；忻州市的静乐县。拓展圈层则涵盖太原、晋中、吕梁、阳泉、忻州五市的53个县（市、区）。

---

① 李志强主编《山西资源型经济转型发展报告（2011）》，社会科学文献出版社，2011。

2010年7月，山西省委书记袁纯清指出："形成以一核一圈三群为主体的城镇空间布局，太原都市圈是全省城镇化战略的重中之重，要加大力度，全面提速。"从太原城市圈的提出历程来看，自"十一五"提出建设太原城市圈以来，太原城市圈的发展已经取得了很大成效，"十二五"时期太原都市圈建设步入了发展的快车道。已出现很多与太原城市圈相近的提法，如太原经济圈、太原都市圈、太原城市群，概念提法的不统一加大了学界研究太原城市圈的困难程度，影响了太原城市圈的建设。

（二）太原城市圈的界定

1. 太原城市圈的概念界定

太原城市圈已经有一些相近的提法，其范围界定也颇具争议。最常见的提法有太原都市区、太原经济圈、太原都市圈、太原城市群。需要指出的是，太原经济圈和太原城市圈范畴不同，太原经济圈属于经济区和区域经济空间概念，而太原城市圈是都市区范围的拓展，是城市空间组织的概念。周一星认为，都市区是由中心城市和外围非农化水平较高，与中心城市存在着密切社会经济联系的邻接地区两部分组成[①]。因此，太原都市区比太原城市圈的范围小，指太原市区、晋中市区、清徐县城、阳曲县城组成的地域范围。太原市2010年人口仅420万，太原市区也只有285.01万人口。从经济总量来看，2010年太原市区地区生产总值为1622.29亿元，太原市总产出为5444.37亿元，与全国三大都市圈相差甚远。从经济结构来看，太原市为典型的"二三一"产业结构，产业的服务化程度较低。因此，尽管都市圈和城市圈都强调经济的圈层辐射或空间结构的圈层分布，但二者的区别在于中心城市规模大小以及中心城市和周边城市经济社会联系是否高度密集。太原虽是太原城市圈的中心城市，对周边城市具有较强的吸引力

① 周一星：《城市地理学》，商务印书馆，1995。

和辐射力，是区域的增长极和辐射源，已形成以太原为核心的城市圈层空间组织形式，但太原市经济规模较小，且和周边中小城市之间的经济社会联系尚未形成经济社会高度一体化，制约了太原城市圈的发展。

根据相关研究成果，都市圈是一个城市化水平和经济社会一体化程度较高的经济形态[①]。城市圈是由一个或多个核心城市与若干相关的周边城市组成，在空间上密切联系、在功能上有机分工并相互依存的城市群体[②]。可见，用太原城市圈的表述更为准确。有一些研究将太原城市圈表述为太原城市群，笔者认为这也不甚恰当。相对而言，城市群是一个更为宽泛的概念，比城市圈的范围更广。姚士谋等认为城市群是指在特定的地域范围内具有相当数量的不同性质、类型和等级规模的城市，在一定的自然环境条件下，以一个或两个以上超大或特大城市作为地区经济中心，共同构成的一个相对完整的城市“集合体”[③]。方创琳认为城市群是指在特定地域范围内，以 1 个特大城市为核心，由至少 3 个以上都市圈（区）或大城市为基本构成单元，依托发达的基础设施网络，形成的空间组织紧凑、经济联系紧密并最终实现同城化和高度一体化的城市群体[④]。城市群是城市化地区空间形态演化的高级形式，是大城市发展到一定阶段的产物[⑤]。由此可见，太原城市圈和太原城市群是不一样的。

可以发现：上述几个相似概念的共同点都是强调太原作为中心城市和周边不同等级城市通过一定的空间组织方式所形成的经济空间。但其差异也是十分明显的，太原经济圈是指从经济联系的角度，突破行政区划的界限形成的经济圈，属于经济区或经济空间。从区域经济学和城市

① 高汝熹、罗守贵：《中国都市圈评价报告（2006）》，2007。

② 朱铁臻：《城市圈崛起是城市化与地区发展的新趋势》，《南方经济》2004 年第 6 期。

③ 姚士谋、朱英明、陈振光：《中国城市群》，中国科学技术出版社，2006。

④ 方创琳：《中国城市群形成发育的新格局及新趋向》，《地理科学》2011 年第 9 期。

⑤ 中国发展研究基金会：《中国发展报告 2010：促进人的发展的中国新型城市化战略》，人民出版社，2010。

经济学相关理论来看，一般是先有中心城市，中心城市规模扩大、集散能力增强、发展到一定程度，出现都市区。都市区影响范围扩大，发展到一定阶段出现城市圈；城市圈不断发育，整体集聚和辐射能力增强，城市圈内城市和外部城市之间经济社会联系显著增强，城市群开始发育和出现。城市群发展到一定阶段，城市间经济社会一体化程度不断提高，城市群内城市之间最终会打破行政界限，形成以中心城市为核心，以城市之间经济社会联系所形成的密集的人流、物流、信息流、资金流等流场为纽带的经济圈。

2. 太原城市圈的范围界定

多数研究认为太原城市圈是以太原都市区（太原市区、晋中市区、清徐县城、阳曲县城）为核心，太原盆地城镇密集区为主体，辐射阳泉、忻定原（忻州、定襄、原平）、离柳中（离石、柳林、中阳）的城镇组群，形成“一核一区三组群”的城镇空间格局。太原城市群由“一核一圈三组群”组成，但和太原城市圈的“一核一区三组群”不同。太原城市群的“一核”也是由太原市区、晋中市区、清徐县城、阳曲县城构成的太原都市区；但“一圈”即太原城市圈；“三群”不是指构成太原城市圈的阳泉、忻定原（忻州、定襄、原平）、离柳中（离石、柳林、中阳）三个城镇组群，而是从山西省域战略层面提出的以大同盆地为主体，以大同、朔州为核心，包括大同市、朔州市的10个县（区）的晋北中部城镇群，以临汾、运城盆地为主体，以临汾、运城为核心，包括运城市、临汾市的16个县（市、区）的晋南中部城镇群，以长治盆地和晋城中部地区为主体，以长治、晋城为核心，包括长治市、晋城市的12个县（市、区）的晋东南中部城镇群。城市群是由多个城市圈聚合而成的一个高密度的、关联紧密的城市空间。在这个城市空间里，存在城市圈和中小城市①。由此看来，太原城市圈只是太原城市群的一部分。

---

① 周牧之：《托起中国的大城市群》，世界知识出版社，2004。

上述论述是对太原城市圈和太原城市群的一个基本分辨。“一核一区三组群”也只是太原城市圈范围的一个基本判断。目前，就太原城市圈而言，其范围界定仍具争议。重新审视太原城市圈定义即会发现：太原城市圈以太原盆地城镇密集区为主体，太原盆地位于山西中部，北起阳曲县的石岭关，南至灵石县的韩侯岭，呈北东—南西向分布，是汾河纵贯南下形成的冲积平原，这一地貌单元和太原盆地城镇密集区这一经济空间在地域空间上对应匹配容易引起争议，从而导致太原城市圈范围界定的困难。笔者认为太原盆地城镇密集区的表述是科学的、客观的，符合山西城镇化发展的实际情况。但太原盆地城镇密集区的范围界定是不容含糊的，解决这一问题是界定太原城市圈的关键所在。界定太原盆地城镇密集区不仅仅要从区域发展战略的角度出发，而且需要因地制宜，考虑当地的基本地理格局。太原盆地城镇密集区由北向南主要由太原盆地西缘的交城县、文水县、汾阳市、孝义市和东缘的寿阳县、太谷县、祁县、平遥县、介休市、灵石县以及太原都市区组成。

太原城市圈基本形成“一核一区三组群”的空间格局。“一核”即太原都市区，由太原市区、晋中市区、清徐县城、阳曲县城构成，是太原城市圈城镇空间组织的核心；“一区”即太原盆地城镇密集区，包括太原、晋中、吕梁、阳泉、忻州五市的30个县（市、区），是太原城市圈的主体，也是山西省城镇相对密集地区；“三组群”是太原都市区和太原盆地城镇密集区共同辐射范围，包括阳泉、忻定原（忻州、定襄、原平）、离柳中（离石、柳林、中阳）三个城镇组群，共同构成太原城市圈的外围圈层（见表1）。具体来看，太原城市圈包括太原市的杏花岭区、小店区、迎泽区、尖草坪区、万柏林区、晋源区、古交市、阳曲县、清徐县、娄烦县；晋中市的榆次区、寿阳县、太谷县、祁县、平遥县、介休市、灵石县；阳泉市的阳泉市区、平定县、盂县；忻州市的忻府区、原平市、定襄县；吕梁市的离石区、柳林县、中阳县、交城县、文水县、汾阳市、孝义市共30个县（市、区）。其中，包括太原

市6区3县1市、晋中市1区5县1市、阳泉市1区2县、忻州市1区1县1市、吕梁市1区4县2市。

表1 太原城市圈空间范围

空间格局	空间范围
都市区(一核)	杏花岭区、小店区、迎泽区、尖草坪区、万柏林区、晋源区、清徐县城、阳曲县城、榆次区,共9个县(市、区)
太原盆地城镇密集区(一区)	杏花岭区、小店区、迎泽区、尖草坪区、万柏林区、晋源区、清徐县、阳曲县、古交市、娄烦县、榆次区、交城县、文水县、汾阳市、孝义市、寿阳县、太谷县、祁县、平遥县、介休市、灵石县,共21个县(市、区)
阳泉、忻定原、离柳中(三组群)	阳泉市区、平定县、盂县;忻府区、原平市、定襄县;离石区、柳林县、中阳县,共9个县(市、区)
合　　计	39个(县、市、区)

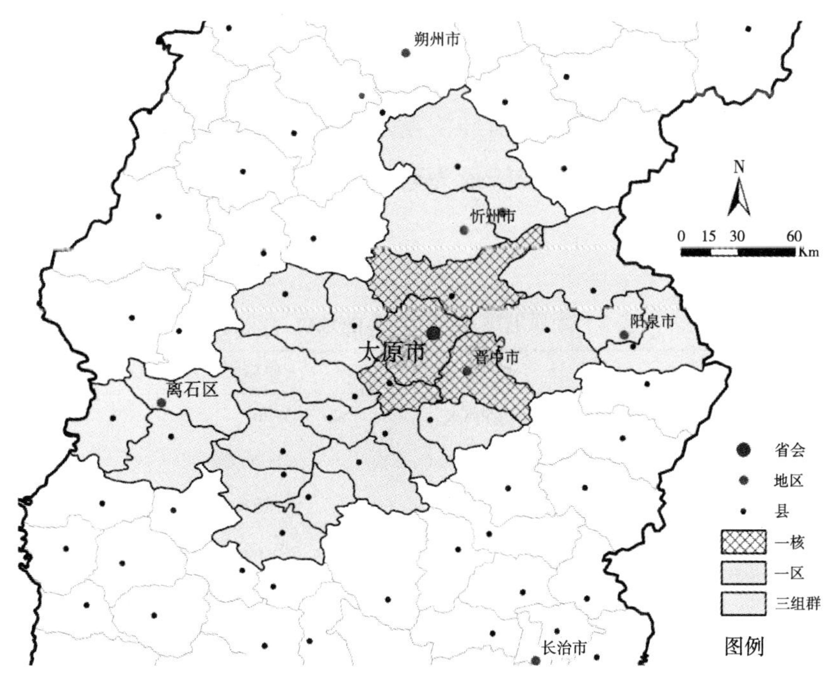

图1 太原城市圈空间范围示意图

二　太原城市圈的发展现状分析

（一）太原城市圈经济发展总体状况

2010年，太原城市圈土地面积为39867平方公里，总人口1626.24万人，国内生产总值5449.40亿元，财政总收入557.11亿元，分别占全省的25.5%、45.5%、59.2%和57.5%。人口密度407.92人/平方公里，人均国内生产总值33509元，人均财政总收入3425.76元，分别为全省平均水平的1.787倍、1.275倍、1.263倍。城乡居民人均收入分别是全省平均水平的1.055倍和1.45倍。第三产业比重为44.38%，高于山西省平均水平7.3个百分点。2010年，太原城市圈以占全省25.5%的土地面积承载了山西省45.5%的人口，创造出山西省59.2%的GDP和57.5%的财政总收入（见表2）。可见，太原城市圈以占山西全省1/4的土地，养育着近1/2的人口，创造着全省一半的财富，在山西经济发展和城市建设中具有十分突出的战略地位，是山西省城市经济最为繁荣的地区，是山西实现崛起和经济转型的引擎。

表2　太原城市圈在山西省的地位（2010）

指标名称	全省	太原城市圈	与全省之比(%)
土地面积(平方公里)	156579	39867	25.5
总人口(万人)	3574.1	1626.24	45.5
人口密度(人/平方公里)	228.26	407.92	178.7
城镇化率(%)	48.05	66.72	138.9
GDP(亿元)	9200.86	5449.40	59.2
人均GDP(元)	26283	33509	127.5
财政总收入(亿元)	969.7	557.11	57.5
人均财政总收入(元)	2713.13	3425.76	126.3

续表

指标名称	全省	太原城市圈	与全省之比(%)
社会消费品零售总额(亿元)	3318.2	2261.75	68.2
人均社会消费品零售额(元)	9284.02	13907.84	149.8
全社会固定资产投资额(亿元)	6352.6	2710.14	42.7
城镇居民人均可支配收入(元)	15647.7	16508	105.5
农民人均纯收入(元)	4736.3	6866	145.0

资料来源:《山西统计年鉴(2011)》。其中,山西省城镇化率数据来自山西省第六次人口普查资料,见山西省统计局网站。

(二)太原都市区经济发展状况

截至2010年底,太原都市区土地面积为5456平方公里,总人口452.96万人,国内生产总值1771.04亿元,财政总收入107.76亿元,分别占全省的3.5%、12.7%、19.2%和11.1%。人口密度830人/平方公里,人均国内生产总值39100元,人均财政总收入2378.98元,分别为全省平均水平的3.636倍、1.488倍、87.7%。城乡居民人均收入分别是全省平均水平的1.06倍和1.75倍。第三产业比重为50.81%,高于全省平均水平13个百分点。2010年,太原都市区以占全省3.5%的土地面积承载着山西省12.7%的人口,创造出山西省19.2%的GDP和11.1%的财政总收入,是山西城市经济发展较快、城市发展人均水平最高的核心地区(见表3)。

(三)太原盆地城镇密集区经济发展状况

2010年,太原盆地城镇密集区土地面积为20503平方公里,总人口832.63万人,GDP 2775.87亿元,财政总收入303.56亿元,分别占全省的13.1%、23.3%、30.2%和31.3%。人口密度406.10人/平方公里,人均GDP 33339元,人均财政总收入3645.75元,为全省平均水平的1.779倍、1.268倍、1.344倍。城乡居民人均收入分别是全省平均水平的99.8%和1.493倍。第三产业占比44.13%，高于全省平均水平7.04个百分点。2010年，太原盆地城镇密集区30个县（区、市），以占全省13.1%的土地面积承载着山西省23.3%的总人口，创造出山西省30.2%的GDP和31.3%的财政总收入（见表3）。

表3 太原城市圈经济空间结构（2010）

指标名称	全省	一核	与全省之比(%)	一区	与全省之比(%)	三组群	与全省之比(%)
土地面积(平方公里)	156579	5456	3.5	20503	13.1	13908	8.9
总人口(万人)	3574.1	452.96	12.7	832.63	23.3	340.65	9.5
人口密度(人/平方公里)	228.26	830	363.6	406.10	177.9	245	107.3
城镇化率(%)	48.05	82.38	171.4	63.92	133.0	52.7	109.7
GDP(亿元)	9200.86	1771.04	19.2	2775.87	30.2	902.50	9.8
人均GDP(元)	26283	39100	148.8	33339	126.8	26493	100.8
财政总收入(亿元)	969.7	107.76	11.1	303.56	31.3	145.80	15.0
人均财政总收入(元)	2713.13	2378.98	87.7	3645.75	134.4	4279.97	157.8
社会消费品零售总额(亿元)	3318.2	827.34	24.9	1132.79	34.1	301.62	9.1
人均社会消费品零售额(元)	9284.02	18265.27	196.7	13604.97	146.5	8854.16	95.4
全社会固定资产投资额(亿元)	6352.6	830.77	13.1	1336.28	21.0	543.09	8.5
城镇居民人均可支配收入(元)	15647.7	16588	106.0	15624	99.8	18104	115.7
农民人均纯收入(元)	4736.3	8287	175.0	7073	149.3	8928	188.5

资料来源：《山西统计年鉴（2011）》。其中，山西省城镇化率数据来自山西省第六次人口普查资料，见山西省统计局网站。

（四）阳泉、忻定原、离柳中“三组群”经济发展状况

2010年，阳泉、忻定原、离柳中“三组群”土地面积13908平方公里，总人口340.65万人，GDP 902.50亿元，财政总收入145.80亿元，分别占全省的8.9%、9.5%、9.8%和15.0%。人口密度245人/平方公里，人均GDP和人均财政总收入分别为26493元和4279.97元，

为全省平均水平的 1.073 倍、1.008 倍、1.578 倍。城乡居民人均收入分别是全省平均水平的 1.157 倍和 1.885 倍。第三产业占比 32.56%，低于山西省平均水平 4.53 个百分点。总体来说，阳泉、忻定原、离柳中“三组群”经济发展水平略高于全省平均水平（见表3）。

（五）“一核一区三组群”经济空间格局

从表4 可以看出，2010 年太原城市圈“一核一区三组群”的面积占全省之比为 3.48∶13.09∶8.88；人口占全省之比为 12.67∶23.30∶9.53；GDP 占全省之比为 19.25∶30.17∶9.81；财政总收入占全省之比为 11.11∶31.30∶15.04；社会消费品零售总额占全省之比 24.93∶34.14∶9.09。可以看出，太原城市圈“一核”仅以占全省 3.48% 的土地承载的经济总量，尤其是社会消费品零售总额是很高的。从“一核一区三组群”的圈层结构来看，也能发现“一核”的人口密度、经济密度、人均国内生产总值、城镇居民人均可支配收入、城镇化率等指标都是最高的，充分说明都市区在太原城市圈中发挥着引领作用（见表4）。

表4　太原城市圈“一核一区三组群”主要经济指标占比关系

单位：%

	面积	总人口	GDP	财政总收入	社会消费品零售总额
都市区	3.48	12.67	19.25	11.11	24.93
密集区	13.09	23.30	30.17	31.30	34.14
三组群	8.88	9.53	9.81	15.04	9.09
城市圈	25.46	45.50	59.23	57.45	68.16
山西省	100	100	100	100	100

资料来源：《山西统计年鉴（2011）》。

从图2 可以进一步看出，2010 年太原城市圈“一核一区三组群”存在明显的经济梯度。太原都市区经济密度、人口密度都显著高于太原盆地城镇密集区和三组群，人均经济发展水平和城镇化发展水平也普遍高于太原盆地城镇密集区和三组群。具体而言，2010 年太原都市区经济密度为3246.04万元/平方公里，太原盆地城镇密集区经济密度为1353.38万元/平方公里，阳泉、忻定原、离柳中三组群经济密度为796.06万元/平方公里，都高于同年山西省的经济密度（587.62万元/平方公里）。太原都市区人口密度为830人/平方公里，太原盆地城镇密集区人口密度为406人/平方公里，阳泉、忻定原、离柳中三组群人口密度为245人/平方公里，都高于山西省的人口密度228.26万人/平方公里。同时，太原盆地城镇密集区的人口密度和经济密度又明显高于三组群地区，人均国内生产总值和城镇化率也明显高于三组群地区，太原城市圈“一核一区三组群”之间呈现明显的密度差异和经济梯度。“一核一区”是太原城市圈的主体，也是山西省域经济与社会事业最为发达的核心区域和最为重要的城镇密集地区（见图2）。

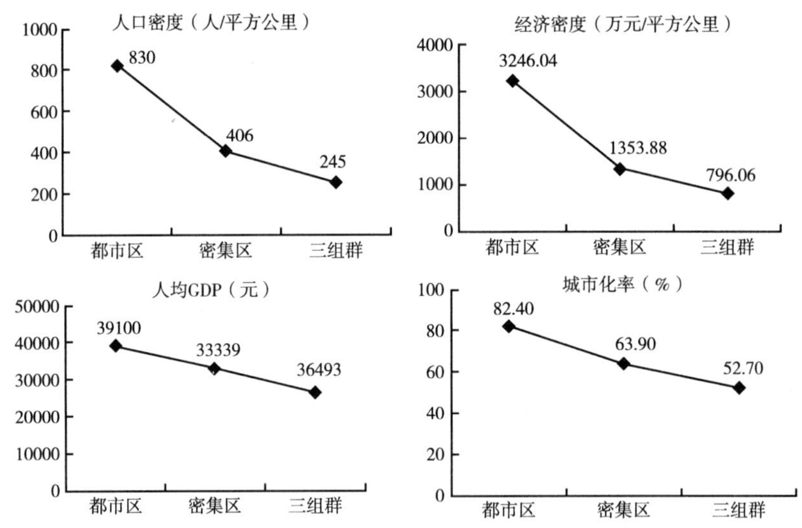

图2 太原城市圈“一核一区三组群”经济梯度

资料来源：《山西统计年鉴（2011）》。其中，山西省城镇化率数据来自山西省第六次人口普查资料，见山西省统计局网站。

（六）太原城市圈内外交通联系状况

“十二五”时期，将实现太原市与周边省会城市高速公路半日交通

圈。太原到省辖市高速公路3小时通达，太原都市圈核心区内各城市之间1小时通达，太原都市圈内各城市间3小时通达，所有县（市、区）20分钟之内上高速。根据方创琳的研究成果，城市群中心城市到紧密圈外围的时间应该不到0.5小时，发车频率在10分钟左右，即0.5小时经济圈；到中间圈外围的时间不到1小时，发车频率在20分钟左右，即1小时经济圈；到外围圈的时间不超过2小时，发车频率在30分钟以内，即2小时经济圈。就太原城市圈而言，在“十二五”时期，这些目标还有待进一步加强和落实。

“十二五”期间，太原到清徐、阳曲、古交、太谷、榆次实现班车客运公交化运营。古交、清徐、娄烦、阳曲1市3县将全部实行城乡客运公交一体化。太原市下属各县、市至少建成1个二级客运站，75%的乡镇建有等级客运站，80%的行政村、居民点建有候车厅或招呼站。到“十二五”末，太原市年道路营运车辆供给规模达到2400辆左右，中高级客车所占比重达到85%以上。

铁路方面，重点建成大西铁路客运专线和太兴铁路，规划建设太原—焦作客运专线和太原—榆次、太原—忻州城际轨道交通。建成太原西南环线铁路，积极衔接城市客运交通系统，发展市郊铁路客运；规划建设太原东侧货运联络线。建成太原铁路南站枢纽，将石太客专、太中银铁路、大西铁路客运专线引入太原铁路枢纽，并对太北车辆段实施改造。规划建设太原南峪煤业等11条铁路专用线、战略装车点及集运站。公路方面，新建大盂—龙白、东阳—夏家营、夏家营—赤泥窊、西凌井—大盂高速公路，连同太佳、龙（白）城（赵）高速，形成太原市二环高速公路；续建太古、太阳高速公路，实现县县通高速公路的目标。加快阳曲故县—晋中张庆—晋源姚村—康西线西关口—阳曲故县“环线货运通道”“两纵四横”公路项目的建设和改造。航空方面，构建以太原机场为中心，连接全国、面向国际的全省民航运输机场格局，逐步将太原机场打造成全国一流的区域性枢纽机场，适时启动太原机场搬迁前期准备工作。此外，重点新建和改造完善太原机场、太原火车站、铁路太原南站、公路主枢纽客运南站（嘉节）、客运东南站（北营）和客运西南站（罗城）等9个综合交通客运枢纽站，武宿、冶峪、马庄、丈子头、清徐等5个货运枢纽站，古交、清徐、娄烦、阳曲等区域性货运站[①]。

三 太原城市圈发展存在的问题

（一）产业结构性矛盾突出，过度倚重第二产业，服务业比重较低

从图3来看，太原城市圈产业结构和山西省产业结构类似，整体是“二三一”结构。比较而言，2010年山西第二产业比重高出太原城市圈4.62个百分点，太原城市圈第三产业比重比山西省高出7.29个百分点。山西省非农产业产值比重为6.03%，太原城市圈为3.35%，太原都市区为2.36%。唯有太原都市区是“三二一”产业结构，第三产业比重占到50%以上。太原城市圈内从都市区到三组群，第二产业比重越来越高，第三产业比重越来越低。可见，太原城市圈也面临着突出的产业结构性矛盾，目前，尽管太原都市区第三产业比重比太原城市圈高，但目前太原城市圈崛起仍体现出过度倚重第二产业的特征，第三产业尤其是现代服务业有待加快发展。

（二）城市体系发育不完善，都市区一体化程度较低，城市—区域空间组织效应不明显

太原作为太原城市区及太原城市圈的中心城市，2010年太原市区城镇化率为83.25%，远高于清徐县和阳曲县，高出榆次区13.4个百分点，高出太原城市圈16.53个百分点，具有较高的城市化水平。太原市第三产业比重为55.59%，远高于清徐县和阳曲县，高出太原城

① 资料来源：《太原都市圈：山西新“引擎”》，http://www.news.enorth.com.cn/system/2011/03/30。

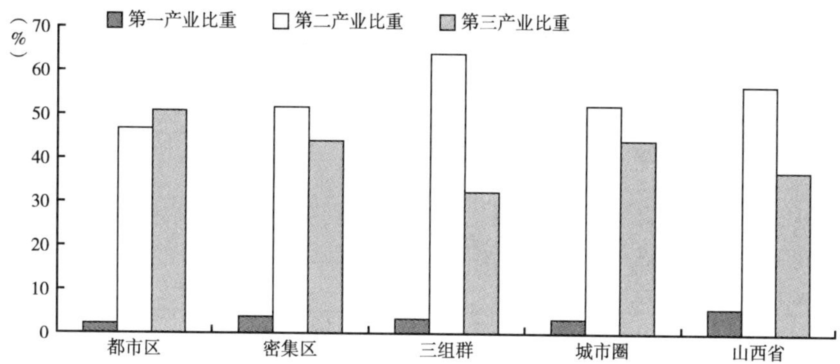

图 3　太原城市圈与山西省产业结构对比

资料来源:《山西统计年鉴(2011)》。

市圈 11.21 个百分点，和榆次区接近。太原市在人口密度和经济密度两方面的优势十分突出，分别为 1952.12 人/平方公里和 11111.63 万元/平方公里，体现了太原作为中心城市具有较强的集聚力和影响力。笔者认为，太原城市圈并不存在中心城市的集聚力较弱等问题，而在于太原城市圈中心城市与中小城市组成的城市体系发育不完善，使得大中小城市之间，尤其是城市圈内中心城市和近围、外围城市间经济社会一体化程度较弱，从而导致太原城市圈内中小城市难以有效承接中心城市的经济辐射，进而难以实现自身较快发展，反过来也制约了太原市的发展，太原城市圈内城市—区域空间组织效应没有得到充分发挥，整体发展相对滞后。

(三) 城市圈内行政区划分割严重，各级政府干预城市空间的权力过大，阻碍了城市间物流、人流和信息流的通畅对流

太原城市圈的发展存在的诸多问题，单一城市或各个政府已经无法独自应对，城市合作是必然趋势。目前，太原城市圈内存在较为严重的行政区划分割现象，政府对经济空间的干预权力过大，容易形成各个城市政府各自为政的行政区经济乱象，已成为阻碍和制约太原城市圈发育、发展的重要因素。

表5 中心城市、太原都市区在太原城市圈中的位置

	城镇化率（%）	第三产业比重（%）	人均GDP（万元）	人口密度（人/平方公里）	经济密度（万元/平方公里）
太原市区	83.25	55.59	56921	1952.12	11111.63
清徐县	27.49	23.40	26768	567	1519.08
阳曲县	29.82	36.29	17305	58	112.82
榆次区	69.85	54.77	22918	479	1089.21
太原城市圈	66.72	44.38	33509	407.92	1366.90

资料来源：《山西统计年鉴（2011）》。其中，山西省城镇化率数据来自山西省第六次人口普查资料，见山西省统计局网站。

从表5可知，晋中市榆次区的城镇化和第三产业发展水平较高，发展水平和太原市相近，但其经济发展水平尤其是经济密度、人口密度和太原市相比差距十分明显。榆次区和太原市地缘接近，榆次区作为太原都市区的重要组成部分，是太原市经济辐射和空间拓展的关键地区。因此，太原市与榆次区实现同城化是加快太原城市圈建设的重要举措。然而，太榆同城化提出已经10年了，到现在还深受行政区划分割之害。更为重要的是，这种城市之间的行政区划分割，阻碍了太原城市圈内“一核一区三组群”之间、城市与城市之间、城市与区域之间的物流、人流、信息流、资金流等的通畅对流，影响了城市圈的一体化进程。

四 太原城市圈发展的政策建议

（一）建立城市圈内政府协作机制，以太榆同城化为试点，逐步改善城市圈内城市之间行政区划分割现象，强化市场机制在城市圈形成发育中的主导作用

太原城市圈是一个由“一核一区三组群”组成的地域空间，城市之间的行政分割现象在所难免。因此，建立省级主导的城市圈各方行动和利益的协调机制，以市场机制为主，政府机制为辅，协调行动步伐，平衡各方利益，促进资源共享，推进全域融合，对于太原城市圈的建设

尤为重要。因此，可以太榆同城化为试点，尽量不采取“行政区划硬调整”方式，以免耗费大量人力、物力，而采取将城市圈内政府协作机制落到实处的“行政区划软调整”，积极发挥政府的协调和调控作用，以最小的代价，逐步改善城市圈内城市之间行政区划分割现象，促进太原城市圈的“共培共建”。

（二）建立城市圈内城市分工合作机制，以构建“一小时通达交通圈”为先导，积极推动城市圈内城市之间经济社会一体化步伐

建立城市圈内城市分工合作机制，通过构建“一小时通达交通圈”，构建起以太原、晋中、忻州、吕梁、阳泉交通枢纽为中心的干支相连、内外互联、集疏成网的现代化综合交通运输体系，形成不超过一个小时的太原城市圈通达交通圈。不断压缩城市之间的时空距离，缩小城市之间的经济距离，促进城市之间交流和交易的灵活性和便捷性；突出城市圈内各城市的发展特色，加强城市之间的分工合作，推动城市圈内城市之间经济社会联系，促进城市圈内物流、人流和信息流的通畅对流。这是太原城市圈特色与活力的相互补充，也是太原城市圈综合效益的不竭源泉。

（三）坚持集约高效的城市化道路，以提升太原都市圈综合竞争力为着力点，以产业结构调整优化为抓手，助推山西资源型经济转型

在中部崛起战略影响下，山西需要选择大城市作为核心的城市圈模式。城市圈是山西城市化发展的一种有效率、有效益的重要模式。通过一个大城市带动一个都市区，通过一个都市区带动一个城市圈，通过几个城市圈，带动一个城市群，进而带动整个大太原经济圈，可以使山西经济社会发展空间在多极带动中实现多圈整合和快速发展。

在山西资源型经济转型国家战略的要求下，山西的城市化需要走一条集约化、高效率、高效益的新路。建设太原城市圈，发挥大城市的带动作用，有助于加速山西工业化进程、提高山西工业化效率。山西的城市化在空间要走一条集约化的道路，必然引致工业经济和服务经济向大城市集聚。集约化程度越高的城市或地区，经济活动的密度和效率往往越高。太原需要集聚发展，更需要和太原城市圈的中小城市之间形成功能上分工、互补、合作的城市圈域。第三产业是城市经济最重要的产业。城市化越发展，第三产业规模越大。只有壮大中心城市，提升太原都市区的经济辐射能力，才能形成门类齐全、高度配套、分工细致、功能明晰的服务产业，促进山西经济的转型。

（四）充分考虑山西地理区位条件和资源环境承载能力，尽早出台城市群科学规划技术导则，制订和出台太原城市群总体规划，引领太原城市圈可持续崛起之路

城市群规划是指导城市群实现可持续发展的行动纲领。然而，编制城市群规划，有一个根本前提，就是要充分考虑研究地区的区位条件、发展特色以及资源环境承载力，尤其对于山西这样一个资源型经济省份而言，这一点更为重要。因此，科学评估山西地理区位条件和资源环境承载能力、准确定位太原城市圈在山西资源型经济转型和崛起中的作用、尽早出台太原城市圈科学规划技术导则，是制订太原城市群综合规划的基础。以高标准、高起点、高水平的城市群总体规划为指引，持续不断地推进太原城市圈建设，是引领太原城市圈可持续崛起的重要前提和保障。

B.9
皖江城市带建设与发展*

摘　要： 建设皖江城市带对安徽承接长三角地区的产业转移具有举足轻重的作用，是安徽省广泛参与长三角经济合作、推动自身经济发展的重要战略举措。本文指出了皖江城市带建设取得的成效和存在的问题，运用因子分析法，对皖江城市带的发展现状进行了综合分析，在此基础上对皖江城市带建设中的行政区划调整进行评价，并对皖江城市带建设的发展战略提出了建议。

关键词： 皖江城市带　产业　发展　经济建设

皖江城市带建设是安徽省为实现其东向战略的重要举措。其根本目的是想借皖江城市带独特的地理优势，吸纳长三角地区向外转移的产业，促进自身的产业结构升级，进一步推动安徽的经济发展。2010 年 1 月，经安徽省申请，国务院正式批准建立“皖江城市带承接产业转移示范区”。在此后的一年多的时间内，安徽省又采取了一系列重大的战略举措，来推动皖江城市带建设。本文的主要目的在于通过对皖江城市带经济发展的综合分析，对这些重要的战略措施进行政策评价，并对皖江城市带进一步发展提出政策建议。

---

* 基金项目：南昌大学中国中部经济社会发展研究中心招标项目（项目批准号：11ZBND02）。
撰写人：荣兆梓，南昌大学中国中部经济社会发展研究中心第三届学术委员会委员，安徽大学经济学院教授，博士生导师，主要研究方向：制度经济学与区域经济学；杨春生，武夷学院讲师，安徽大学经济学院在读博士，主要研究方向：制度经济学。

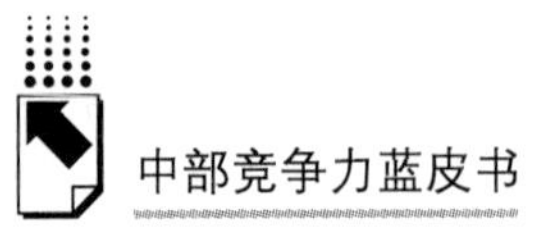

一　皖江城市带建设取得的成效

皖江城市带范围包括合肥、芜湖、马鞍山、铜陵、安庆、池州、滁州、宣城以及六安市的金安区和舒城县。2008年，国土面积75730平方公里，人口3058万人，实现地区生产总值5818.7亿元，分别占全市同类指标的54.3%、49.8%和65.5%。皖江城市带位于长三角腹地，承东启西，连南接北，是安徽省东部经济较为发达的地区，也是我国中西部地区最靠近长三角的区域，在承接东部发达地区的经济辐射和产业转移方面，具有独特的地理优势。推动皖江城市带建设，不仅可以使安徽更好地融入长三角经济圈，还可以发挥皖江城市带的辐射效应，促进安徽省经济快速、均衡和可持续发展。因此，安徽省在长三角经济区成立之初即提出了建设皖江城市带、融入长三角经济圈的战略构想，将其发展的重心东移。为此，安徽省做了大量的工作，大力推进皖江城市带承接产业转移示范区建设。通过经济指标对比可以发现，皖江城市带对安徽省的社会经济发展起到了重要作用，其综合效应逐步显现。主要表现在以下四个方面。

（一）发展速度加快，突出了皖江城市带的引擎作用

通过对2010年社会经济发展的主要指标进行纵向和横向比较可以发现，皖江城市带经济发展的主要指标有以下两个特点。一是主要经济指标的增长速度快于全省水平。2010年，皖江城市带的生产总值为8402.1亿元，比2008年增长33.4%，两年平均增长15.5%，增幅比全省高1.8个百分点，对全省GDP增长的贡献率近70%。根据最新的统计资料，2011年前三季度，皖江城市带生产总值为7021亿元，同比增长14.9%，增幅比全省高1.1个百分点；工业增加值为3977.7亿元，比2008年增长47.9%，增幅比全省高4.9个百分点；固定资产投资8667.4亿元，比2008年增长近1倍，增幅比全省高3.7个百分点；金融机构各项贷款余额8625亿元，比2008年增长68%，增幅比全省高

2.6个百分点。二是主要指标占全省的份额上升。2010年，皖江城市带生产总值占全省的68.5%，比2008年提高3个百分点；固定资产投资占全省的73.1%，比2008年提高2.9个百分点；财政收入占全省的64.3%，比2008年提高0.4个百分点。以上的对比表明，皖江城市带在安徽省社会经济发展中的地位日益提高，皖江城市带已经成为安徽省经济格局中最为重要的一个增长极，其经济发展对安徽省的经济发展原动力作用越来越明显。

（二）产业结构优化，发挥了引领作用

近年来，皖江城市带按照“高起点承接”、“加快产业结构调整”、“提升综合竞争力”的目标要求承接长三角转移出来的产业，不断优化自身的产业结构。从三次产业结构来看，2010年，皖江城市带GDP中三次产业增加值比例为，与2008年相比，一产比例下降了2个百分点，二产比例上升了5个百分点，三产比例下降了3个百分点；一产比例比全省低4.3个百分点，二产、三产比例分别高出全省4.1个和0.2个百分点，产业结构层次高于全省；从工业结构看，皖江城市带的工业增加值占全省的74.4%，全省70%以上的有色金属冶炼及加工企业、80%以上的汽车和钢铁企业、90%以上的家电生产企业均集中在皖江城市带。皖江城市带的产业结构优化，不仅为自身的经济发展注入了活力，还通过示范作用，给安徽省的产业结构优化提供了现实的参照系，引领安徽省的产业结构不断提高和优化。

（三）产业规模壮大，提升了优势行业的地位

在皖江城市带承接产业转移示范区成立之初，示范区规划中即明确要大力振兴汽车、家电、装备制造、化工、非金属材料、农产品加工、纺织服装等优势产业；着力培育电子信息、节能环保、新能源、新材料、生物技术等战略性新兴产业。近年来，除冶金行业外，这些产业都得到了较好的发展。和2008年相比，2010年示范区规模以上工业中，

交通运输设备制造、电器机械及器材制造、通信设备计算机及其他电子设备制造、专用设备制造等行业，主营业务收入增长都在80%以上；食品制造、纺织服装鞋帽制造、家具制造、印刷和记录媒介复制等行业的主营业务收入增长都在1倍以上。皖江城市带在承接长三角产业转移中，不仅实现了量的突破，还取得了质的飞跃，对新兴产业转移的吸引力不断增强，自身的优势产业地位得到极大的提升。

（四）区域经济发展后劲增强，激发了内生活力

承接长三角的产业转移，只是皖江城市带最低层次的目标，要想使自身的产业得到优化和提升，还必须对迁入的产业进行技术改造和创新投入推动产业升级，并根据本区域地理空间特点，对迁入的产业进行合理的布局，推动皖江城市带各个县域经济的发展，通过县域经济的发展来增强自身的内生增长能力。从投资方面看，皖江城市带示范区注重对产业的升级改造和激发自身的内在活力。2010年示范区设备工器具购置投资1870.7亿元，技术改造投资1980.8亿元，仅此两项投资，即占全部投资的43.3%；从创新投入方面看，2010年，示范区研发经费（R&D）投入122.1亿元，占全省的74.6%；从县域经济方面看，皖江城市带县域经济发展速度明显加快，一批具有较强活力和竞争力的县（市）脱颖而出。2010年，皖江城市带中36个县（市）生产总值3534.9亿元，占全省县域经济总量的60.1%。其中，13个县（市）跨入全省科学发展先进县行列，全省县域生产总值超过200亿元的县均集中在皖江城市带。县域经济的发展，不仅增强了皖江城市带的内生活力，也使安徽省的劳动力就业特征发生了巨大的变化，从主要依靠劳动力输出转变为劳动力的域内流动解决就业。

二　皖江城市带建设存在的两大问题

虽然皖江城市带建设取得了比较显著的成效，但是，在皖江城市带

建设中，仍然有很多问题和矛盾需要解决，最为突出的问题表现在以下两个方面。

第一，合肥市的经济总量偏小，辐射能力有限。作为安徽的省会城市，合肥在经济规模和产业结构上有着其他城市无法企及的优势。进入21世纪以来，合肥的经济增长更加强劲，经济首位度不断提升。但是，如果横向比较就会发现，合肥市的经济规模偏小，无法发挥其极点辐射的优势。在短期内，合肥市的经济发展还是会以积聚效应为主，辐射效应为辅。因此，在皖江城市带建设中，无法通过仅推动中心极点合肥的建设和发展，来带动整个皖江城市带的发展。皖江城市带建设需要寻找其他途径。

第二，皖江城市带东段发展不均衡。皖江城市带经济增长最为快速的是东部地区，皖江东段四市中间还有一个经济欠发达的巢湖市，2009年，巢湖市的人均GDP仅为“合马芜铜”四市的50%强。巢湖市与四周近邻的差距大，而且近期内很难靠内生发展缩小差距。由于四市中存在经济发展中的凹陷，“合马芜铜”的头雁作用还不可能充分发挥。

面对以上问题，在推进皖江城市带建设中，安徽省提出了“双核驱动”的模式，同时于2011年7月撤销巢湖市，将其分别划归合肥、马鞍山和芜湖。对于撤销巢湖市这一重大的行政措施，目前的学界对此认识尚有待深入。

三　皖江城市带各城市经济发展的因子分析

区域经济发展是一个复杂的经济过程，区域经济的状况往往通过许多变量或指标反映出来，因此，对区域经济发展进行综合分析往往需要涉及多个变量或指标，通过对多个变量或指标的变化进行综合分析，才能得到比较客观的结论。本文采用因子分析的方法对皖江城市带的经济发展进行分析和评价。本文的因子分析过程分为三步：第一步选取区域经济发展的评价指标，并对指标进行标准化；第二步运用主成分分析法，按照特征值大于1和累计贡献率不低于85%的原则确定公因子数量；第三步计算出各因子的得分，并根据各因子方差贡献率确定因子权重，计算出皖江城市带各城市的综合得分。

（一）指标的选取

对区域经济发展进行评价，不仅涉及反映区域经济的数量、规模等总量指标，也涉及反映区域经济发展质量的产业结构、人均收入等相对指标。本文根据数据的可得性选举十个经济指标进行因子分析，它们分别为 X_1：国内生产总值，X_2：总投资，X_3：社会消费品零售总额，X_4：进出口总额，X_5：金融机构年末存款余额，X_6：财政总收入，X_7：农民人均纯收入，X_8：城市居民人均可支配收入，X_9：第二产业占 GDP 的比重，X_{10}：人均 GDP。具体数据见表1。

表1　皖江城市带主要经济指标

地　区	X_1（亿元）	X_2（亿元）	X_3（亿元）	X_4（亿元）	X_5（亿元）	X_6（亿元）	X_7（元）	X_8（元）	X_9（%）	X_{10}（元）
合　肥	2702.5	3067.0	839.02	99.58	4542.0	476.2	7118	19051	0.5394	54601
滁　州	695.65	723.5	215.0	9.13	776.4	90.46	5915	15104	0.49164	15431
马鞍山	811.01	740.34	147.8	28.78	808.16	140.04	9332	23159	0.6949	62820
芜　湖	1108.63	1220.1	287.45	26.1	1213.2	200.69	7834	18727	0.6518	48306
宣　城	525.7	730.4	194.7	6.92	577.11	84.7	6651	15141	0.4721	18885
铜　陵	466.6	362.3	99.15	34.11	406.51	88.64	7266	18700	0.7276	63054
池　州	300.8	356.9	91.2	2.11	365.7	43.4	5827	15997	0.4661	18746
安　庆	988.11	809.4	338.7	6.81	1156.0	121.1	4985	15147	0.5303	16095
巢　湖	625.0	603.4	206.8	5.27	690.9	63.6	6198	16167	0.492	13573

资料来源：《安徽统计年鉴（2011）》。

由于上述各指标的计量单位不同，为了防止因量纲不同对分析结果产生影响，在分析之前应当对其进行标准化处理（标准化后的指标为 ZX_i）。

（二）分析的过程和结果

运用 SPSS 软件，对数据标准化处理后，得到因子相关系数矩阵（见表 2）。

表 2　相关系数矩阵

		ZX_1	ZX_2	ZX_3	ZX_4	ZX_5	ZX_6	ZX_7	ZX_8	ZX_9	ZX_{10}
Correlation	ZX_1	1.000	.988	.980	.901	.990	.986	.161	.289	.028	.378
	ZX_2	.988	1.000	.975	.898	.989	.985	.166	.249	-.041	.346
	ZX_3	.980	.975	1.000	.837	.984	.946	-.018	.103	-.140	.211
	ZX_4	.901	.898	.837	1.000	.908	.944	.390	.505	.296	.667
	ZX_5	.990	.989	.984	.908	1.000	.977	.103	.234	-.052	.334
	ZX_6	.986	.985	.946	.944	.977	1.000	.274	.377	.121	.491
	ZX_7	.161	.166	-.018	.390	.103	.274	1.000	.925	.739	.826
	ZX_8	.289	.249	.103	.505	.234	.377	.925	1.000	.787	.888
	ZX_9	.028	-.041	-.140	.296	-.052	.121	.739	.787	1.000	.879
	ZX_{10}	.378	.346	.211	.667	.334	.491	.826	.888	.879	1.000

由相关系数矩阵可以看出，GDP（ZX_1）、总投资（ZX_2）、社会商品零售总额（ZX_3）、进出口总额（ZX_4）、金融机构年末存款余额（ZX_5）和财政总收入（ZX_6）各变量间存在比较显著相关性，农民人均纯收入（ZX_7）、城市居民可支配收入（ZX_8）、第二产业占 GDP 的比重（ZX_9）和人均 GDP（ZX_{10}）间存在较为显著的相关性，说明以上指标之间存在信息重叠，可以从中提出公共部分作为公因子，进行因子分析。

采用主成分分析法确定公因子数量，得到方差分解公因子提取分析表，结果如表 3。

由表 3 可知，前两个公因子的特征值大于 1，且累计贡献率达到 95.05%，同时满足特征值大于 1 和累计贡献率大于 85% 的原则，所以选择提取两个公因子。

表 3　公因子提取表

Component	Initial Eigenvalues			Extraction Sums of Squared Loadings		
	Total	% of Variance	Cumulative %	Total	% of Variance	Cumulative %
1	6. 299	62. 992	62. 992	6. 299	62. 992	62. 992
2	3. 206	32. 058	95. 050	3. 206	32. 058	95. 050
3	. 319	3. 192	98. 241			
4	. 094	. 944	99. 185			
5	. 068	. 684	99. 869			
6	. 010	. 105	99. 973			
7	. 002	. 025	99. 998			
8	. 000	. 002	100. 000			
9	3. 632E - 16	3. 632E - 15	100. 000			
10	2. 804E - 17	2. 804E - 16	100. 000			

由于初始的因子载荷矩阵中公因子的意义不是很明显，因此，对其进行正交旋转，得到旋转后的因子载荷矩阵如下：

由旋转后的因子载荷矩阵可以看出，经旋转后，各指标的意义更加明显。其中，$ZX_1 \sim ZX_6$ 在第一公因子上的载荷比较大，这些指标反映了皖江城市带经济发展的水平和规模，我们可以将其称为经济发展中的数量公因子，$ZX_7 \sim ZX_{10}$在第二公因子上的载荷比较大，这些指标反映了皖江城市带经济发展的结构和质量，可以将其称为质量公因子。

对以各因子的方差贡献率占两个因子的累计方差贡献率的比重为权重进行加权汇总，可以得到因子综合得分表达式为：

$$F = \frac{62.992 \times F_1}{62.992 + 32.058} + \frac{32.058 \times F_2}{62.992 + 32.058}$$

运用因子综合得分公式，可得到各个地区的综合得分（见表 4）。

表 4　各因子得分及综合得分表

地　区	F_1	F_2	F	排名
合　肥	2. 5762	0. 11125	1. 73	1
滁　州	-0. 2482	-0. 8050	-0. 36	6
马鞍山	-0. 4167	1. 8208	0. 17	3

续表

地　区	F_1	F_2	F	排名
芜　湖	0.1001	0.7122	0.24	2
宣　城	-0.3598	-0.6497	-0.40	7
铜　陵	-0.6411	1.1235	-0.15	4
池　州	-0.6586	-0.7004	-0.61	9
安　庆	0.0256	-0.9509	-0.21	5
巢　湖	-0.3782	-0.6618	-0.41	8

四　结果分析和政策建议

（一）对撤并巢湖市这一行政措施的评价

通过以上分析可知，在综合得分方面，合肥、芜湖、马鞍山和铜陵分别位于皖江城市带的前四名，这四个城市在经济发展的规模和质量方面要高于其他城市，是皖江城市带城市中最为发达的地区。安庆、滁州、宣城、巢湖和池州分别位于第五到第九名，在经济发展的质量方面，这五个城市与“合马芜铜”四市有较大的差距。尤其是巢湖，位于“合马芜铜”四市之间，但其经济不仅在数量上落后于“合马芜铜”，在经济发展的质量方面差距更大。由于巢湖的经济发展相对滞后，在“合马芜铜”四市之间形成了皖江城市带东部的凹地，对整个皖江城市带的建设和发展相当不利。首先，在短期之内，如果仅靠自身的内生增长，巢湖不但无法赶上“合马芜铜”四市，有被进一步拉大差距的可能，还有可能会影响“合马芜铜”四市的产业结构调整和经济发展。其次，合肥经过多年的积累，和周边的各县（市）尤其是巢湖间已经由以积聚效应为主发展为以扩散效应为主，其部分产业如化学原料及化学制品制造业、塑料制品业因各种原因需对外转移，其产业转移的日的地主要是向皖江城市带沿江方向，但巢湖市的存在严重挤压了合肥市的产业布局所需要的空间。最后，芜湖和马鞍山经过前几年的快速发展，其经济总量不断加大，已经由沿江发展转为跨江发展阶段，需要在江北建设新的产业经济区，但由于各行政区划间在江北经济带如何发展问题上目标和手段各异，行政协调成本极高，不利于三地协同一体化发展。撤并巢湖市的主要目的是通过行政手段为合肥市的进一步发展提供产业转移的空间，为芜湖和马鞍山跨江发展战略提供生存空间，为四市承接长三角的产业转移提供战略腹地。正如省长王三运在皖江城市带承接产业转移示范区建设现场会上所言，此举不仅可以产生产业转移的抢滩效应，可以对皖江城市带的发展产生极大的助推效应，还可以对皖江城市带产业的转型和升级产生示范效应。接下来，人们可以期待的是：合肥都市圈环巢湖方向的快速扩展，芜湖、马鞍山两座沿江城市的跨江发展、拥江而立，通过合肥、芜湖和马鞍山的经济辐射作用，促进原巢湖地区的快速发展，填平皖江城市带东部的凹地，使整个皖江东段城市圈聚合抱团，对全省经济发挥越来越强大的辐射带动作。笔者认为，此次行政区划调整，是安徽经济社会进入新一轮快速发展期最重要的战略部署，它对安徽全局的战略意义将在整个“十二五”规划期间逐步显示出来。

（二）皖江城市带建设应当实行“双核推动”战略

通过分析可以看出，在皖江城市带中，作为省会城市，合肥市的经济发展无论是在规模上还是在质量上都有比较明显的优势，但是如果进行横向比较就会发现，合肥市的经济发展也有自己的不足。首先是经济规模偏小，2009 年除直辖市、特别行政区和台湾外的全国 27 个省会城市中，合肥的 GDP 总量排名第十五，GDP 总量只有全国省会城市平均 GDP 总量的 80%，和长三角省会城市南京、杭州相比，其 GDP 总量只有南京的 50%、杭州的 40%。这说明，作为皖江城市带中最为重要的一个极点，合肥市目前的经济发展还是以积聚效应为主、辐射效应为辅，其产业结构调整还要经历一个比较漫长的过程。正因为合肥的经济辐射能力不足，仅仅通过合肥的产业结构转移，无法有效推动整个皖江

城市带的产业结构升级和经济发展。因此，皖江城市带建设需要采取“双核推动”的方式。根据分析的结果，芜湖在经济发展方面的综合得分仅次于合肥，位居第二。从地理位置上看，芜湖地处长江，通江达海，具有独特的区位优势，加上自身的基础设施比较完备，对长三角的产业转移具有较强的吸引力；从经济 GDP 总量上来看，芜湖是皖江城市带中除合肥以为，唯一一个 GDP 突破 1000 亿元大关的城市，具有较强的经济辐射能力；从产业结构上看，芜湖的第二产业占 GDP 的比重超过合肥，成为皖江城市带中第二产业占 GDP 比重最高的城市。另外，芜湖本身的地理空间比较狭窄，无法容纳长三角转移的全部产业，其自身的产业必须向江北集中区转移。巢湖市撤并后，无为县与和县的沈巷镇划归芜湖市管辖，从客观上给芜湖的跨江发展提供了战略空间。所以，芜湖最适宜成为双核中的另外一个核。把合肥和芜湖作为推动皖江经济带发展的双核，通过合理的产业布局，可发挥皖江城市带两大核心城市的产业结构互补的优势，有效地带动皖江城市带的经济发展。

（三）对未来发展的建议

皖江城市带建设的最终目标是推动安徽东部沿江经济区的均衡和快速发展，为安徽最终融入长三角打下坚实的物质基础。但是，从目前来看，要达成这一目标，还有很大的难度，主要原因有两个方面：其一是外部竞争的压力，其二是皖江城市带内部发展的不均衡。

第一，作为我国目前最为发达的经济圈之一，长三角经济区区位特点决定其发展的主轴有两条，一条是以上海为中心，沿海向南北展开，一条是以上海为起点，沿江向内陆延伸。从长期的视角看，这两条主轴相互补充，互相支撑，但从短期来看，这两条主轴又是相互竞争和矛盾的。这种相互竞争的态势使得长三角经济区未来在空间展开上有两种可能，其一是以南北展开为主，西向延伸为辅，这会造成皖江城市带因无法吸纳长三角地区的产业转移，造成经济增长乏力；其二是以西向延伸为主，南北展开为辅，皖江城市带将受益于这种展开方式，得到充分发展，甚至演变成长江中下游地区经济发达的城市群。虽然后一种发展趋势更加符合区域经济协调发展的大局，使得长江中下游城市群成为中国经济的脊梁、中国腾飞的引擎，并且将带动东、中、西部经济社会的协调可持续发展，但是，在我国行政分割的体制下，短期内有可能是南北两翼会抢占更多的资源，南北展开快于西向延伸，给皖江城市带的发展带来一定程度上的外部不确定性。

第二，作为皖江城市带的两翼和沿江轴线，滁州、宣城、安庆和池州的经济发展相对滞后，其综合得分比较低，排名靠后，即使是综合得分相对较高的铜陵，其经济总量规模也相对较小。这种区域经济格局严重地阻碍着皖江城市带的整体发展。但是，由于受制于外部的竞争压力，在未来的几年内，皖江城市带东强西弱的基本态势无法得到根本扭转，皖江城市带经济仍然会采取非均衡发展的模式，有可能造成皖江城市带内部的经济发展规模和水平上的差异不断拉大，给皖江经济带的发展带来内部的不确定性。

综上所述，在未来几年内，安徽省政府在皖江城市带建设中应当采取“两手抓”措施，即对外抓引资，对内抓发展。首先是加强皖江城市带的基础设施建设，为承接长三角的产业转移提供良好的硬环境。其次是制定更为有效的激励政策，为承接长三角的产业转移提供优良的软环境。最后，皖江城市带建设应当采取“八城双核，一轴两翼，双核优先，轴翼并重”的发展战略，在重点建设双核的同时，应当充分发挥马鞍山、芜湖、铜陵、池州和安庆等沿江城市拥有“黄金水道”的优势，促进这些城市和长三角之间的交流和联系，加强示范区建设并制定合理的产业规划和激励政策，使之成为长三角产业转移的战略腹地，成为长三角产业转移的目的地。充分利用滁州和宣城靠近江苏南京和浙江的地理优势，推动皖江城市带东部两翼次级城市的发展，通过滁州和合肥来带动全椒、明光等城市的发展，形成连接合肥和蚌埠的北翼经济带；通过芜湖与宣城来带动南陵、宁国等城市的发展，形成芜湖和黄山的南翼经济带。在实行非均衡发展战略的同时，积极加强承接产业转移示范区建设，通过吸纳长三角的投资推动自身的发展，并最终实现皖江城市带的均衡和可持续发展。

参考文献

何晓群：《多元统计分析》，中国人民大学出版社，2008。

薛薇：《统计分析与 SPSS 的应用》，中国人民大学出版社，2006。

安徽年鉴社：《安徽年鉴（2011 年）》。

范恒山、吴克明：《皖江城市带承接产业转移示范区研究》，中国发展出版社，2010。

荣兆梓：《论芜湖跨江发展》，《安徽大学学报》2011 年第 4 期。

安徽省统计局：《安徽统计分析》总第 71 期。

B.10

鄱阳湖生态经济区建设与发展*

——基于特区模式的生态与产业耦合研究

摘　要： 鄱阳湖生态经济区是我国第一个以实现湖域生态文明和经济开发为目标的“生态经济特区”，具有先行试验生态与产业耦合模式的特殊职能。为此，如何实现产业生态化和生态产业化成为鄱阳湖生态经济区建设成败的关键。只有充分借鉴特区模式的区域开发和建设的经验，发挥地方政府改革家职能，勇于创新和大胆实践，才能使鄱阳湖生态经济区得以像深圳特区成为改革开放与市场经济的“排头兵”一样成为建设生态文明社会的“先行军”和“试验田”。

关键词： 鄱阳湖　生态经济区　耦合模式　生态工程

一　前言

2009年12月12日国务院正式批复《鄱阳湖生态经济区规划》，标志着鄱阳湖生态经济区的开发与建设已上升为国家战略，并成为众多国家级区域发展规划中唯一以实现大型湖区生态文明和可持续发展为核心目

---

* 基金项目：教育部人文社会科学研究青年项目（项目编号：12YJC790134）；江西省高校人文社会科学重点研究基地项目（项目编号：JD1111）；教育部人文社科重点研究基地南昌大学中国中部经济社会发展研究中心招标课题（项目编号：11ZBND03）；江西省社会科学研究“十二五”（2011年）规划项目一般项目（项目编号：11YJ66）。

撰写人：罗海平，博士，南昌大学中国中部经济社会发展研究中心助理研究员，主要从事中部经济发展研究。

标的国家战略区，是我国第一个“生态经济特区”。关于“生态经济特区”的研究，目前学术界的研究文献较少，而且表述并不一致，主要有“生态经济区”、“生态经济特区”、“生态特区”等。王明初、陈为毅（2007）首次以海南为例，系统提出了“生态经济特区”相关概念，认为生态经济特区的功能定位为“人类生存示范区、生态经济示范区和城乡一体的和谐社会示范区”。张百平等（2006）提出了“国家生态特区”的概念及其科学基础，认为，那些具有重要战略地位、生态脆弱、贫困集中的“三位一体”地区，应走特区发展模式（即实施“生态＋经济”的特区模式）。

对于鄱阳湖生态经济区，研究的文献很多，但对其产业与生态耦合的研究文献则很少。朱丽萌（2010）初步研究了鄱阳湖生态经济区大南昌城市群与产业集群的空间耦合。张福庆（2010）对鄱阳湖生态经济区的产业生态化耦合作了评价研究，没有耦合路径的研究。杜晖、余青（2010）具体研究了鄱阳湖生态经济区产业生态化条件及模式，提出了鄱阳湖生态经济区农业生态化、旅游生态化和工业生态化的发展模式。朱松利（2011）则从多角度构建了鄱阳湖生态经济区发展战略形成的理论基础，认为鄱阳湖生态经济区，以生态经济复合系统论为理论依据、以和谐社会理念为价值目标、以科学发展观为指导思想，具有广泛的理论准备。而从特区模式的角度系统研究鄱阳湖生态经济区产业与生态耦合的文献则没有。

特区模式成形于经济特区的成功实践，即通过“在特定的区域实施特殊的经济政策”形成经济增长和制度创新的“极点”，然后由这些极点通过生产要素、制度以及意识形态的扩散和传播促使要素的空间转移，逐步实现区域开发与空间治理的均衡。理论界不少学者视这种开发模式为中国模式的重要组成，是解释“中国奇迹”的钥匙（托马斯·海贝勒，2005；樊纲，2009；林毅夫，2010）。Maurice Catin、Christophe Van Huffel（2005）研究指出，该模式首先以特殊的财政地位以及特殊的优惠政策，促成了沿海地区迅速成为出口导向的“世界工厂”。Lconard Sahling（2008）认为，特区和各种各样的试验区是中国经济增长的“孵化器”。关于特区模式的解释理论，主要有增长极理论

（F. Perroux，1950）、点—轴开发理论、核心—边缘理论、产业集聚理论、循环累积因果效应（Myradal，1957）等。而诸如鄱阳湖生态经济区等先行试验区的解释模型，目前较为成功的主要有“飞地试验论”（Jean Germain Gros，2005）、“起点论”（徐现祥、陈小飞，2008）、“利用论”（B. 波尔佳科夫、B. 斯捷帕诺夫，2000）等。

然而“生态经济特区”与单纯的经济特区发展模式相比具有特殊性，具有实现“生态”与“经济”的双重职能。但经济与生态的耦合关系异常复杂，一直是可持续发展观的中心问题，中外学者对此给予了持续关注，形成了多种影响深远的理论学说，分别有罗马俱乐部的经济零增长论、戴利的稳态经济论、环境库兹涅茨曲线说（卡蒙纳，1991；戴斯卡布塔和米勒，1994）和协同发展观（赫尔曼·哈肯，1986）。这些理论的产生标志着学术界对经济与生态关系的总体认识由对立走向统一，由冲突走向协同。

鄱阳湖生态经济区的设立本身已说明生态与经济间的密切关系。对鄱阳湖生态经济区的建设来说，更为重要的是应该采取什么样的发展路径、战略模式来实现鄱阳湖生态经济区生态与产业的耦合。为此，基于特区模式的视角厘析鄱阳湖生态经济区的特区属性与特区职能，对探寻生态与产业耦合模式、耦合工程，构建生态型特区发展路径具有重要意义。

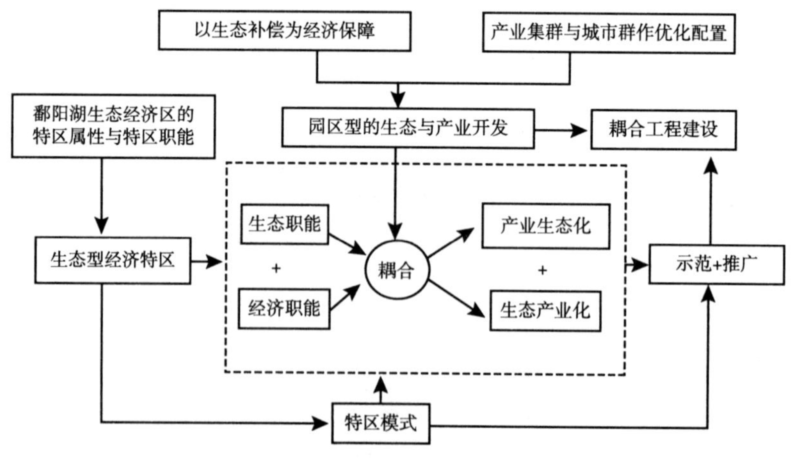

图1 特区模式下鄱阳湖生态经济区生态—产业耦合逻辑图

二　鄱阳湖生态经济区的特区属性及特区职能

（一）“生态特区”与“经济特区”的双重性

鄱阳湖生态经济区作为“生态经济特区”包含有“经济特区”与“生态特区”双重含义。经济特区的设立要求所划定区域具有影响全局发展的重要战略地位，具有资源与要素集聚和扩散的区位特色，以及巨大的发展潜力。从经济特区区位要求来看，鄱阳湖地区位于沿长江经济带和沿京九经济带的交会点，是连接南北方、沟通东西部的重要枢纽，具备很强的要素集聚和扩散的能力。从外部环境看，该区域毗邻武汉城市圈、长株潭城市群、皖江城市带，是长江三角洲、珠江三角洲、海峡西岸经济区等重要经济板块的直接腹地，具有很好的市场环境和发展空间。从发展基础来看，鄱阳湖生态经济区以江西省30%的国土面积，承载了全省近50%的人口，创造了60%以上的经济总量，具有良好的发展基础和发展潜力。同时，鄱阳湖经济区也是我国实现“中部崛起”国家战略的重要组成部分，是中部地区正在加速形成的增长极之一。为此，鄱阳湖经济区在我国区域发展格局中具有与海西区、北部湾、天水—关中等“新特区”同等重要的战略地位。

“生态特区”是基于辖区特殊的生态价值、生态系统所表现出的脆弱性及生态环境持续恶化的现实处境而设立，是对一国生态及资源战略地位具有深远影响的特殊区域。鄱阳湖的生态价值表现在，作为我国最大的淡水湖和具有世界影响的重要湿地，它是长江的重要调节器，其水量、水质的持续稳定，直接关系到鄱阳湖周边乃至长江中下游地区的用水安全，同时承担着调节气候、降解污染等多种生态功能。鄱阳湖拥有丰富的鱼类、鸟类等物种资源，是全球95%以上的越冬白鹤栖息地，在保护全球生物多样性方面具有不可替代的作用。为此，鄱阳湖是我国

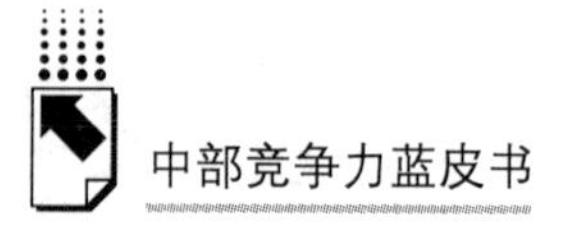

重要的生态功能保护区，是世界自然基金会划定的全球重要生态区，也是我国唯一世界生命湖泊网成员。这些都是鄱阳湖生态经济区所独有的生态价值。

（二）生态经济特区的职能要求

生态经济区具有“生态”与“经济”的双重属性。所以，设立“生态经济区”的根本目的在于实现生态环境与社会经济的协调发展。从生态角度讲，要求具有良好的生态环境、不断趋向更高水平的生态平衡，自然资源能得到合理的保护和利用；而从经济角度讲，则要求发展以生态经济或绿色经济、低碳经济为特色的新型产业，产业结构合理、产业竞争力强、能耗低，有利于经济的可持续发展。更为重要的是，鄱阳湖生态经济区生态性与经济性职能的实现最终要能表现为人们生活质量和水平的提升，要能促进现代生态文明形成和发展，要有利于民主与法制的健全、社会文明程度的提高。

特区的功能定位在于通过创新体制，试验和实践出经济社会发展的成功模式和范本。鄱阳湖生态经济区其“特区”的试验与示范功能属性有别于我国早期经济特区的“对外开放和市场经济制度”的示范与试验。其战略意义由其特殊湖域生态价值和经济地位以及生态与经济的特殊关系决定，这也是生态经济区的本质要求。首先，鄱阳湖生态经济区需成为全国大湖流域综合开发示范区，需要探索生态、经济、社会协调发展的新模式，为全国其他湖区综合开发和治理发挥示范作用；其次，是要成为长江中下游水生态安全保障区，保障长江中下游水生态安全，维护生态功能和生物多样性，构筑区域生态安全体系；再次，是为成功实现“中部崛起”寻求新的途径，成为中部重要增长极；最后，借鉴国际生态经济发展的经验和模式，探索建立国际生态经济合作新机制也是鄱阳湖生态经济区的重要“特区使命”。

三　鄱阳湖生态经济区生态—产业耦合要求

（一）通过生态补偿为生态保护和生态开发提供经济保障

鄱阳湖是长江中下游的生态防线，鄱阳湖与洞庭湖并称为长江的两个“肾”。鄱阳湖被国内外专家一致认为是中国最后的“一湖清水”，但是这个“肾”也面临着功能衰竭的危险。鄱阳湖不仅是江西人的饮水源，也是长江中下游流域的重要水量调节器，而且是具有国际意义的水禽繁殖与迁徙停歇地。所以，鄱阳湖不仅具有巨大的经济价值，其生态屏障的意义更大。正是由于鄱阳湖生态保护具有很强的公共产品性质，鄱阳湖保护的成本应由全国承担，而不是江西一省承担，更不应由鄱阳湖湖体周边县市承担。为此，必须建立完整且完善的生态补偿机制。如果不能建立补偿机制，鄱阳湖生态经济区“既要保护又要发展”就会成为一句空话，甚至可能走“先污染后治理”的湖泊流域开发老路，并因此而付出沉重的代价。只有建立了长期的生态补偿机制，才能提高沿湖县、市发展经济的积极性，以解决鄱阳湖生态保护与进一步开放发展的矛盾。因此，建立利益补偿机制，以鄱阳湖流域为单元，兼顾上、下游的利益，转移“环境成本”，实行谁受益谁补偿的生态补偿政策，是全面有效保护鄱阳湖的先决条件。

（二）通过产业集群与城市群耦合优化经济和生态资源配置

加快产业集聚、培育产业集群是区域经济发展战略的重要组成部分，也是提升区域经济综合竞争力、推进工业化向高级阶段发展的重要途径。城市群是区域经济的重要增长极，它的崛起及带动作用正成为推动国家、地区经济发展的主要动力。产业集群是城市群经济发展的强有力支撑，也是构成其综合竞争力的重要动力因素。城市群经济发展的核心是拥有具有国际竞争力的产业与产业集群。产业集群主要通过发挥产业集群效应来推动城市群的发展，而城市群的市场发育程度、制度创新能力及各城市发展规模等又对产业集群效应的发挥产生反馈作用。城市群与产业集群耦合是充分发挥鄱阳湖区整体开发水平、提升鄱阳湖区综合竞争力的最佳模式。由于城市群内相邻城市要素禀赋相似，城市功能状况相当，通过城市间的功能协调就能共同促进产业集群的形成和发展。城市群区域内各城市之间密切的经济、政治、文化、社会等多维联系通过人流、物流、资金流、信息流和技术流等城市流的空间流动得以实现。在城市群建设进程中，群内城市经济社会化、现代化、集约化程度提高，物质条件得到不断改善，大量有消费需求的人口的集中，为群内各个产业和企业提供了广阔的市场和销售空间，降低了产业和企业的发展成本。大量公共服务设施的兴建、居住生活条件的改善，更能吸引科技人才。科教文卫事业得到发展，使劳动者的素质得到不断提高，政府也会引导、组织甚至直接投资兴建各具特色的工业园、产业园及相应的城市道路、桥梁等基础设施，并扶植当地的“瓶颈”和优势产业，改善投资环境，进而形成城市群内的产业集群。

表1　鄱阳湖生态经济区产业基地建设

光电产业	
1	南昌 LED 芯片、发光件及器件，计算机等终端电子产品项目，第三代移动通信产品研发及产业化基地
2	上饶大功率芯片、LED 照明系列产品基地和光学精密仪器生产基地
3	鹰潭节能照明产业基地
4	萍乡 LED 半导体生产基地
5	吉泰工业走廊电子产业基地
新能源产业	
1	新余和南昌高纯硅材料、太阳能电池组件与发电系统、兆瓦级风电设备与螺杆膨胀发电机组生产基地
2	吉安风电设备生产基地
3	上饶高纯多晶硅、薄膜太阳能电池生产基地
4	宜春国家锂电新能源高新技术产业化基地
5	新余国家电池级碳酸锂产业化基地、国家动力和储能电池产业化基地
6	上饶锂电池生产基地

续表

生物医药产业	
1	培育生物医药、生物农业等新兴产业,形成产业链,建设艾滋病新药、抗癌原料药、新型功能糖、血细胞分析仪器、磁共振成像系统等产业化基地
冶炼及精深加工产业	
1	以江铜集团为龙头,重点开发铜引线框架、铜板带、铜箔、特种漆包线等,建设两大基地
2	上饶铜材精深加工、黄金采选加工、铅锌冶炼加工基地
优质钢材深加工产业	
1	江西省新型钢铁产业基地
2	抚州金巢开发区高精度铜板等精深加工产业基地
3	新余钢铁基地
炼油及化工产业	
1	九江石化千万吨炼油基地
2	星火有机硅生产基地
3	樟树、新干盐化工产业基地
4	乐平精细化工基地
航空产业	
1	南昌航空工业城
2	景德镇民用直升机生产基地
3	九江红鹰直升机生产基地
新型汽车及配件产业	
1	南昌汽车生产基地
2	景德镇汽车生产基地
3	上饶客车生产基地
4	汽车零部件供应基地
陶瓷产业	
1	陶瓷科技城和陶瓷工业园区
2	日用瓷生产及出口加工基地
3	镁质陶瓷生产基地
钨、稀土精深加工产业	
1	赣州精深加工基地

(三) 通过建立园区实现生态和产业的集约开发

鄱阳湖产业生态化建设的实现可采取园区型产业隔离式集约式开发。园区型集约式重点开发是特区模式最重要的产业建设与经济发展的形式之一。鄱阳湖生态经济区在解决产业发展和生态保护的矛盾时同样可以运用此类开发模式。园区型集中集约开发指为了尽量减少人们生产生活对环境和生态带来负面影响，将生产生活活动限定在特定空间范围内，并在该空间范围中按照生态型生产生活的需要进行规划设计，使之实现土地、公共设施等资源利用的集约化。该模式通过先隔离出“点”，然后集中资源重点开发“点”，然后以“点”示范和诱致其他区域的开发与建设。为此，该开发模式要求所有的工厂都必须在统一规划设计的园区内，避免各类工厂散布。同时，人民生活的社区尤其是新建社区都必须按照符合生态和宜居要求进行统一规划。这是建设鄱阳湖生态经济区的重要载体和途径。隔离型集约式产业开发模式的主要形式是园区建设和片带区域开发。按照隔离型集约式产业开发的原则，可重点进行生态改造或生态防护建设，包括生态化工业园建设、生态化高新园建设、生态产业园区建设、生态景观园林建设、生态城示范区建设、生态人文社区建设等。

四　鄱阳湖生态经济区生态—产业耦合工程选择

（一）工业园与高新园生态化建设

对于那些环境非友好型或半友好型，但其生产的产品又是国民经济和人民生活所必需的企业，可通过建立工业园的办法将其生产及其废物排放限定在远离重要生态区和人民生活区的园区内。政府可逐步将所有工业企业转入统一规划设计建设的工业园区内，实现所有工业园全部搬离市区。对于该类园区的设计需要重点放在几个方面：①确保员工生产环境的安全和舒适，对员工身体健康无损，在这方面可制定统一的厂房和车间设计标准，将人道和人文关怀制度化；②确保园区“三废”经处理后排放出园区，且对园区周边环境的自在生态无损坏和干扰，这要求必须制定严厉和统一的排放标准；③确保生产园区与原料和市

场联系的畅通和便捷，这要求在园区选址要兼顾多方面的考虑，园区建设应纳入政府统一的市政规划设计。④对现有的高新技术园区进行高标准改造，改造要求按生态标准进行，确保园区内绿化面积、健身娱乐器材和场所达标，对办公环境也可做严格要求。生态工业园区是鄱阳湖生态经济区建设和功能实现的最重要载体。生态工业园区建设必须充分挖掘鄱阳湖生态经济区现有的生态特色资源，选好项目、做好项目、做出品牌。

表 2　鄱阳湖生态经济区工业园区建设规划

规划内容	建设规模和标准
建设 30 个省级生态工业园区	工业用水重复利用率达到 75% 以上，固体废物综合利用率达到 85% 以上，重点企业清洁生产审核实施率达到 80% 以上。工业废水实现达标排放，危险废物处理处置率达 100%。每平方公里固定资产投资额不低于 15 亿元。园区绿化覆盖率达到 20%
建 5 个国家级生态工业园区	执行国家环保部标准
建设特色产业园区	每个园区至少形成 1 个主营业务收入超 10 亿元的特色产业集群，打造一批超 1000 亿、500 亿和 100 亿元园区
省级经济技术开发区升级	支持符合条件的省级开发区升级
省级高新技术开发区升级	

资料来源：《〈鄱阳湖生态经济区规划〉实施方案（2010）》。

（二）生态环保与生态经济重点项目建设

生态环保工程与生态经济工程具有不同的内在属性。生态环保工程本身并不直接带来经济利益，生态经济工程主要指生态友好型产业或项目，能带来直接的经济收益。鄱阳湖生态经济区的建设需要以大型的生态环境友好型企业改造和重点或重大项目为推动。为此，首先应确立一批生态保护和生态改造工程。这些工程尽管落脚于生态，但在工程的建设过程中依然能带来很大的经济效益。而且重大的生态经济工程将为建成生态友好、环境友好的生态经济发展环境打下基础，并从各个方面影响和带动鄱阳湖生态经济区的建设。

表 3　鄱阳湖生态经济区重大生态环保与生态经济工程

序号	生态环保工程	序号	生态经济工程
1	湿地保护与恢复工程	1	彭泽核电工程
2	水土保持生态建设工程	2	万安核电工程
3	自然保护区建设工程	3	鄱阳湖水利枢纽工程
4	世界自然遗产、地质公园保护工程	4	峡江水利枢纽工程
5	农区草地开发利用工程	5	“五河一湖”水污染治理工程
6	水稻种植污染控制工程	6	天然气入赣工程
7	鄱阳湖水资源保护工程	7	特高压和智能电网工程
8	畜禽标准化规模养殖工程	8	“一大四小”造林绿化工程
9	血吸虫病防治工程	9	长江暨鄱阳湖流域水资源保护工程
10	野生动植物保护工程	10	城镇生活污水处理工程
11	水生生物资源保护工程	11	工业园区污水处理工程
12	生态林业保护工程	12	农村清洁工程

（三）湿地生态文化与生态旅游

鄱阳湖丰富的湿地资源不仅为打造生态湖区牧业和乳业创造了绝佳条件，更为充分利用和挖掘鄱阳湖独特的湿地资源和湖上资源、发展湖区湿地文化产业基地创造了条件。故可建湿地科教科普园、湿地影视基地、湿地休闲娱乐园等，其中湿地影视基地产业最具潜力和发展前景，是发展江西湿地文化产业发展的最佳突破口。鄱阳湖湿地周围是极具江南特色的万顷农田。这是发展生态乡村旅游、生态农业、建立生态田园生活的天赋资源。建设生态田园，将城市周围的乡村田园进行产业化和生态化改造，打造具有独特江南水乡韵味的自然风光和人文景观是鄱阳湖生态经济区建设的重要内容。鄱阳湖生态田园风情建设，重点在于发展田园风情产业，比如集田园度假休闲、农家菜肴、乡村采风、田园生活体验、田园艺术创作室、乡村垂钓、高档乡村商务会议、休闲别墅、特色客房、农家娱乐与健身等众多功能为一体的生态田园。

鄱阳湖生态经济区的生态景观园林建设主要包括山、江、湖、湿地等生态景观。生态景观园林建设的好坏将直接影响鄱阳湖生态旅游的开

发与发展。生态旅游包含有“回归大自然旅游”和“绿色旅游”以及“保护旅游”和“可持续发展旅游”两个方面的内涵要求。根据《鄱阳湖生态旅游示范区规划纲要》，鄱阳湖生态经济区将定位于全国绿色发展教育示范基地、全国爱国主义教育示范基地、全国青少年科普教育示范基地、全国生态旅游示范基地、国家级旅游产业园区，将建设3个旅游圈、10个旅游区、6个集散中心，建成“万类向往的地球珍藏”、“东方巅峰山水，万类向往家园”。包括湖体原生态体验旅游圈、滨湖观光休闲度假旅游圈、赣北环湖五彩精华旅游圈，建成鄱阳湖国际湿地生态旅游区、庐山世界文化景观生态旅游区、三清山世界峰林景观生态旅游区、龙虎山世界道教山水生态旅游区、南昌国际都市文化生态旅游区、景德镇世界陶瓷文化生态旅游区、抚州华夏梦都文化生态旅游区、新余中国现代工业生态旅游区、婺源中国乡村风情生态旅游区、西海国际养生休闲度假旅游区等十个旅游区。此外，形成江西（南昌）旅游集散服务中心、九江旅游集散服务中心、景德镇旅游集散服务中心、上饶旅游集散服务中心、鹰潭旅游集散服务中心、抚州旅游集散服务中心等6个旅游集散服务中心。

（四）生态城与生态社区建设

21世纪是生态世纪，即人类社会将从工业化社会逐步迈向生态化社会。为此，城市竞争实际上是生态环境的竞争。哪个城市生态环境好，就能更好地吸引人才、资金和物资，处于竞争的有利地位。因此，建设生态城市已成为下一轮城市竞争的焦点，许多城市把建设“生态城市”、“花园城市”、“山水城市”、“绿色城市”作为奋斗目标和发展模式。鄱阳湖生态经济区要成为全国生态经济示范地，在城市经营上必须启动生态城建设工程。“生态城市”是在联合国教科文组织发起的“人与生物圈计划”研究过程中提出的一个重要概念。生态城市是一个经济高度发达、社会繁荣昌盛、人民安居乐业、生态良性循环四者保持高度和谐，城市环境及人居环境清洁、优美、舒适、安全，失业率低、

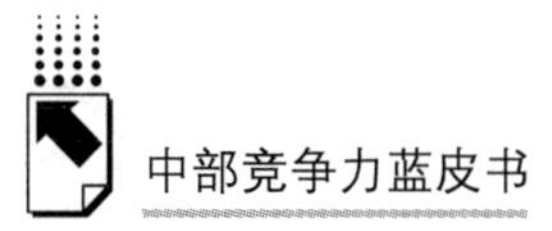

社会保障体系完善，高新技术占主导地位，技术与自然达到充分融合，最大限度地发挥人的创造力和生产力，有利于提高城市文明程度的稳定、协调、持续发展的人工复合生态系统。人文生态社区是生态城的重要组成部分，相对于自然生态社区而言，是生态文明的人文化。人文生态社区建设不仅能改善生态环境、提高人民的生活生存质量，促进人与自然以及人与人的社会和谐，同时，人文生态社区代表了未来人居的发展方式，代表未来潮流的新概念。所以，鄱阳湖生态经济区要成为全国生态文明建设的典范就必须有超越意识，高标准建设人文生态社区。

（五）生态国家公园建设

国家公园是指国家为了保护一个或多个典型生态系统的完整性，为生态旅游、科学研究和环境教育提供场所，而划定的需要特殊保护、管理和利用的自然区域。它既不同于严格的自然保护区，也不同于一般的旅游景区。国家公园通常以生态环境、自然资源保护和适度旅游开发为基本策略，通过较小范围的适度开发实现大范围的有效保护，既排除与保护目标相抵触的开发利用方式，达到了保护生态系统完整性的目的，又为公众提供了旅游、科研、教育、娱乐的机会和场所，是一种能够合理处理生态环境保护与资源开发利用关系的行之有效的保护和管理模式。鄱阳湖生态经济区建设可参照国际上国家公园（National Park）建设的先进经验和成功模式，整合鄱阳湖生态经济区的山江湖生态资源，大力发展国家生态公园建设，尤其是湖体核心保护区包括湿地和湖体以及湖区内相关名胜古迹和自然奇观。在鄱阳湖生态公园建设中建设国家湿地公园最为重要，这是鄱阳湖生态资源保护和开发的根本所在。

（六）生态物流枢纽建设

生态物流是集经济效益、社会效益和生态效益三个目标于一体的现代物流新概念。基于物流产业发展的前景，中部城市中武汉、郑州、长

沙都相继提出中部物流枢纽的建设计划，而作为距离我国几大经济中心最近的南昌和九江则应据理力争，当仁不让。鄱阳湖生态经济区几乎处于长三角、海西区、珠三角的地理中心，在中部城市中独享如此好的区位优势。加之，京九、浙赣和皖赣铁路在此交汇以及九江处于京九铁路与长江运输线的交叉点上，所以南昌—九江本身就是我国一个重要的交通枢纽。而这些都是鄱阳湖生态经济区建设中部生态物流枢纽的独特优势。建中部生态物流枢纽，必须整合鄱阳湖生态经济区的几类区位优势。而整合的关键在于经由鄱阳湖跨湖工程将鄱阳湖城市群连成整体，通过鄱阳湖将五大内河水系、长江等连成一体，并由九江和南昌将水路、铁路、公路等交通网络会聚成一体，从而把九江或南昌建成全国区域性物流基地，成为中部地区现代物流的主要枢纽。建立物流枢纽重要的是要建立现代化、生态型的物流园和物流体系。为此，需重点建设一批宜商、宜居，生活、文化设施配套齐全、规格高、综合性强的生态物流园区和物流中心或生态物流城。

（七）生态型虚拟创意产业培育

随着低碳经济、低碳生活观念的深入，以及网络技术的普及，人民的生产、生活越来越虚拟化。加之，当前发达国家或地区已相继进入后工业时代，工业文明面对生态经济和可持续发展的拷问越来越多。随着实体的物质需求让步于虚拟的精神需求，满足精神消费和精神追求的商品将逐步成为主导产品。为此，鄱阳湖生态经济区的产业应跨越式转向虚拟化，发展创意产业。创意产业，又叫创造性产业，指那些从个人的创造力、技能和天分中获取发展动力的企业，以及那些通过对知识产权的开发可创造潜在财富和就业机会的活动。它通常包括广告、建筑艺术、艺术和古董市场、手工艺品、时尚设计、电影与录像、交互式互动软件、音乐、表演艺术、出版业、软件及计算机服务、电视和广播等等。此外，还包括旅游、博物馆和美术馆、遗产和体育等。而要发展创意产业除了要有强大的政策和资金支持外，关键要有一个成功突破口，以品牌带动品牌，而突破口依然在于如何挖掘鄱阳湖的湖文化。为此，鄱阳湖生态经济区可从做大做强一批创意产业方面寻找突破口，比如，在景德镇建立陶瓷文化创意产业基地等。

（八）鄱阳湖生态品牌推广

鄱阳湖生态经济区的立足点在于湖和湿地，而湖和湿地的开发必须要借助于品牌形象的推广。为此，除了招商引资推介投入外，应借助重要的全国性和全球性的大型活动进行城市、鄱阳湖生态经济区和江西省的推广，比如举办世界性的展销会、博览会等大型赛事和会展。借助本土的全国知名人士进行鄱阳湖推广，挖掘培养本土某方面领军人物作为鄱阳湖生态经济区的形象大使。以鄱阳湖生态经济区的名义参与赞助和投资具有重大影响的大型公众项目和万众期待的影视作品的投拍。除了在江西卫视做出全国知名品牌节目外，还需借助外媒扩大江西尤其是鄱阳湖生态经济区的影响力。为此，可考虑在央视黄金时段投放鄱阳湖生态经济旅游区的广告，在凤凰卫视冠名某个有影响力、收视率高的知名节目。申办某个重要活动的永久举办地，比如承办电影节、电视节。定期举行全民关注度高的与“湖”有关的流行时尚和娱乐活动，比如选美、选秀活动。总之，无论是江西省还是鄱阳湖生态经济区，积极推广自己、树立自身形象的途径很多。

（九）生态化基础设施建设

鄱阳湖生态经济区建设要以大量立足长远、立足生态、立足发展、立足整体的工程项目作启动。

（1）环湖工程。将城市形象建设、防洪防涝、基础设施建设等多项投入资金融为一体，比如将环鄱阳湖堤坝建设成环湖高速公路和环湖观光线。这样既避免了重复建设、加大了资金利用，又对加快环湖经济一体化和旅游资源开发起到重要作用，同时也极具鄱阳湖特色。同样，沿江堤坝以及其他一系列防洪防涝工程建设都要基于这种理念来建设，

并使其成为鄱阳湖城市群名扬全国的一大特色。

（2）跨湖工程。①修建连接沿湖中心城市的跨湖大桥和跨湖公路；②建湖心生态旅游岛；③建沿江湖边港口或湖心港口，将五大内河水系、鄱阳湖、长江直接连起来。从而使南昌以及内河沿岸城市等大型轮渡和货船不转船便能开到上海入海口。

（3）湿地工程。建几条湿地空中高速公路（跨湿地天桥），连接近湖湿地公园。

（4）枢纽工程。提升城市交通，在南昌、九江大力发展地铁建设，建设南昌与九江城际轻轨；大力提升鄱阳湖城市群城际交通，重点建设环鄱阳湖城际高速公路，发展城际交通一体化；尽早争取实现联结珠三角、长三角、海西区、长株潭、武汉城市群、皖江经济带等经济中心区的“高铁化”，使鄱阳湖城市群成为这些经济中心的枢纽。

（十）鄱阳湖水利枢纽工程

鄱阳湖是中国最大的淡水湖，流域内赣江、抚河、信江、饶河、修水五大河流从东、南、西汇入鄱阳湖，调蓄后从湖口汇入长江。鄱阳湖年均出湖总径流量为1436亿立方米，相当于黄河、淮河、海河入海总水量，以占长江9%的流域面积，向长江输送15.5%的水量，对长江中下游水资源、水环境、水生态和水安全具有重要作用。2003年以来，长江中下游进入连续枯水年，加上三峡工程的影响，鄱阳湖枯水期水位连创新低，低水位出现日期提前，时间延长。湖泊空间格局变化，枯水期生态缺水加重，湿地生态系统退化，植被群落物种结构改变，湖泊沼泽化趋势开始显现。为此，建设鄱阳湖水利工程需要实现：①恢复和科学调整江湖水文关系；②恢复和改善鄱阳湖生态系统完整性和生物多样性；③增强经济社会可持续发展能力。而鄱阳湖水利工程目标的实现关键在于变“全面控制”江湖为“适当调节”。要求基于低矮滚水坝原理，“调枯不调洪”，改用闸门控制，使洪水期更接近天然状态，在枯水期能够灵活运用，实现适应性管理。

五　鄱阳湖生态经济区生态—产业耦合的特区路径

鄱阳湖生态经济区的“特区”属性同时规定了鄱阳湖生态经济区建设的途径与实现形式。特区模式是我国三十余来实践出的区域开发开放的成功之路，是各种类型特区开发建设的固有模式。从深圳经济特区的设立到上海浦东新区的开发，从天津滨海新区的兴建到武汉和长沙“两型社会”试验区的尝试，无一不是由国家牵头、划定区域、制定规划、给予政策和创造条件实现特区的快速发展，进而为国家的整个发展推动提供宝贵的参照。鄱阳湖生态经济区同样需要以“特区之为”实现“特区之实”。但鄱阳湖生态经济区本身并不是一个单一行政区域，这使得鄱阳湖生态经济区区别于我国早期的深圳、珠海等五大综合型特区，也有别于浦东、滨海以及重庆“两江”新区等具有特定地理和行政界限的副省级“开发区”型特区。鄱阳湖生态经济区的这一特性是近年我国批准的多个国家级区域发展规划区域的共同特征，比如成渝城乡统筹、长株潭“两型”社会等功能型改革试验区，尽管都被给予了特殊的经济社会优惠政策，并赋予了特定的改革试验与开发开放等功能，但都没有新的行政机构设置和地理界限的重新划定，而是将开发、试验等功能授予规划区域所属的现有地方政府。这也是该类开发区和试验区不被冠以“特区”的原因。

即便如此，鄱阳湖生态经济区依然可以采取特区的开发与建设模式。比如，可按照湖域生态保护的层次性进行生态保护与经济开发的功能分区，按照不同的功能区进行产业选择并实行不同的产业战略。如前所述，可通过生态—产业耦合工程按照园区开发的思路，把鄱阳湖生态经济区建设细化为具有较大功能差异的生态工业园区、生态国家公园、生态社区、生态城等系列生态与经济发展战略。如果说鄱阳湖生态经济区的生态工业园区、生态社区、生态城等可以分而治之的话，作为湖体保护、旅游开发的生态国家公园（湖体核心保护区）的建设与开发则

必须划出来由江西省省府整体接管。这是鄱阳湖生态经济区建设成败的关键。这方面云南突破行政权力的限制搞国家公园的经验就值得借鉴。由于鄱阳湖生态经济区本身已成为了国家战略，所以把鄱阳湖湖体核心保护区建设成国家公园实际上并没有体制和行政权力的障碍。关键在于能否创新体制，把鄱阳湖生态经济区当做“生态特区”来开发和建设。

按照功能分区的思想，鄱阳湖湖体核心保护区（面积5181平方公里）是生态重点保护区，承担了鄱阳湖生态经济区主要生态建设的功能，该部分可考虑按照国家生态公园的模式进行生态保护和可控性的旅游开发。而滨湖控制开发带（3746平方公里）则是生态区与经济区的过渡区域，目的在于构建生态屏障，需控制产业开发，仍可适当开发生态旅游资源。其他区域为高效集约发展区，是鄱阳湖生态经济区的经济区职能实现的主要区域（面积4.22万平方公里）。高效集约发展区可通过建设生态工业园实现高效集约开发，优化拓展生产空间，并通过生态城、生态社区以及自然文化遗产、风景名胜区、森林公园、地质公园等工程的建设来提高生态空间，集约整合生活空间，从而真正实现鄱阳湖生态经济区“生态”与“经济”的双赢。

总之，建设鄱阳湖生态经济区是一个适应低碳经济、绿色经济、生态经济以及可持续发展要求，顺应建立生态文明社会未来发展趋势的重大战略。其意义就如同当年设立深圳经济特区顺应了对外开放和建立社会主义市场经济体制一样，代表了中国与世界的发展潮流。这也使得鄱阳湖生态经济区具有了很强的试验性、示范性和前瞻性。这些特性带来了鄱阳湖生态经济区对改革家与改革家精神的强烈需求。要求各级官员都能在鄱阳湖生态经济区建设中突破传统“经济至上”的政绩观和发展观，打破旧体制尤其是行政体制的束缚，不断地改革创新。唯有勇于创新和大胆实践，才能像深圳特区成为改革开放与市场经济的“排头兵”一样，使鄱阳湖生态经济区成为建设生态文明社会的“先行军”和“试验田”。

参考文献

Kornai, Janos, *Highway and Byway* (Massachusetts: MIT Press, 1995), 174.

Roland, Gérard and Verdier Thierry, "Privatization in Eastern Europe: Irreversibility and Critical Mass Effects" *Journal of Public Economics* 2 (1994): 161 – 183.

Laban, Raul and Wolf Holger, "Large Scale Privatization in Transition Economices", *American Economic Review* 5 (1993): 1199 – 1210.

John M. Litwack, Yingyi Qian, "Balanced or Unbalanced Development: Special Economic Zones as Catalysts for Transition", *Journal of Comparative Economics* 1 (1998): 1 – 25.

陈世伟:《鄱阳湖生态经济区生态补偿制度的立法完善》,《江西社会科学》2010 年第 10 期。

杜晖、余青:《鄱阳湖生态经济区产业生态化条件及模式》,《江西师范大学学报》2010 年第 5 期。

蒋梅鑫:《鄱阳湖生态经济区外商直接投资时空格局研究》,《经济地理》2011 年第 1 期。

刘滨:《鄱阳湖生态经济区主体功能分区研究》,《中国土地科学》2009 年第 7 期。

刘蓉、梁云、田双全:《生态经济区的内涵及其理论基础》,《农村经济》2004 年第 6 期。

王展祥:《去工业化与鄱阳湖生态经济区建设研究》,《当代财经》2010 年第 7 期。

王明初、陈为毅:《实现从经济特区到生态经济特区的跨越》,《当代经济研究》2007 年第 8 期。

徐静、付来林:《鄱阳湖生态经济区的产业发展战略研究》,《中共南昌市委党校学报》2008 年第 6 期。

朱丽萌:《鄱阳湖生态经济区城市群与产业集群空间耦合构想》,《江西财经大学学报》2010 年第 5 期。

朱松利:《鄱阳湖生态经济区发展战略形成的理论准备》,《经济研究导刊》2011 年第 11 期。

张利国:《鄱阳湖生态经济区农村贫困现状及政策思路》,《江西财经大学学报》2011 年第 4 期。

张百平、陆大道等:《国家生态特区构想及其科学基础》,《地理科学进展》2006 年第 2 期。

张福庆:《区域产业生态化耦合度评价模型及其实证研究——以鄱阳湖生态经济区为例》,《江西社会科学》2010 年第 4 期。

郑建军:《向高效生态经济区发展转变》,《求是》2010 年第 2 期。

B.11

中原经济区建设与发展*

摘　要：中原经济区是以全国主体功能区规划明确的重点开发区域为基础、中原城市群为支撑，涵盖河南全省、延伸其周边地区的经济区域，地理位置重要，粮食优势突出，市场潜力巨大，文化底蕴深厚，在全国改革发展大局中具有重要战略地位。建设和发展好中原经济区，不仅直接关系河南的经济社会发展，而且对中部地区乃至全国经济社会发展都具有重要意义。本文论述了中原经济区建设发展的历程，中原经济区建设的现状及其面临的突出问题，并提出了促进中原经济区建设的政策建议。

关键词：中原经济区　区域　建设　经济发展

中原地处我国中心地带，是中华民族和华夏文明的重要发源地。中原经济区是以全国主体功能区规划明确的重点开发区域为基础、中原城市群为支撑，涵盖河南全省、延伸其周边地区的经济区域，地理位置重要，粮食优势突出，市场潜力巨大，文化底蕴深厚，在全国改革发展大局中具有重要战略地位。建设和发展好中原经济区，不仅直接关系河南的经济社会发展，而且对于完善国家区域经济布局、促进区域间协调发展、加快中部地区崛起乃至全国经济社会发展都具有重要的战略意义。

---

* 基金项目：南昌大学中国中部经济社会发展研究中心招标项目，项目批准号：11ZBND04。
撰写人：罗序斌，博士，江西师范大学财政与金融学院讲师，南昌大学中国中部经济社会发展研究中心兼职研究员；张辞，博士，郑州财经学院讲师，研究方向为农业经济理论与政策。

一　中原经济区的谋划历程

中原经济区从概念提出到上升为国家战略的历程，大致经历了五个阶段。

第一阶段：点题。2010 年全国两会期间，河南省委书记卢展工站在河南发展的战略高度“点题中原”，明确要求研究“什么是中原？什么是中原崛起？怎样实现中原崛起？河南能否走在中原崛起前列？”等重大命题。同年 4 月，卢展工在全省主要领导干部深入贯彻落实科学发展观加快经济发展方式转变专题研讨班上发表讲话时提出，要弄清概念，科学界定“中原”的内涵。至此，中原经济区概念逐渐浮出水面。明确中原经济区的地理范围，成为河南谋划建设中原经济区的第一个步骤。

第二阶段：解题。依靠智囊机构、职能部门、专家学者的深入研究，拿出中原经济区建设的可供选择的方案。为此，2010 年 3 月 22 日，河南省委、省政府成立了中原经济区课题研究组，这也标志着关于建设中原经济区战略的研究工作自此启动。课题组开始了为期 3 个多月的集中研究，分赴全国各地调研，对关乎建设中原经济区的重大问题进行深入研究，并最终形成了《加快中原发展建设纲要》草案。

第三阶段：共识。2010 年 7 月 2 日，河南省委召开常委（扩大）会议对《加快中原发展建设纲要》草案进行了研究，赞成将建设中原经济区作为河南的战略选择，并启动《中原经济区建设纲要》编制工作。通过召开中原经济区研讨会、座谈会等，使“加快构建中原经济区”成为人们的共识。

第四阶段：实施。2010 年 11 月，河南省委召开八届十一次全会，审议并原则同意《中原经济区建设纲要（试行）》。全会明确提出，中原经济区是中原崛起、河南振兴的载体和平台，是探索一条不以牺牲农业和粮食、生态和环境为代价的“三化”协调科学发展路子的载体和

平台，是明晰定位、整合优势、凝聚合力的载体和平台，是河南扩大对外开放、加强交流合作、实现互利共赢的载体和平台，同时还对中原经济区建设的总体目标、战略重点等进行了强调。中原经济区的建设进入具体实施阶段。

第五阶段，国家战略。2011 年初，国务院印发的《全国主体功能区规划》中，首次把中原经济区纳入国家层面的重点开发区域。2011 年 1 月 22 日，温家宝总理在河南调研时说，“河南是中国的缩影，也象征着祖国的发展。我对中原经济区建设、对河南发展寄予厚望。河南这块古老的大地，一定能够通过中原经济区的带动焕发青春。”随后，由国家发改委牵头，会同国务院等 32 个部门组成联合调研组奔赴河南进行调研，并于 9 月 29 日，国务院正式印发了《关于支持河南省加快建设中原经济区的指导意见》。至此，中原经济区上升为国家层面的战略。

二　中原经济区建设的现状分析

以中原经济区的主体河南省为例，2010 年，河南省全年的生产总值达到了 22942.68 亿元，继续保持全国第五位、中西部地区首位，比上年增长 12.2%，高于全国平均水平 1.9 个百分点；人均 GDP 达到了 24446 元，比上年增长 18.69%；地方财政总收入达到了 2293.37 亿元，比上年增长 19.3%；全年全社会固定资产投资 16585.85 亿元，比上年增长 21.0%；进出口总额达到了 177.92 亿美元，比上年增长 32.0%；社会消费品零售总额达到了 7893.46 亿元，比上年增长了 19.0%；居民消费价格比上年上涨 3.5%；农业生产形势向好，粮食生产再获丰收，粮食种植面积 9740.17 千公顷，比上年增长 0.6%；粮食产量 5437.10 万吨，比上年增长 0.9%。工业发展再创新高，工业增加值 11950.82 亿元，比上年增长 15.4%；旅游总收入 2294.8 亿元，增长 15.6%；城乡居民储蓄存款余额 12883.70 亿元，增长 15.0%；城镇居民人均可支配收入10838.49元，实际增长9.6%；农民人均纯收入5523.73元，实际增长11.0%；货物运输量20.24亿吨，比上年增长19.3%（见表1）。总体来看，2010年河南省经济总体保持平稳较快发展态势，这为中原经济区的建设和发展奠定了坚实的基础。

表1　河南省2010年经济发展概况

指标名称	指标值	增长率(%)
GDP(亿元)	22942.68	12.20
人均GDP(元)	24446.0	18.69
财政总收入(亿元)	2293.37	19.30
全社会固定资产投资额(亿元)	16585.85	21.0
进出口总额(亿美元)	177.92	32.0
社会消费品零售总额(亿元)	7893.46	19.0
居民消费价格指数(%)	103.5	3.5
粮食种植面积(千公顷)	9740.17	0.6
粮食产量(万吨)	5437.10	0.9
工业增加值(亿元)	11950.82	15.4
旅游总收入(亿元)	2294.8	15.6
城乡居民储蓄存款(亿元)	12883.70	15.0
城镇居民人均可支配收入(元)	10838.49	9.6
农民人均纯收入(元)	5523.73	11.0
货物运输量(亿吨)	20.24	19.3

资料来源：河南2011年的《统计公报》和《河南统计年鉴（2011）》。

三　中原经济区建设面临的突出问题

当前，作为中原经济区核心主体河南的经济持续发展的基础还不牢固，建设发展中出现了不少新的矛盾和问题，有的问题还在进一步积累，其中，最为突出的问题主要表现在以下几个方面。

1. 产业、产品结构不优

第一，农业比重高、服务业比重低的三次产业结构特征十分明显。2009年，河南省三次产业结构为14.1∶57.3∶28.6，其中：第一产业比重高于全国平均水平4.0个百分点，第三产业低于全国平均水平14.5个百分点。另外，与中部其他省份相比，河南第一产业占比排在第二位，仅比第一产业占比最高的湖南省少0.4个百分点；第三产业占比最低，比第三产业占比最高的湖南省要少11.1个百分点。由此可以看出，河南第三产业发展滞后是产业结构调整过程中必须面对的问题。

表2　河南三次产业产值结构（2010）

单位：%

地区	第一产业	第二产业	第三产业
全国	10.1	46.8	43.1
山西	6.0	56.9	37.1
安徽	14.0	52.1	33.9
江西	12.8	54.2	33.0
河南	14.1	57.3	28.6
湖北	13.4	48.6	37.9
湖南	14.5	45.8	39.7

资料来源：《中国统计年鉴（2011）》。

第二，产业内部结构层次偏低。传统第三产业占较大比重，新兴第三产业发展不足。交通运输仓储及邮政业、批发零售贸易和住宿餐饮业等传统行业和其他非营利性服务业占第三产业的比重大，而金融保险、信息咨询、房地产等与市场经济联系密切的、高附加值的新兴行业发展相对不足。最具优势的文化旅游业在第三产业中的“龙头”作用发挥不够，具有现代服务业特征的现代物流、现代综合技术服务、中介咨询、商务服务和大型连锁配送企业发展明显缺乏。

表 3　第三产业内部各行业增加值及所占比重（2010）

行　业	增加值(亿元)	占第三产业增加值比重(%)
交通运输、仓储和邮政业	873.30	13.22
信息传输、计算机服务和软件业	263.23	3.98
批发和零售业	1293.50	19.58
住宿和餐饮业	605.23	9.16
金融业	697.68	10.56
房地产业	773.23	11.70
租赁和商务服务业	195.97	2.97

资料来源：《河南统计年鉴（2011）》。

第三，工业竞争力不强，产品结构等次低。河南省的工业门类齐全，39 个行业大类中有 38 个，192 个工业门类中有 183 个，是全国工业门类最全的省份之一。工业增加值和实现利润总量已分别占据全国第五位和第四位。但是从竞争力看，工业发展突出表现为“一高两低”和“三多三少”。“一高两低”，即资源性工业占比高，高新技术产业占比低，装备制造业占比低。“三多三少”，即企业数量多、优势企业少；原字号产品多、终端产品少；技术含量低的大路产品多、具有自主知识产权的拳头产品少。河南的主要重工业产品大多属于基础性上游生产资料产品，终端产品比重较低，使得河南产品的名牌较少，市场竞争力不是很强。

2. 人力资本层次不高

2010 年，河南每十万人拥有小学受教育程度的人口为 24108 人，比全国平均水平要低 2671 人，在中部六省中排名第四；初中受教育程度 42460 人，不仅高于全国平均水平，同时在中部六省中也处于前列；高中和中专受教育程度 13212 人，比全国平均水平要低 820 人，在中部六省中仅高于安徽和江西省；大专及以上受教育程度只有 6398 人，不仅大大低于全国平均水平，同时也低于中部其他省份的水平。另从高等教育毛入学指标来看，2010 年，全国高等教育毛入学率达到了 26.5%，而河南省高等教育毛入学率只有 23.66%，大大低于全国平均水平，同时

也低于山西的28.07%，安徽24.30%，江西25.50%，湖北32.90%，湖南25%（见表4）。这些数据有力地说明河南省的人口受教育程度还不高，人力资源开发的重心相对偏低，主要以九年义务教育为主，高中教育发展不够，特别是高等教育发展严重滞后，高层次人才培养任务艰巨。

表4 每十万人拥有各种受教育程度人口比较

单位：人

	小学	初中	高中和中专	大专及以上
全国	26779	38788	14032	8930
山西	21855	45126	15733	8721
安徽	27948	38014	10774	6697
江西	30007	37789	12326	6847
河南	24108	42460	13212	6398
湖北	22871	39618	16602	9533
湖南	26785	39528	15420	7595

资料来源：《中国统计年鉴（2011）》。

3. 自主创新能力不强

2010年，河南R&D内部经费支出占GDP的比重为0.90%，而山西则达到了1.10%，安徽1.35%，江西0.99%，湖北1.65%，湖南1.18%。研发投入不足成为制约河南提高科技水平、增强自主创新能力的“瓶颈”。不仅如此，河南科技投入结构也不合理，对基础性研究投入的力度过小，而基础性研究的薄弱也正是导致河南核心技术积累不足、自主创新能力不强的主要问题。2010年，河南R&D经费内部支出用于基础研究、应用研究、实验研究的分别为3.1亿元、9.41亿元、198.87亿元。河南科技投入主要偏向于实验发展和应用研究，会导致其原始创新能力不足，缺乏前瞻性战略高技术研究。比如，目前河南大多数企业就缺乏拥有自主知识产权的、处于领先水平的关键核心技术，竞争优势不明显。而从表5中也可看出，近几年来，虽然河南发明专利的授权量在不断增加，但是其在专利授权量中的比重并不高，大量的专利属于实用新型、外观设计。

表 5　各年份河南专利授权量构成情况

单位：件

年　份	2005	2006	2007	2008	2009	2010
发　明	356	450	563	668	1129	1498
实用新型	2304	3260	4517	5317	6630	11048
外观设计	1088	1532	1918	3148	3666	3993
授权量合计	3748	5242	6998	9133	11425	16539

资料来源：《河南统计年鉴（2011）》。

4. 城镇化步伐迈得不大

河南作为农业大省和农业人口大省，城镇化水平偏低一直是制约河南经济发展的问题之一。2009 年河南城镇化率为 37.7%，全国倒数第 5、中部地区倒数第 1，比全国平均水平低 8.9 个百分点，与沿海省份相比，分别比广东、浙江、江苏和山东低 27.4 个、21.6 个、18.3 个和 11.6 个百分点；分别比山西、安徽、江西、湖北、湖南低 9.1 个、4.5 个、5.3 个、9.2 个、9.1 个百分点；2010 年，河南城镇化率有所上升，达到了 38.60%，但仍处于中部地区倒数第 1，山西、安徽、江西、湖北、湖南省的城镇化率分别为 51.9%、43.2%、44.06%、49.72、44.30%。城镇化水平低、城市规模小，城市经济实力弱，综合承载力不强，既难以吸纳和支撑大量的农村人口向城市转移，也难以形成对农村发展的有效辐射带动。

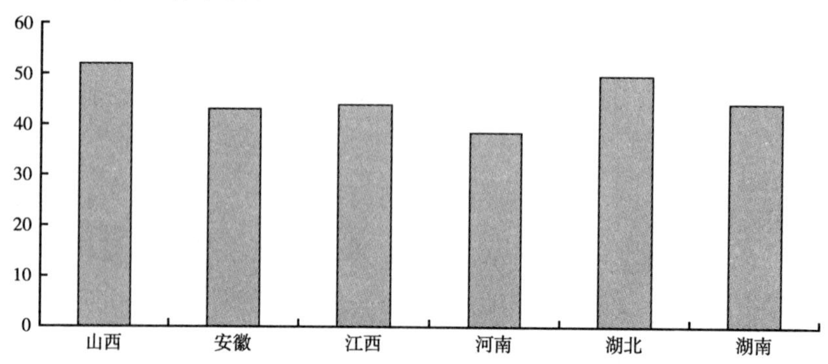

图 1　中部六省 2010 年的城镇化率比较

四　促进中原经济区发展的对策建议

建设中原经济区应坚持以科学发展为主题，以加快转变经济发展方式为主线，着力推进产业结构优化升级，努力提高人力资源开发层次，不断增强自主创新能力，进一步深化区域合作的力度和广度，并以实施国家主体功能区战略为契机，促进工业化、城镇化、农业现代化的协调发展，推动中原经济区实现跨越式发展，在支撑中部地区崛起和服务全国大局中发挥更大作用。

1. 加快产业结构优化升级，转变中原经济区服务业的发展方式

加快产业结构优化升级，要以大力发展现代服务业为着力点。一是要加快发展信息、金融、保险以及会计、咨询、法律服务、创意、科技服务、会展服务等商务服务行业，促进服务业结构优化。二是要大力发展生产性服务业。加快发展制造服务业，推进研发、设计、营销、物流和售后服务等生产性服务业发展；加快发展服务农业的生产性服务业发展，促进农产品、农业生产资料流通等服务农业农村的服务业发展。三是要大力发展消费性服务业。加快发展批发零售、住宿餐饮、旅游、教育培训、社区服务、体育健身、物业管理等需求潜力大的消费性服务业。充分发挥河南文化资源大省的优势，大力发展文化产业，加快培育文化领域的战略性新型产业，促进文化与经济、产业和产品的融合。

努力转变服务业发展方式。一是运用现代先进的经营方式和高端信息技术改造提升传统服务业，推进连锁经营、特许经营、物流配送、代理制、多式联运、电子商务等组织形式和服务方式的发展。二是突出发展竞争力强的大型服务企业集团，促进服务业的集团化、网络化、品牌化经营。三是突破自我增强的产业内循环发展路径，在全面提升经济服务化的基础上，寻求向整个经济系统渗透的发散型发展，特别是在第二、第三产业融合中找到新的增长点。加快发展与制造业直接相关联的配套服务业，如汽车服务、工程装备配套服务和工业信息服务，以及公共性服务业，如技术服务、现代物流、工业咨询服务等。四是要营造服务业发展方式转变的生态环境。通过紧密的产业关联、共享的资源要素、丰富的社会资本、有效的竞合机制，充分发挥外部性优势，培育和促进服务业集群的形成与发展，形成产业共同进化机制；突破服务业发展的体制性障碍，推进服务业市场化、产业化，社会化。

2. 提高人力资源开发的层次，把中原经济区建设成人力资源强区

人力资源是第一资源，人力资本是现代经济增长的核心动力。全面提高人口素质、提升人力资本水平是促使中原经济区加快发展的基本举措。一是巩固提高义务教育水平，切实推进义务教育均衡发展。要适应城乡发展需要，合理规划学校布局，办好必要的教学点，方便学生就近入学。要坚持以输入地政府管理为主、以全日制公办中小学为主，确保进城务工人员随迁子女平等接受义务教育；加快农村寄宿制学校建设，优先满足留守儿童住宿需求。要努力平衡义务教育投入，避免投入拥挤，推进各地中小学办学条件标准化建设，以标准化促进均衡化。二是加快普及高中阶段教育。要根据经济社会发展需要，合理确定普通高中和中等职业学校招生比例，确保今后一个时期总体保持普通高中和中等职业学校招生规模大体相当。三是大力发展职业教育。要把职业教育的发展纳入经济社会发展规划之中，促使职业教育规模、专业设置与经济社会发展需求相适应。要以服务为宗旨，以就业为导向，推进职业教育的教学改革，实行工学结合、校企合作、顶岗实习的人才培养模式。要大力发展农村职业教育，提高农民素质，推动农村经济发展方式转变。三是加快发展高等教育，优化高等教育结构与布局。要继续扩大高等教育发展规模，并根据经济社会发展需要，优化学科专业、类型、层次结构，促进多学科交叉和融合；重点扩大应用型、复合型、技能型人才的培养规模。要切实提高科学研究水平，进一步推进产学研相结合，加快科技成果转化，增加服务社会的能力。着力调整高等教育资源的布局，充分发挥其对经济社会发展的促进作用。四是积极引进高端人才。制定引进高端人才的优惠政策，打造高端人才发展的平台以及创建有利于高

端人才发展的环境。

3. 增强自主创新能力，让科技创新全方位引领中原经济区的发展

自主创新是科技创新的关键，提高自主创新能力是实现经济社会发展又好又快发展的重要途径。只有以自主创新为核心的竞争力才是可持续发展的竞争力；只有在自主创新上实现突破，才能在转变经济发展方式中取得实质性进展。自主创新，不仅是科技发展的内在需求，更是谋求经济长远发展主动权的必由之路。

一是要创新投入机制，加大 R&D 投入力度。要把推动自主创新摆在突出位置，增强自主创新的外在压力和内在动力，带动全社会增加科技投入，合理优化投入结构，加强政府科技投入的引导，进一步发挥企业在技术创新体系中的作用，尽快形成“政府投入为引导，企业投入为主体，社会投入为补充，外资投入为关键”的多元化科技投入机制，增强科技创新能力，增强核心竞争力，推动经济尽快走上创新驱动的发展轨道。政府应充分发挥财政资金的“四两拨千斤”的杠杆作用，加大基础性研究和应用基础研究投入，确保科技创新能力的持续提高。在应用基础研究方面，政府应将基础技术、带有公益性质的共性技术作为科技投入的主体，在准公益产品领域以直接拨款、税收支出、政府采购和政策性金融支持等多种方式参与投入并作政策引导；而在一些具有私人性质的专有技术领域，应该充分发挥市场机制的作用，维护完善的公平竞争市场环境并施以合理的政策引导。

二是要加强基础性原始创新。要针对经济与社会发展共性需求，重点选择以农业、人口与健康、资源与环境、材料与工程以及电子信息等为主的相关领域，吸引和集聚全国范围的科学家，开展基础研究和原始性创新。

三是要抓好重大创新工程和关键性技术突破。要抓住那些对我国的经济、科技、社会发展具有战略性、基础性、关键性作用的重大课题，联合攻关，全力突破。要优先发展能源、水资源和环境保护技术，装备制造业和信息产业核心技术，加快发展生物技术、空天和海洋技术，大力加强基础科学和前沿技术研究。要着力突破带动技术革命、促进产业振兴的关键科技问题，突破提高健康水平、保障改善民生的重大公益性科技问题，突破增强竞争力的战略高技术问题。

四是要构建市场引导、企业主体、高校科研院所主动参与、政府主导协调的创新体系，引导和支持创新要素向企业集聚，促进科技成果向现实生产力转化。进一步推动企业成为技术创新需求主体、科技研发投入主体、技术创新活动主体和创新成果应用主体，让科技人才进企业、科技资源进产业、科技成果进市场，形成优势互补、互利共赢、务实高效、开放灵活的创新、创业、创优新格局。要高水平建设和完善技术公共服务、技术成果交易、创新创业融资服务、社会化人才服务“四大平台”。要自主创新构建新型产业体系，实施高端高质高效产业发展战略，制订战略性新兴产业发展规划和实施方案，推动信息化与工业化有机融合，实施名牌战略和标准化战略。

4. 深化区域合作的力度和广度，促进中原经济区域的联动协同发展

深化区域合作，促进区域协调发展，是新形势下保持我国经济长期平稳较快发展的必然选择和重要举措。深化中原经济区域的联动发展，应以打破阻碍区域合作的体制障碍和制度壁垒为重点，深化重点领域和关键环节的改革，加快建立符合现代市场经济要求，有利于区域间相互促进、优势互补、互利合作的制度体系。一是着力打破体制机制障碍。要加快形成有利于深化区域合作的法制环境，大力推进相关法制建设，围绕保障公平竞争、维护市场秩序、规范行政权力、合理界定政府与市场、企业、中介组织关系等重要方面，研究制定相关规则与条例；要进一步完善财税、投融资等政策，推动形成有利于深化区域合作的良好政策环境。二是着力探索区域合作的利益共享和补偿机制。实现互利共赢是区域合作的出发点和落脚点，可在管理体制、分配方式及推动长期发展、分享长期利益的长效机制等方面探索建立利益共享的制度。要建立城市群城市与粮食主产县合作和利益补偿机制，增强城市群对区域内欠发达地区的辐射带动作用。三是着力打造区域合作平台。区域合作平台

是推动区域合作的重要载体和依托。应按照有效整合、适度创新的思路，继续强化和创新各类平台。要充分利用现有的博览会、贸易洽谈会等多种形式开展区域合作；要发挥各类园区的载体作用，统筹规划开发区、高新技术园区等各类园区建设，因地制宜发展特色产业园区，大力推进园区整合发展；同时，可考虑围绕不同的主题，设立各类合作试验区、示范区，使之成为推动与深化区域合作的新载体；要大力推进公共信息、公共检测、技术创新等服务平台建设，加快建立区域之间信用信息的共享机制，支持互联网等新型合作平台的发展；同时充分发挥各类社会组织的作用，推动形成区域间、城市间多层次的合作平台，形成全社会推动区域合作的工作格局。

5. 中原经济区的建设应与实施国家主体功能区战略高度衔接

《国家“十二五”规划纲要》站在历史的新高度，从战略全局出发，着重强调要以科学发展观为指导，加快转变经济发展方式；明确指出要实施区域发展总体战略和主体功能区战略，构筑区域经济优势互补、主体功能定位清晰、国土空间高效利用、人与自然和谐相处的区域发展新格局。区域发展总体战略和主体功能区战略相辅相成。主体功能区是根据不同区域的资源环境承载能力、现有开发密度和发展潜力，在统筹谋划未来人口分布、经济布局、国土利用和城镇化格局的基础上，按照优化结构、区域分工、保护自然、有限开发、集约开发、协调开发的原则将国土空间划分为具有某种特定主体功能定位的地域空间单元，主要可分为优先开发、重点开发、限制开发和禁止开发这四类。实施主体功能区战略有利于构筑区域分工格局，促进区域协调发展；有利于构建生态安全屏障，推动经济社会可持续发展；有利于推进发展成果共享，实现包容性发展，是深入贯彻落实科学发展观、在新形势下区域协调发展理念的进一步深化。建设中原经济区的核心任务是探索不以牺牲农业和粮食、生态和环境为代价的“三化”协调发展的路子，是探索中国可持续发展道路，这与国家主体功能区建设的基本思想是高度契合的。而根据全国主体功能区规划，中原经济区属于国家的重点开发区域，这表明建设中原经济区的目标又是与国家宏观布局相一致的。因此，要建设中原经济区、谋划河南经济社会发展，必须遵循主体功能区建设的基本思想。只有这样，才能真正使中原经济区走好“三化”协调发展的路子，才能实现河南经济、社会、生态和文化的全面进步。

参考文献

张锐、谷建全：《河南经济发展报告（2011）——转变发展方式与河南经济增长》，社会科学文献出版社，2011。

国务院：《关于支持河南省加快建设中原经济区的指导意见》（国发〔2011〕32号），http：//www. gov. cn/zwgk/2011 – 10/07/content_ 1963574. htm。

罗盘、曲昌荣：《务实发展跃上新起点——河南谋划建设中原经济区纪实》，2011年11月11日《人民日报》。

肖鹤、王乐：《中原经济区：新起点，新征程》，2011年11月11日《光明日报》。

喻新安：《中原经济区顶层设计的背景、历程与经验》，《中州学刊》2011年第3期。

喻新安：《略论建设中原经济区的全局意义》，《黄河科技大学学报》2011年第1期。

王珏：《加快建设中原经济区的思考和建议》，《学习论坛》2011年第5期。

蔡世忠：《中原经济区建设中“三化”协调发展问题研究》，《河南农业科学》2011年第6期。

吴海峰：《实施主体功能区战略促进中原经济区科学发展》，《河南工业大学学报》2010年第4期。

张占仓：《河南省建设中中原经济区战略研究》，《河南工业大学学报》2010年第4期。

范恒山：《深化区域合作，促进协调发展》，2011年11月4日《人民日报》。

B.12

武汉城市圈的建设与发展*

摘　要： 城市圈是一个人口大国城市化到一定程度的必然产物，也是发达地区经济一体化进程的自然结果。武汉城市圈在构建中部崛起的战略支点、建设国家“两型”社会综合配套改革试验区中取得了很好的成果，有效地带动了湖北和中部地区的经济社会发展。下一步，武汉城市圈需要克服经济总量较低、竞争力较弱等不足，发挥大武汉核心城市的带动作用，依托长江中游城市群和中部广阔腹地，为中部地区崛起提供有力支撑。

关键词： 武汉城市圈　改革试验　成效　对策建议

武汉城市圈是以武汉为中心，由武汉和周边 100 公里范围内的黄石、鄂州、孝感、黄冈、咸宁、仙桃、天门、潜江共九市构成的区域经济联合体，洪湖、京山、广水是武汉城市圈观察员县（市）。武汉城市圈区位条件优越、产业基础较好，综合实力较强，发展潜力巨大，是湖北省人口、产业、城市和生产要素最密集、最具活力的地区，是湖北省经济发展的核心区域。武汉城市圈国土面积 58052 平方公里，常住人口 3000 万人，以占全省 1/3 的土地面积和一半的人口，贡献了全省约 2/3 的生产总值。

---

* 基金项目：南昌大学中国中部经济社会发展研究中心招标项目，项目批注号：11ZBND05。
撰写人：李春洋，武汉市社会科学院副研究员、湖北省武汉城市圈研究会副秘书长；伍新木，武汉大学水研究院教授，博士生导师，区域经济学家。

一 建设武汉城市圈是顺应区域经济加快发展的重大举措

城市圈是一个人口大国城市化到一定程度的必然产物，也是发达地区经济一体化进程的自然结果。20 世纪以来，国际区域经济一体化和国内区域经济一体化发展迅速。国际上的各类经济与贸易组织超过了100 个，如欧盟、东南亚国家联盟等，在世界经济发展与合作中起到了举足轻重的作用。在世界范围内，各种城市联合体，或者称为城市群、城市带、城市聚集体，也迅猛发展，已形成著名的五大城市群：以纽约为中心的美国东北部大西洋沿岸城市群、以芝加哥为中心的北美五湖城市群、以东京为中心的日本太平洋沿岸城市群、以伦敦为核心的英国城市群、以巴黎为中心的欧洲西部城市群。

在拥有 13.39 亿人口、城市化率已近 50% 的中国，为了推动区域协调发展，解决城市和乡村之间的二元结构矛盾，政府鼓励各地区积极建设城市圈或城市群，以便通过中心城市来带动中小城市和周边农村发展。目前，全国已经提出并在建设的城市圈或城市群有几十个，极大地促进了区域一体化的发展进程。我国目前公认的三大城市群是：长江三角洲城市群、京津城市群、珠江三角洲城市群，今后将形成十大城市群：京津冀、长三角、珠三角、山东半岛、辽中南、中原、长江中游、海峡西岸、川渝和关中—天水城市群。城市群是一个经济、社会发展发育的过程。

武汉作为中部地区唯一的特大中心城市，是中部地区的金融中心、市场中心、对外开放中心、科教文化中心和交通中心，具有较强的集聚辐射功能。充分发挥武汉的龙头作用，加快武汉城市圈建设步伐，使其发展成为我国内陆地区重要的经济增长极，对于构建促进中部地区崛起的重要战略支点具有十分重要的现实意义。2002 年初，湖北省委、省政府组织开展武汉城市圈建设问题的调研，成立“武汉及周边城市群

研究”课题组，由省市研究室、武汉大学、省市社科院共同组成；2002年6月，在前期研究的基础上，省委、省政府审时度势，明确提出建设武汉城市圈，并将其纳入全省中心工作；2003年初，武汉市政府明确将大武汉城市圈列为政府重大项目，委托给市咨询委研究，伍新木为首席专家；2004年4月7日，省政府出台了《关于推进武汉城市圈建设的若干意见》，明确提出了“五个一体化”的建设思路，标志着武汉城市圈建设进入全面实施阶段；2005年，由中科院牵头，启动编制《武汉城市圈总体规划》，《规划》成为武汉城市圈建设的纲领性文件；2006年，在国务院10号文件《关于促进中部地区崛起的若干意见》中，武汉城市圈被列为“中部四大城市圈”之一；2007年12月，国家批准武汉城市圈为全国“两型”社会综合配套改革试验区，武汉城市圈建设被纳入国家战略层面；2008年，国务院正式批准武汉城市圈综合配套改革试验总体方案，改革试验全面启动。综合配套改革试验的根本宗旨是通过体制与机制的创新探索出一条新型的工业化与城市化之路。

二　武汉城市圈“两型”社会建设是科学发展的内在要求

（一）“两型”社会的概念及提出

“两型”社会就是资源节约型、环境友好型社会。所谓资源节约型社会，是指社会的生产以物质资源高效率利用的方式进行，社会的消费以节约的方式进行。用经济学的术语来说，就是用最小的资源成本获得最大的效用。所谓环境友好型社会，是以人与自然和谐为目标，以环境承载能力为基础，以遵循自然规律为核心，以绿色科技为动力，倡导环境文化和生态文明，追求经济社会协调发展的社会体系。前者强调资源的高效利用、合理配置和有效保护，后者强调在保护环境的前提下实现经济社会发展。两者的核心内涵都是正确处理人与自然的关系，实现经济社会生态系统协调可持续发展。

从目前掌握的资料来看，胡锦涛总书记最早提出了“两型”社会的概念。2005 年 3 月 12 日，胡锦涛同志在中央人口资源环境工作座谈会上强调，要加快调整不合理的经济结构，彻底转变粗放型的经济增长方式，使经济增长建立在提高人口素质、高效利用资源、减少环境污染、注重质量效益的基础上，努力建设资源节约型、环境友好型社会。2005 年 10 月召开党的十六届五中全会，通过了《中共中央关于制定国民经济和社会发展第十一个五年规划的建议》，《建议》中正式提出：“要把节约资源作为基本国策，发展循环经济，保护生态环境，加快建设资源节约型、环境友好型社会，促进经济发展与人口、资源、环境相协调。”党的十七大报告明确提出：“坚持节约资源和保护环境的基本国策，关系人民群众切身利益和中华民族生存发展。必须把建设资源节约型、环境友好型社会放在工业化、现代化发展战略的突出位置，落实到每个单位、每个家庭。”2007 年 12 月 14 日，国务院批准武汉城市圈为全国资源节约型和环境友好型社会建设综合配套改革试验区，首次把“两型”社会的概念与区域发展结合起来。

（二）走“两型”之路是湖北发展的必然选择

建设“两型”社会是全国共同的课题，而在湖北具有更强的紧迫性。湖北地处中部腹地，兼具东部发达地区和西部欠发达地区的发展特征，正处于工业化中期发展阶段和城市化加速发展阶段，加快发展与节约能源资源、保护环境的任务并重。而且湖北经济结构偏重的问题比较突出，缺煤、少油、乏气，资源环境压力很大。能源利用效率低，不仅低于广东、江苏、浙江、山东等经济大省，而且低于江西、安徽、河南、湖南等中部省份。土地资源持续紧张，近 30 年来，湖北省人均耕地由 1978 年的 1.24 亩减少到 2007 年的 0.85 亩。湖北是“千湖之省”，水资源丰富，但水域面积减少、污染加重的趋势仍在持续。四湖地区原

有的“四湖（即洪湖、长湖、三湖和白露湖）”现在仅存洪湖和长湖，三湖和白露湖现在全部围垦成农田。洪湖水面面积在20世纪50年代初为687平方公里，80年代初则减少为420平方公里，近期测量只有402平方公里。据对全省29个主要湖泊进行的水体质量评价显示，湖泊水质较差，Ⅳ类之后水质的湖泊就有16个。

这些问题，反映在节能减排和环境保护的层面，而实质上说明，传统的粗放型经济增长方式已经难以为继，不能再走过度消耗资源、先污染后治理的发展道路。中国不能走西方发达国家工业化城市化的老路，中国的中西部地区也不能走中国东部地区工业化城市化的老路。建设“两型”社会已经成为湖北经济社会发展的内在要求，是实现科学发展的必然选择。

三　创新体制机制是全面推进武汉城市圈“两型”社会建设的重要保障

武汉城市圈获批全国综合配套改革试验区以来，按照建设资源节约型、环境友好型社会的要求，全面加快体制机制创新，推动圈域一体化发展，试验区建设发展良好。

（一）研究谋划了改革试验的整体框架

湖北省围绕国务院批准的总体方案，设计了5个专项规划、6项配套政策、5项重点工作、3年行动计划、1个重大项目清单，简称“56531”实施框架体系。5个专项规划，即空间规划、产业发展规划、综合交通规划、社会事业规划和生态环境规划，为武汉城市圈建设与发展绘制了蓝图，是试验区建设的具体实施方案。6项配套政策，涉及投资、财税、土地、环保、金融、人才支撑六个方面，目的是解决推进“两型”社会建设中的障碍，助推项目落地。5项重点工作，包括产业转移、社会事业资源共享、圈域快速通道、农业产业化和商业集团连锁经营等，旨在破解武汉城市圈实现“五个一体化”面临的突出问题。3年行动计划主要是着眼于将总体战略与具体抓手、宏观与微观、长远与当前有机结合起来，对工作进行了长计划短安排，涉及9大领域38项改革任务。1个重大项目清单则是经筛选后被列入试验区试点启动的131个项目，投资总规模11430亿元。

（二）积极开展重点领域和关键环节的改革试验

武汉城市圈通过抓住关键领域，着力推进资源、环境、产业等九个方面的体制机制创新。

1. 以发展循环经济为重点，创新资源节约体制机制

积极推进资源综合利用试点，在钢铁、有色金属、建材、化工、电力等重点行业着力推行清洁生产和废弃物综合利用。率先开展区域性废物回收网络——武汉城市圈废电池回收网络建设。黄石市、大冶市、潜江市全面启动资源枯竭型城市转型试点。黄冈、天门、潜江等市也启动了循环经济产业园区试点工作。

2. 以水生态治理为重点，创新环境保护体制机制

武汉市积极实施水生态系统保护与修复工程，推进“六湖连通”和“大东湖”生态水网修复工程建设，加快污水处理厂及管网配套建设，远城区的污水处理设施逐步开工建设；实施“清水入湖”工程，对62个排污口进行了截污。鄂州市加大梁子湖生态屏障建设，完成了梁子湖生态环境保护规划，启动梁子湖流域生态修复工程。率先在中部地区开展排污权交易试点，已成交主要污染物排污权2454.1吨，总成交金额达915.79万元。

3. 以促进科技成果转化为重点，创新科技体制机制

设立省创业投资引导基金1亿元，引导设立5只创业投资基金，基金规模达到11亿元，政府财政资金实现了10倍以上的放大效应。深化省属科研院所改革，调动科研院所创业积极性。继省化学院成功改制后，省建材工业研究设计院与中国技术进出口总公司实现重组。

4. 以两型化改造为重点，创新产业结构优化升级体制机制

武汉市积极出台促进环保产业发展的政策，制定了环保产业发展规划方案，全力推进烟气脱硫研发与制造、全降解材料开发与应用、风电设备生产、燃料电池生产等十大环保重点项目。积极推广双燃料环保公交车和出租车，天然气出租车总数超过5000台，加气站总数达19座。

5. 以提高用地保障能力为重点，创新集约用地体制机制

制定出台节约集约用地考核标准和有利于节约集约用地的激励政策。组织圈域内各市开展城镇建设用地规模增加与农村建设用地减少挂钩试点、城中村改造试点、农村土地整理试点。积极开展农村承包地经营权转让交易试点。武汉农村综合产权交易所正式挂牌运行，2009年交易金额18.18亿元，流转农村土地面积19.35万亩。

6. 以城乡一体化发展为重点，创新统筹城乡发展体制机制

城市圈各市按照省里的统一部署，积极探索城乡一体化发展新模式。鄂州市按照“全域鄂州”理念，统筹城乡规划，全面启动长港示范区建设，重点建设9个旅游示范村，实施长港生态修复和治理工程。仙桃市大力推进仙洪新农村试验区建设，着力在统筹城乡建设、发展现代农业、建设农村公共服务体系、建设农村经济合作组织等方面开展改革试点。

在重点推进以上改革试验的同时，配套推进财税金融、对内对外开放和行政管理三个方面的体制机制创新。在财税金融方面，相继出台了支持武汉城市圈“两型”社会建设财税和金融支持政策，明确了圈域内税收分享机制，为圈域内产业双向转移和“两型”社会建设创造了良好的外部环境。在对内对外开放方面，武汉海关出台了推进武汉城市圈建设的12条措施，武汉东西湖保税物流中心（B型）已验收运行。

（三）集中推进五项重点工作

为了推进城市圈五个一体化建设，武汉选择五项重点工作作为突破点。

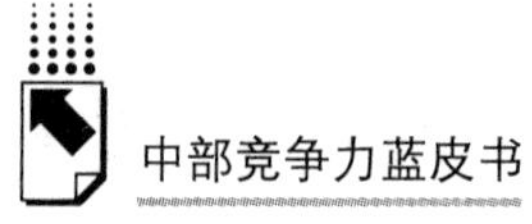

1. 以大力推进产业双向转移为重点，推动圈域产业优化整合

省发改委出台了《武汉城市圈产业双向转移优化发展实施方案》，在对城市圈各市优势产业、产业集群进行系统分析的基础上，提出了各市需转移及优化发展的产业，明确了城市圈内产业转移的方向。省财政、国税、地税部门联合下发了《关于支持武汉城市圈两型社会建设综合配套改革试验财税政策的通知》，明确了产业转移税收分成的有关政策意见。利用“湖北产学研合作暨创业投资项目洽谈会”平台，积极促成武汉化工产业向周边城市转移。武汉东湖高新技术开发区“中国光谷咸宁工业园”、武汉经济开发区“咸宁工业园”等产业转移示范园区先后签约并开工建设。孝感市与武汉市达成了高新技术产业、化工、农副产品、旅游、商贸物流、交通设施等10个方面的合作事项。

2. 以完善快速通道为重点，加快圈域交通基础设施建设

武汉城市圈骨架公路网络初具规模。截至2011年，武汉城市圈高速公路总里程达到1696公里，占全省的50.5%。相继开工建设左岭至花湖、大悟至随州、硚口至孝感、天河机场二通道等9个高速公路项目。武汉长江航运中心建设步伐加快。武汉长江中游航运中心上升为国家定位，长江黄金水道开放开发全面加速，武汉新港阳逻集装箱码头等36个重点项目启动实施。武汉新港阳逻集装箱二期工程、中石油油码头先后建成并投入运行，80万吨乙烯配套码头一期工程水工部分已基本完工，引江济汉通航工程、汉江汉川至蔡甸航道推进顺利，武汉新港“以港兴城、港城互动”成效显现，武汉城市圈“干支相连、通江达海”的航运体系加快形成。圈域综合交通运输体系进一步完善。以杨春湖客运换乘中心为代表的“零换乘”综合交通枢纽顺利建成并投入运营；连接京广、京九两条铁路大动脉，横跨武汉、黄冈两市的武汉新港江北铁路开工建设，其承担武汉新港大量的货物转运，水铁联运、公铁联运综合物流开始起步，武汉城市圈综合交通运输体系建设加快推进。

3. 以实施商业集团连锁经营为重点，推动圈域城乡市场共同繁荣

结合“万村千乡市场工程”、家电下乡等工作，完善圈域农村市场网络，构建连锁经营市场体系。制定扶持政策，支持城市圈12大流通企业集团发展冷链物流、配送中心、电子商务，培育企业发展后劲。武商、中百、中商、黄商、富迪5家企业加快在城市圈布局设点，已相继建立经营网点、配送中心、冷库等建设项目数十个。

4. 以现代农业基地建设为重点，推进农业产业一体化

围绕优势产品、特色农产品布局规划，建设“三大板块”：种植业建设板块，畜禽建设养殖小区，水产建设片带。截至2011年，新建、改建种植业板块380万亩，高标准畜禽养殖小区300个，初步形成优势农产品的区域化布局。2010年武汉城市圈规模以上农业产业化龙头企业2100多家，实现销售收入（交易额）500多亿元，比上年同期增长20.5%。武汉城市圈目前有国家重点龙头企业22家，省级重点龙头企业23家，大中型龙头企业共同发展的格局初步形成。农产品加工业产值达到700亿元。

5. 以社会事业资源联动共享为重点，推进圈域基本公共服务均等化

重点推进了科技、教育、文化、卫生、社保、体育、旅游、信息、宣传等9项社会事业资源联动共享建设。科技方面，大力推进科技信息平台、大型科学仪器共享平台、科技企业孵化平台、科技成果交易服务平台、农业科技信息服务平台等五大平台建设，促进科技资源共享。教育方面，积极推进部属高校与地方高校联合办学、武汉与周边八市基础教育对口支持和职业教育园区建设，促进教育资源共建共享。文化方面，武汉城市圈图书馆联盟网站正式开通，圈域内公共图书馆馆际互通阅览服务已全面展开；初步建立了武汉城市圈演艺联盟；积极推进城市圈博物馆、纪念馆免费开放，2011年已有47家博物馆实现了免费开放。卫生方面，开工建设武汉城市圈突发公共卫生应急指挥系统，第一期省级卫生应急决策与指挥信息系统建设已完成；推进武汉三级医疗机构与其他八市医疗卫生机构开展“双向转诊和院际会诊”协作，建立“一对一”的对口协作机制。旅游方面，积极推动武汉城市圈旅游业在旅游规划、项目招商、旅游产品打造、旅游推广等方面的一体化，推进旅游资源的整合与联动共享。信息方面，启动了武汉城市圈通信一体化改革，进一步降低了城市圈通信费用；积极推进新一代无线宽带网络在城市圈的试点应用，已建立了长江宽带无线示范网（武汉段）、武汉市宽带无线城域示范网（江汉区）等多个示范网。宣传方面，成立了武汉城市圈广播电视联盟、报业联盟；楚天卫星广播和电视公共频道联合圈域内9家广播电视机构全力打造新闻、专题、文艺宣传和大型活动四大平台，形成合力，创新方式、方法，全方位地宣传武汉城市圈“两型”社会建设。

四　武汉城市圈“两型”社会建设成效明显

“两型”社会建设综合配套改革试验为武汉城市圈建设注入了新的动力和活力。武汉城市圈“两型”社会建设试验区改革试验以来，通过积极营造改革试验氛围、着力打造改革试验示范区和先导区，推进以资源节约、环境保护、科技创新、产业结构优化升级、统筹城乡发展、节约集约用地、财税金融改革等重点领域和关键环节的改革试验，集中推进五项重点工作和实施20多项专项改革，到2010年，武汉城市圈“两型”社会建设取得了阶段性成果，呈现出稳步发展态势（见表1）。

表1　武汉城市圈主要指标与全省比较

大类	指　标	单位	全省		城市圈		2010年比2007年多	2010年城市圈比全省多
			2007	2010	2007	2010		
资源利用	单位生产总值能耗降低率	%	4.06	3.81	3.99	4.17	0.18	0.36
	人均耕地面积	亩	0.85	0.87	0.66	0.68	0.02	-0.19
	工业用水重复利用率	%	78.8	88.6	74.8	88.7	13.9	0.1
	工业固体废物综合利用率	%	74.9	80.5	74.1	86.0	11.9	5.5

续表

大类	指　　标	单位	全省		城市圈		2010年比2007年多	2010年城市圈比全省多
			2007	2010	2007	2010		
环境友好	森林生态补偿率	%	36.9	73.6	89.5	100.0	10.5	26.4
	二氧化硫排放强度	千克/万元	8.4	4.0	7.4	3.4	-4.0	-0.6
	化学需氧量排放强度	千克/万元	7.1	3.6	6.7	3.5	-3.3	-0.2
	城市污水处理厂集中处理率	%	37.2	63.8	44.5	63.6	19.1	-0.2
	城镇生活垃圾无害化处理率	%	41.9	52.6	39.9	55.0	15.1	2.4
	城市环境空气质量优良率	%	90.2	92.7	88.1	93.0	4.9	0.3
	农村改水累计受益率	%	91.4	99.2	91.9	99.6	7.7	0.4
	农村卫生厕所普及率	%	66.3	73.6	61.0	69.0	8.0	-4.6
科技创新	科技经费支出占财政支出比重	%	1.5	1.2	1.8	1.5	-0.3	0.3
	高新产业增加值占工业比重	%	30.9	27.7	35.0	35.3	0.3	7.6
	万名就业人员专利申请量	件	4.8	8.1	7.3	12.4	5.1	4.3
经济发展	人均 GDP	元	16386	27624	18831	31829	12998	4205
	人均地方一般预算收入	元	1036	1767	1029	1845	816	78
	第三产业增加值占 GDP 比重	%	42.1	37.3	43.9	43.3	-0.6	6.0
	外贸依存度	%	11.9	11.1	16.4	14.9	-1.5	3.8
	城乡居民人均储蓄存款余额	元	9529	17207	11234	20163	8929	2956
	全社会固定资产投资增长率	%	26.9	31.6	31.9	30.8	-1.1	-0.8
社会进步	等级公路密度	千米/百公里	79.2	99.7	91.1	123.5	32.4	23.8
	城镇居民人均可支配收入	元	11485	16058	13277	18921	42.5	2863
	农民人均纯收入	元	3997	5832	3942	5920	50.2	88
	小学入学率	%	99.7	100.0	99.9	100.0	0.1	0.0
	初中入学率	%	99.0	99.6	99.5	99.6	0.1	0.0
	群众安全感满意度	%	81.8	84.7	75.2	82.9	7.7	-1.7
	城乡居民社会保险参保率	%	58.0	63.0	70.0	64.4	-5.6	1.4

注：单位为“%”的后两列计量单位为“个百分点”。
资料来源：湖北省统计局。

（一）经济总量不断扩大，综合实力进一步提升

通过推进以两型化为重点的产业结构优化升级和财税金融、对外开放等方面体制机制创新，城市圈经济运行总体上保持了持续向好的发展

态势，主要经济指标增幅均高于全省平均水平。到2010年，城市圈GDP总量达9585.59亿元，比上年增长15%，高于全省平均水平0.2个百分点，占全省地区生产总值的60.6%，在全省经济发展中始终占主导地位。反映经济发展水平和实力的人均GDP、人均地方一般预算收入分别比2007年增加12998元和816元，经济实力和效益稳步增强；反映经济发展支撑条件的城乡居民人均储蓄存款余额比2007年增加8929元。

（二）能源消耗下降，资源利用情况全面提高

2010年，单位生产总值能耗比2007年下降0.18个百分点，工业用水重复利用率88.7%，工业固体废物综合利用率86%，分别比2007年提高13.9个和11.9个百分点，人均耕地面积0.68亩，比2007年增加0.02亩。

（三）生态、生活环境治理成效明显

2007~2010年，武汉城市圈二氧化硫排放强度、化学需氧量排放强度逐年下降，城市污水处理厂集中处理率、城镇生活垃圾无害化处理率逐年提高，森林生态补偿率由2007年的89.5%上升到100%，城市环境空气质量优良率比2007年提高4.9个百分点，农村改水累计受益率、农村卫生厕所普及率分别提高7.7个和8.0个百分点。

（四）科技创新水平有所提高

2010年，武汉城市圈高新技术产业增加值占工业增加值比重比2007年提高0.3个百分点，万名就业人员专利申请量比2007年增加5.1件，科技经费支出占财政支出比重比2007年下降0.3个百分点，均高于全省平均水平。

（五）城乡居民收入稳步提高，社会事业全面进步

2010年，武汉城市圈等级公路密度每百平方公里里程比2007年增加32.4公里，城镇居民人均可支配收入、农民人均纯收入分别比2007

年增长42.5%和50.2%；反映城乡居民社会保障程度的群众安全感满意度比2007年提高7.7个百分点，小学、初中入学率均在99.6%以上，基本高于全省平均水平。

五　存在的问题

（一）经济总量占全省比重逐年下降，发展速度有待进一步加快

尽管武汉城市圈经济总量在全省继续占据着举足轻重的地位，部分指标近几年占全省比重却呈逐年下降趋势。2008年地区生产总值占全省比重为62.7%，2009年下降到61.7%，2010年进一步下降到60.6%。其中第二产业增加值占全省比重由2008年的63.7%、2009年的61.3%下降到2001年的57.7%。此外，全社会固定资产投资、社会消费品零售总额、出口、外商直接投资占全省的比重均呈不同程度的下降趋势。

（二）地区间发展差异较大，整体联动发展任重道远

一是由于城市圈内各市“两型”社会建设起点不同，发展情况各异，各市之间发展差距较大。

二是武汉城市圈“两型”社会建设虽然总体上成效明显，并好于全省平均水平，但大部分市的发展水平有待于进一步提高。除武汉、鄂州外，其余7市的发展水平低于全省平均水平。

三是武汉市仍然是一枝独秀，城市圈整体联动发展任重道远。2010年，武汉市主要经济指标占城市圈的比重仍然超过50%以上。

（三）与中部地区有关试验区、城市群的差距

2010年，武汉城市圈经济发展与长株潭“3+5”城市群、中原城市群、皖江城市带、环鄱阳湖城市群等几个国家战略经济区相比，有一定的比较优势，但差距也很明显。

一是从经济总量上看，2010 年武汉城市圈 GDP（9586 亿元）高于皖江城市带（8224 亿元）、环鄱阳湖城市群（5574 亿元），低于中原城市群（13334 亿元）、长株潭“3 +5”城市群（12560 亿元），居中部地区城市群第三位。从 GDP 增速看，武汉城市圈（15%）高于中原城市群（12.8%）、皖江城市带、环鄱阳湖城市群（14.5%），低于长株潭城市群（15.2%），居中部地区城市群第二位。

二是从经济增长质量看，武汉城市圈差距明显。2010 年武汉城市圈财政收入为 555.8 亿元，高于环鄱阳湖城市群（413.8 亿元），低于中原城市群的 886 亿元、长株潭“3 +5”城市群（675 亿元）。从财政收入占 GDP 比重看，中原城市群为 6.6%，环鄱阳湖城市群为 7.4%，长株潭“3 +5”城市群为 5.4%，武汉城市圈为 5.8%，居第三位。

三是从人均指标看，武汉城市圈明显偏低。2010 年，中原城市群人均 GDP 为 32963 元，长株潭“3 +5”城市群为 31368 元，皖江城市带为 26778 元、环鄱阳湖城市群为 30131 元，武汉城市圈为 31829 元，居中部地区城市群第二位。2010 年，中原城市群人均财政收入为 2190 元，环鄱阳湖城市群为 2236 元，长株潭“3 +5”城市群为 1686 元，武汉城市圈为 1845 元，居第三位。2010 年武汉城市圈城镇居民人均可支配收入为 18921 元，分别比环鄱阳湖城市群、长株潭“3 +5”城市群高 2873 元和 2219 元。但武汉城市圈农村居民人均纯收入为 5920 元，分别比长株潭“3 +5”城市群、环鄱阳湖城市群低 267 元和 199 元。

六　推进武汉城市圈加快发展的对策建议

一是要求国家进一步加大支持中部、支持“两型”社会建设的力度。应充分考虑政策效用递减的因素，“两个比照”的政策原则在现阶段难以治愈发展滞后的系列后果。支持中部崛起的新政应充分反映这一诉求。

二是大力发展循环经济，进一步提升资源利用效率。资源节约是武汉城市圈“两型”社会建设的核心内容之一，而循环经济以资源的高效

和循环利用为特征，符合可持续发展理念的经济发展模式。因此，武汉城市圈要针对重工业比重较大、耗能相对较高的特点，以发展循环经济为核心，进一步调整优化产业结构，改变高投入、高消耗、高污染的经济发展方式，大力扶持附加值高、投入产出比大的企业和行业，建立可持续的发展模式，逐步实现发展经济与防治污染、保护环境两者的“双赢”。

三是在武汉快速发展的同时，要兼顾其他八市的联动发展，努力使武汉的龙头带动作用落到实处。城市圈各市要树立平等、互利、协作的思想，进一步整合资源，加快对接。特别是在产业在区域内的转移、能源资源的转移以及环境的保护治理上形成合力，提升核心竞争力，从而实现各方共赢。同时研究并推进“鄂三角”、“中三角（汉、长、昌）”的建设，努力走在国家发展战略布局的前列，带动全省在中部地区率先崛起。用敢于担当的气魄，担当起中部崛起的战略支点重任。充分发挥交通枢纽功能、产业牵引功能、要素聚散功能、社会服务功能、创新驱动功能，为我国区域协调发展提供强有力的经济支撑、社会支撑、环境支撑、文化支撑和典型示范。

四是进一步加快城市化建设进程，不断提高城乡居民生活水平。由于城市圈中农业市县和贫困市县比重较大，发展水平相对较低，从而影响了城市圈整体联动发展进程。要实现城市圈经济社会的全面发展和整体实力的提高，必须重视加快农业县市的发展，加快推进新农村建设，努力实现农村的全面小康和农业现代化。同时要进一步采取有效措施，加快城市化建设步伐，不断提高城乡居民生活质量。

参考文献

肖安民：《武汉城市圈经济社会发展报告2010》，社会科学文献出版社，2011。

湖北省统计局：《武汉城市圈“两型”社会建设指数三年评价》，《武汉城市圈专报》2011年第4期。

B.13

长株潭城市群建设与发展*

摘　要： 在《全国主体功能区规划》的基本框架下，从资源环境承载力、开发强度和发展潜力三方面选取18个指标，构建长株潭城市群主体功能区划分指标体系，运用熵权法、多目标线性加权函数法等数理方法，将长株潭划分为优化、重点、一般、限制、禁止五类主体功能区类型，结合长株潭城市群“两型社会”建设，提出各功能区的发展方向与建设策略。

关键词： 主体功能区　长株潭城市群　区域规划　两型社会

推进形成主体功能区，是我国“十一五”时期的重大发展战略，是对国土空间开发体制机制的一大创新[①]，也是今后一段时期我国建设的重要任务[②]。它引起了不少学者的关注，成为近年我国区域科学研究的热点[③]，在理论和实证上均取得了重要进展，尤其是在区划方法上，学者们从不同角度进行深入探讨，提出了一系列方法和模型，如状态空

---

* 基金项目：南昌大学中国中部经济社会发展研究中心招标项目，项目批注号：11ZBND06。
撰写人：朱翔，南昌大学中国中部经济社会发展研究中心学术委员会委员，湖南师范大学教授，博导，副校级督导，湖南省政府参事，湖南省政府长株潭智力办副主任，湖南省土地利用规划修编专家委员会主任，主要研究方向为区域经济、城市地理、土地利用规划等。

① 高国力：《如何认识中国主体功能区划及其内涵特征》，《中国发展观察》2007年第3期，第23～26页。

② 张莉、冯德显：《河南省主体功能区划分的主导因素研究》，《地域研究与开发》2007年第2期，第30～34页。

③ 张晓瑞、宗跃光：《区域主体功能区规划模型、方法和应用研究——以京津地区为例》，《地理科学》2010年第5期，第728～734页。

间法[①]、聚类分析法[②③]、基于资源承载力信息的区划模型[④]、象限法[⑤]等，对推进主体功能区划工作具有重要意义。但总体上说，对主体功能区的划分方法，我国学术界尚未达成共识，对规划技术方法需要深化研究。

2010年12月，国务院发布的《全国主体功能区规划》将长株潭城市群整体定位为国家层面的“重点开发区”[⑥]。然而，长株潭城市群地域范围广阔，内部差异明显，不同地区的资源环境和发展条件各有不同。在国家“重点开发区”的框架下，长株潭内部的发展方向、建设重点、保护措施也要有所区别。鉴于上述，需要结合城市群实际，对其主体功能区进行细分，以提高主体功能区规划建设的可操作性，促进城市群更好地开展主体功能区的建设，协调处理好城市群开发建设与资源环境保护的矛盾。本报告采用定性与定量相结合的研究方法，根据国家和湖南省的要求，建立指标体系，对长株潭城市群进行主体功能区的合理划分，进而为主体功能区的建设提供参考依据。

一　划分指标的建立

按照科学性、代表性、可比性、实用性等指标选取原则，根据国家“十一五”规划纲要对主体功能区划分指标的要求，参考相关研究

① 熊鹰、李艳梅：《状态空间法在省域主体功能区划中的应用——以湖南省为例》，《生态与农村环境学报》2010年第2期，第109～113页。

② 丁于思、高阳、周震虹：《基于混合聚类的湖南主体功能区划分研究》，《经济地理》2010年第3期，第393～396页。

③ 赵亚莉、吴群、龙开胜：《基于模糊聚类的区域主体功能分区研究——以江苏省为例》，《水土保持通报》2009年第5期，第127～130页。

④ 舒克盛：《基于相对资源承载力信息的主体功能区划分研究——以长江流域为例》，《地域研究与开发》2010年第1期，第33～37页。

⑤ 毛建明：《基于象限法的主体功能区划与分区政策——以江苏省海安县为例》，《扬州职业大学学报》2010年第2期，第12～16页。

⑥ 国务院：《全国主体功能区规划——构建高效、协调、可持续的国土空间开发格局》，2010年12月21日。

成果[①②③④⑤]，结合长株潭地区实际，从资源环境承载力、现有开发强度和发展潜力三方面选取18个指标，对长株潭城市群进行主体功能区的划分（见表1）。

表1　长株潭城市群主体功能区划分指标体系

目标	因素	指标(单位)	指标性质
长株潭城市群主体功能区划分	资源环境承载能力	人均耕地面积(亩/人)	+
		规模工业增加值能耗降低率(%)	+
		森林覆盖率(%)	+
		大气环境质量等级*	-
		水环境质量等级*	-
		地质灾害强度等级*	-
	现有开发条件	城市化水平(%)	+
		人均GDP(元)	+
		工业增加值占GDP的比重(%)	+
		建设用地面积比重(%)	+
		经济密度(万元/公顷)	+
		人口密度(人/平方千米)	+
		人均固定资产投资(元/人)	+
	未来发展潜力	GDP增长率(%)	+
		人均GDP增长率(%)	+
		第三产业比重(%)	+
		千人卫生技术人员数(人/千人)	+
		全员劳动生产率(元/人)	+

*计算中，参照湖南省国土规划院《长株潭城市群生态环境质量评价与灾害防治研究》的评价结果，将大气环境质量和水环境质量按从高至低分为五等，分别以1、2、3、4、5计；将地质灾害强度按从低至高分为四等，分别以1、2、3、4计算。

① 刘传明、李伯华、曾菊新：《湖北省主体功能区划方法探讨》，《地理与地理信息科学》2007年第3期，第64~68页。

② 熊鹰、李艳梅：《湖南省主体功能区划分及发展策略研究》，《软科学》2010年第1期，第80~84页。

③ 樊杰：《我国主体功能区划的科学基础》，《地理学报》2007年第4期，第339~350页。

④ 朱传耿、马晓冬：《地域主体功能区划理论·方法·实证》，科学出版社，2007。

⑤ 唐常春、董涛、蓝万炼：《湖南省重点开发区域选择与空间组织》，《热带地理》2009年第29（2）期，第145~149页。

二　划分方法及过程

采取定性与定量相结合的方法，对长株潭城市群主体功能区进行划分，其步骤如下。

（一）数据的标准化

设 X 为主体功能区划分对应于 m 个区县市与 n 个评价指标的样本矩阵，则有 $X=(x_{ij})_{m\times n}$，对其进行标准化处理。

对于正指标，令 $y_{ij}=(x_{ij}-\min x_{ij})/(\max x_{ij}-\min x_{ij})$

对于负指标，令 $y_{ij}=(\max x_{ij}-x_{ij})/(\max x_{ij}-\min x_{ij})$

其中，$\max x_{ij}$、$\min x_{ij}$ 分别是第 j 个指标下各评价样本值的最大值和最小值。在此基础上，采用 Z－Score 方法进行标准化，其公式为：

$$Z_{ij}=(y_{ij}-y_j)/S_j$$

式中，y_j 为第 j 个指标的均值，S_j 为标准差。

（二）计算指标权重

由于指标较多，为避免主观因素的影响，采取具有较强客观性的熵权法计算权重，计算过程为[①]：

（1）构造标准化矩阵 Q：由于计算熵时要取自然对数，因此指标值必须为正数，据此对标准化指标进行处理，令 $q_{ij}=Z_{ij}+d$，其中 d 为使 $d+\min z_{ij}$ 略大于 0 的一个正数，得到标准化矩阵 $Q=(q_{ij})_{m\times n}$。

（2）计算第 j 项指标下第 i 个区县市指标值的比重 p_{ij}：

$$p_{ij}=q_{ij}/\sum_{i=1}^{m}q_{ij},m=1,2,3,\cdots,23$$

① 王庆瑅：《城市化进程中的城市土地利用效率及其评价研究——一个理论框架及其对山东半岛城市群的实证分析》，山东农业大学硕士论文，2007，第 52～56 页。

（3）计算第 j 项指标的熵值 e_j：

$$e_j = -k\sum_{i=1}^{m} p_{ij}\ln(p_{ij}),\text{其中 } k > 0,\ln \text{ 为自然对数}$$

（4）计算第 j 项指标的差异性系数 g_j：

$$g_j = 1 - e_j$$

g_j 反映了指标数据值的差异性大小。数据差异性越大，则 g_j 越大，该指标的权重就越大。

（5）确定指标权重 w_j：

$$w_j = g_j / \sum_{i=1}^{n} g_j,n = 1,2,3,\cdots,18$$

（三）计算主体功能区划分指标指数

采用多目标线性加权函数法对各县市区主体功能区划分指标指数进行测算：

$$f_{ji} = w_j \times y_{ij}$$

$$F_i = \sum_{i=j}^{n} \mathrm{f}_{ij}$$

式中：f_{ji}为第 i 个区县市第 j 项指标的评价值，F_i 为第 i 个区县市主体功能区划分指标指数。F_i 越高，代表各县（市、区）建设主体功能区的水平越高。

（四）进行主体功能区划

依据测算的主体功能区划分指标指数的高低，结合城市群实际，划定城市群主体功能区划分标准，综合确定城市群的主体功能区划方案。

三　划分标准及结果

依据上述方法和过程，运用长株潭城市群 2009 年各区县市的原始

数据，计算得到城市群各区县市的资源环境承载力指数、现有开发强度指数、发展潜力指数及综合指数（见表2）。

表2　长株潭城市群各区县市主体功能区划分因素得分指数

地　区	资源环境承载力指数	现有开发强度指数	发展潜力指数	综合指数
芙蓉区	0.1407	0.2581	0.2564	0.6552
天心区	0.1339	0.2353	0.2049	0.5741
岳麓区	0.1763	0.1804	0.1752	0.5318
开福区	0.1827	0.1720	0.2215	0.5763
雨花区	0.1429	0.2629	0.1128	0.5186
长沙县	0.2751	0.1189	0.1747	0.5688
望城区	0.2149	0.0937	0.1448	0.4534
宁乡县	0.2199	0.0799	0.1510	0.4508
浏阳市	0.2250	0.0827	0.1414	0.4491
荷塘区	0.1879	0.1445	0.1257	0.4581
芦淞区	0.1659	0.1545	0.1852	0.5056
石峰区	0.1303	0.2013	0.0984	0.4299
天元区	0.1875	0.1531	0.1277	0.4684
株洲县	0.1835	0.0244	0.1303	0.3382
攸　县	0.2788	0.0505	0.1401	0.4695
茶陵县	0.2636	0.0233	0.1206	0.4075
炎陵县	0.2616	0.0375	0.1457	0.4448
醴陵市	0.2471	0.0720	0.1202	0.4393
雨湖区	0.2005	0.1877	0.1382	0.5264
岳塘区	0.1400	0.1681	0.1215	0.4295
湘潭县	0.1677	0.0392	0.0949	0.3019
湘乡市	0.2365	0.0383	0.1004	0.3752
韶山市	0.2554	0.0717	0.0890	0.4161
城市群平均	0.2008	0.1239	0.1444	0.4691

资料来源：《湖南统计年鉴（2010）》、《长沙统计年鉴（2010）》、《株洲统计年鉴（2010）》和《湘潭统计年鉴（2010）》，土地数据来源于湖南省第二次调查土地利用现状数据。

根据表2的计算结果，结合规划要求、专家意见和长株潭实际，设定长株潭城市群主体功能区划分标准。从资源环境承载力、现有开发条件、未来发展潜力三方面选取18个指标，运行熵权法和多目标线性加权函数法，定性研讨与定量分析相结合，对长株潭城市群23个区县市进行主体功能区的划分。其中，优化开发区包括8个区，重点开发区包括9个区县市，一般开发区包括3个县市，限制开发区包括3个县市及一部分生态重要性明显的区域，禁止开发区不划定具体的行政单元，依据国家及湖南省有关要求来确定。

鉴于长株潭城市群为全国层面的重点开发区，一些地方情况较为特殊，因此增设“一般开发区”这一层次。需要说明的是，石峰区的综合发展水平指数为0.4299，低于0.4691的城市群平均水平，但其作为湖南的重化工业基地，建设时期长，开发强度高，所面临的资源环境问题非常突出，转型任务十分艰巨，故将其列入优化开发区的范畴。岳塘区为湖南重化工业集中布局的区域，但其间又分布有湘潭中心城区，需要进行全面的改造升级，土地集约节约利用较为紧迫，因此将其列入重点开发区的范畴。

表3　长株潭城市群主体功能区划分方案

区域类型	划分标准	包括地区
优化开发区	综合发展水平高(指数 >0.4691),现有开发强度高(指数 >0.1239),发展潜力大(指数 >0.1444),但资源环境承载力开始减弱(指数 <0.2008)的地区;或综合发展水平和现有开发强度高,但因资源环境束缚,导致发展潜力受到限制(指数 <0.1444),亟待优化调整的地区	芙蓉区、天心区、岳麓区、开福区、雨花区、芦淞区、石峰区、雨湖区
重点开发区	综合发展水平较高(指数 >0.4),开发强度一般(0.05 < 指数 <0.2),资源环境承载力较强(指数 >0.18),发展潜力较大(指数 >0.12),经济和人口集聚条件较好的地区	长沙县、望城区、宁乡县、浏阳市、荷塘区、天元区、攸县、醴陵市、岳塘区
一般开发区	综合发展水平一般(指数 <0.4),开发强度较低(指数 <0.05),发展潜力一般(指数 <0.1444),资源环境承载力较强(指数一般大于0.18),或农产品主产区	株洲县、湘潭县、湘乡市
限制开发区	主要的农产品基地,耕地面积较大,具备较好的农业生产条件	韶山市
	生态重要性明显,不适宜大规模开发的地区	茶陵县、炎陵县
	资源环境承载力弱,关系城市群整体生态安全格局的区域	基本农田保护区以外的各类宜农土地、坡度在15°~25°之间的山地、生态脆弱区域等
禁止开发区	国家规定严格保护、禁止开发的地区	饮用水源保护地、自然保护区、森林公园、湿地公园、重点公益林、坡度25°以上的山地及高丘区、著名风景区、泄洪区、滞洪区、重要湿地、集中连片的基本农田保护区等

四 分区域发展导向

（一）优化开发区

该类区域主要是长株潭三市中心城区，区域开发强度较高，生态环境压力甚大。要切实转变发展方式，推动产业结构转型，促进中心城区的整体提升。

长沙中心城区的优化建设，主要是培育高效益的中心商务区（CBD），创建具有国际品质的金融中心、总部基地、中介服务基地和文化创业基地。中心商务区以五一广场和芙蓉广场为核心。对老城区进行全面改造，积极开发地下空间，不断提高城市的宜居度，营造温馨的城市氛围。鉴于中心城区交通日益堵塞，要抓紧修建地铁和过湘江的通道。

株洲中心城区整治的核心任务，主要是外迁污染重化工企业，抓紧发展高水平的第三产业。清水塘片现有大量的重化工企业，诸如冶炼厂、化工厂、火电厂、农药厂、玻璃厂等，需要下决心逐步搬迁，并对湘江重金属污染进行全面治理。注重扩大城区绿地面积，加强其生态保护功能。

湘潭中心城区的改造提升重点，主要是协调工业区与其他功能区的发展关系，设法减轻工业生产对城区环境的不利影响。外迁重污染型工业企业，构建高水平的中心商务区、现代化大市场和交通枢纽，也是中心城区优化建设的重要方面。

（二）重点开发区

这类区域通常位于中心市区外围，或作为中心城市的卫星城，总的特点是发展空间较大，资源环境承载力较强，适宜进行大规模开发，可作为城市群重点拓展区域。应加大基础设施和公共服务设

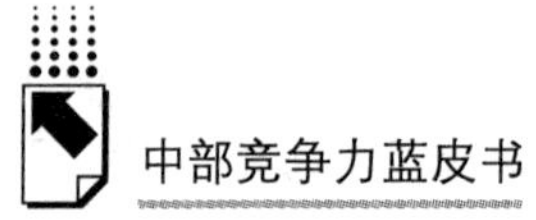

施的建设力度，着力改善投资环境，促进产业集聚，大力发展高新技术产业、战略性新兴产业和现代服务业，积极发展都市农业和观光农业。

长沙县综合实力位居我国中西部县域经济第一位，以工程机械、汽车为支柱产业。星沙片与长沙市主城区已连为一体，要按照省会新城区的标准进行高水准的规划建设，优先发展以电子信息为代表的高技术产业。在望城区抓紧建设滨江新城，培育新的城区增长极。宁乡应尽快撤县设市，新型工业化与新型城市化同步推进。浏阳要抓紧扩容提质，尤其是做大中心城区，做强浏阳医药产业园。荷塘区、天元区和岳塘区所面临的任务，主要是经济结构优化、城市与产业的提升，一部分重化工企业应有序退出，“腾笼换鸟”以进行更高水平的开发。醴陵市要立足于区位优势，积极发展高档陶瓷和先进制造业。攸县作为株洲南部三县的中心城市，要积极发展先进制造和农产品深加工，同时成为水平较高的湘赣边境中心城市。

（三）一般开发区

株洲县、湘潭县和湘乡市属于中心城区外围区域，资源环境承载力较高，近年发展较快，一部分区域出现生态环境退化问题。株洲县和湘潭县可作为中心城区扩展区域和产业拓展区域，但要抓紧完善基础设施和服务配套，将自身做大做强，不断加强与中心城区的联系，对现有的农业、工业、服务业进行改造提升。湘乡是传统的重工业基地，要着力改变重工业过重、轻工业过轻、高科技过少的现有产业格局，将其建设成为新型工业化基地。考虑长株潭和湖南发展的需要，有选择性地借鉴国家重点开发区的建设政策①对这些地区进行优化开发，待条件成熟后，逐步将其转化为重点开发区②，进而提高城市群的整体开发效益。

① 杜黎明：《推进形成主体功能区能力评估研究》，《开发研究》2007 年第 4 期。

② 孟丹、李慧玲、王玉玺：《新疆乌昌地区主体功能区划分研究》，《新疆财经大学学报》2008 年第 2 期，第 16 ~ 20 页。

（四）限制开发区

主要是茶陵县和炎陵县，两县皆位于株洲市南部，有106国道和岳汝高速纵贯。茶陵县是传统的农业县，境内有云阳山森林公园和大面积的中亚热带森林。需要加强农业综合生产能力建设，积极推进农业结构优化调整，大力发展优质稻、蔬菜、花卉、特色养殖、农产品深加工等产业部门，积极发展高效农业和生态农业。炎陵县地处罗霄山脉中段，境内森林广布，竹木资源丰富，生态环境良好，桃源洞国家森林公园为我国著名的中亚热带生态保护区，该县还有中华民族始祖炎帝神农氏的陵寝。考虑到长株潭城市群的生态安全，对这两个县不宜进行大规模的经济开发，而应强调保护生态环境，从严控制生态破坏大、环境污染重的产业活动，抓紧治理被破坏的山体、植被、水系等。建立健全生态补偿机制，对限制开发区域加大生态补偿力度。

（五）禁止开发区

即依法设立的各类保护区域，以作为城市群的生态安全屏障。就长株潭来说，应以城市群生态绿心、国家森林公园、基本农田保护区、生态湿地为保护重点。根据国家有关法律法规，对其进行强制性的保护。除适度发展对生态环境干扰较小的旅游观光、生态休闲之外，禁止不符合主体功能定位的各种开发建设，尤其是大规模的工业建设和经济开发。同时，加大监管控制力度，推行生态补偿机制，严厉打击各类违法行为，确保区域生态安全。

五　长株潭城市群产业布局的优化

结合长株潭城市群经济社会发展的实际及其主体功能区划的结果，其产业布局可按照“一主两次一绿心，一廊三轴六节点”的总体思路进行构建。

“一主”——强化长沙战略性新兴产业培育和核心发展区建设。以长沙市中心城区为主体，重点向东、西两个方向拓展。向东推进星沙新城建设，提升星马、黄榔两个组团；向西推进大河西先导区建设，提升岳麓、坪浦、高星三个组团；向北完善新河三角洲配套建设，推进金霞组团提质扩容；向南推进省府新区和暮云组团建设，加快与株洲、湘潭的相向发展。着重发展商贸物流、商务办公、金融证券、信息服务、科研教育、文化创意等现代服务业，加快发展战略性新兴产业和高新技术产业，完善综合服务中心功能。

“两次”——做大株洲、湘潭产业发展次核心。①株洲产业发展次核心以株洲中心城区为主体，重点向北、西、南三个方向拓展。北接长沙，建设云龙新城；西连湘潭，建设新马新城；向南拓展至渌口城区，建设枫溪新城和大渌口区。重点改造提升交通设备制造、有色冶金业、化工业、食品加工业、陶瓷业、建材业，培育发展新材料、医药保健制品、电子信息业、先进制造技术和环保节能降耗等高新技术产业。②湘潭产业发展次核心以湘潭市中心城区为主体，重点向南、北两个方向拓展。向北对接长沙，重点建设九华滨江新城和昭山生态新城；向南延伸至湘潭县城区，对接株洲，重点建设天易示范区。加速黑色冶金、精细化工、机电、机械制造、建材、纺织及原料等传统工业的优化升级，努力培育光机电一体化、新兴材料、生物制药等高新技术产业和教育、文化、旅游等。

“一绿心”——保护性开发长株潭城市群生态绿心。实施生态优先发展战略，构建以生态服务产业为主导，文化、体育、休闲、旅游业充分发展，现代农业与高端服务业相互支撑，产业结构合理，发展方式集约，资源利用节约的绿色产业体系，努力将生态绿心地区建设成为长株潭城市群的“生态文明样板区、湖湘文化展示区、两型社会创新窗口和城乡统筹试验平台”。

“一廊”——打造沿湘江生态经济走廊。始于南端空洲岛，止于北端月亮岛，在沿湘江长128公里的滨江地带，突出开敞空间连续、水陆

空间渗透、竖向景观和谐、历史文脉延续，推进传统产业生态化、科技化、高效化，积极发展高新型生态产业，建设集旅游观光、现代农业、科技园区、绿色城镇于一体的滨江风光带和生态经济走廊。

"三轴"——培育两横一纵三条产业发展轴线。即东西向的北部现代产业发展轴、南部优化提升发展轴两条横向发展轴，以及南北向的东线产业发展轴。①宁乡—长沙市区—长沙县—浏阳北部现代产业发展轴。沿319国道，依托金洲大道向宁乡延伸，连接金洲新区；依托长浏高速向浏阳拓展，连接长沙市区和空港—高铁新城与浏阳工业新城，综合发展先进制造、高新技术和现代服务等产业。②湘乡—湘潭—株洲—醴陵南部优化提升发展轴。沿320国道，连接株洲和湘潭及其周边城镇，向东延至醴陵，向西延至湘乡，重点加强基础产业优化和先进制造业发展。③浏阳—长沙—株洲—醴陵—攸县—茶陵—炎陵东线产业发展轴。连接长沙东部新城和株洲市区，依托空港、高铁和高速公路，重点发展现代商务、先进制造、空港物流等部门，向南沿106国道连接醴陵、攸县、茶陵、炎陵，重点发展新能源、现代农业、农产品加工、生态旅游等部门。

"六节点"——构筑宁乡、浏阳、韶山、湘乡、醴陵、攸县6个重要产业发展节点。宁乡以金洲新区为核心，积极融入大河西先导区建设，加强空间和产业与长沙对接。浏阳以工业新城为主体，向西融入星沙新城，向北辐射各乡镇。韶山突出"红色圣地、伟人故里"主题，整合周边地区红色旅游资源和市场。湘乡围绕工业升级改造，大力发展循环经济。醴陵重点围绕陶瓷、花炮两大产业，开展创新提质和品牌建设。攸县以现代农业为基础，重点发展农副产品精深加工、新能源工业等产业集群，辐射带动茶陵、炎陵两县的发展。

六　长株潭城市群生态环境建设

在长株潭主体功能区建设的过程中，要十分重视生态环境的建设，根据区内特定的自然生态状况、环境及水土资源承载力等因素，同时考虑到当前人口聚集状况和未来相应区域的人口格局、经济布局、国土利用比例和城镇化速度，杜绝破坏生态、污染环境的开发活动，积极开展生态修复和恢复工程，防止森林毁坏、草场退化、物种减少和水土流失。

（一）加强长株潭“绿心”建设

长株潭生态“绿心”位于长沙、株洲、湘潭三市交界地带，是株洲盆地、湘潭—湘乡盆地、长沙盆地之间的生态绿地。地域范围北至长沙绕城线及浏阳河，西至长潭西线高速，东至浏阳柏加镇，南至湘潭县梅林桥镇，当地有昭山风景名胜区、石燕湖生态公园、长沙野生动物园、仙庚岭风景区等，区位条件优越，生态质量良好，环境得天独厚。然而，随着近年的开发建设，“绿心”地区也存在着诸多问题，如空间分割严重、行政区划复杂、产业粗放经营、发展水平不高、森林景观欠佳、生态功能较弱等。加强城市群“绿心”的保护力度，提高其生态环境品质，防止对“绿心”区域的蚕食，是长株潭主体功能区建设所面临的重要任务。

现阶段工作重点包括：完善树种多样性，增加混交林、复合林所占比重，优化树种结构，增强森林生态功能和景观效果；合理扩建石燕湖森林公园和昭山风景名胜区，进一步开发现有的自然和人文景点，完善休闲旅游等基础设施；沿湘江和浏阳河控制防洪堤外适宜绿化地段各营造50米宽的休闲园林绿化带，同时作为湘江和浏阳河的河流缓冲区；选择抗性强的树种造林，对植被稀少的地方进行补植并封育，尽快恢复植被，改善生态环境；强化绿心区域的保护力度，任何单位和个人不得征用和占用“绿心区”内林地进行开发建设。

（二）加强湘江流域污染综合治理

20世纪70年代以来，随着国家改革开放的迅猛发展，湘江流域一

度成为全国污染最严重的流域，严重影响了城市群主体功能区的建设，成为当前实现“两型社会”建设目标的瓶颈之一。加大湘江流域的综合整治，成为发展的必然要求。

湘江干流长株潭区域集中了清水塘和竹埠港两个重要的工业区，并有钢铁、冶炼、化工、轻工、机械等行业的重点废水污染源500多个，重金属污染问题十分严重。应加大综合治理力度：突出抓好锰矿地区重金属污染废渣治理、竹埠港沿岸渣场治理、湘潭电化竹埠港生产区整体搬迁、华菱钢铁重金属污染综合治理技术改造、五矿湖铁及周边区域铬污染治理等一批重大项目建设，全面推动湘江流域污染综合治理。同时，对湘江流域受重金属污染底泥河段进行全面清淤治理，重点对株洲清水塘工业区、湘潭竹埠港、岳塘工业区等重点区域河段重金属污染底泥进行治理，消除下游地区的饮用水安全隐患。在湘江干流株洲朱亭至长沙月亮岛江段两岸各20公里范围内，禁止新建外排水污染物涉及重金属以及有色、化工造纸等废水排污量大的企业。湘江长株潭段沿岸有许多高能耗、重污染的基础化工、冶金、建材、化肥等行业，相关政府部门应加大对此类企业的监管，坚决执行有法必依、执法必严、违法必究。

（三）加大对城市群森林、湿地、自然保护区的生态保护力度

以绿色通道和江河风光带建设为重点，覆盖长株潭地区，搭建中心城市绿色共享空间和生态长廊，对既有路网、堤网和铁路公路按照高标准、高质量进行绿化，构成连接城乡的生态走廊。采取人工造景和自然景观相结合的方式，合理覆盖廊道边坡和分隔带，严格控制建筑红线，及时对已绿化路网拾遗补阙，清理受损植株，确保绿化带的完善。江河风光带建设主要是沿区内湘江干流、主要支流浏阳河、捞刀河、靳江河、沩水、渌江、涓水、涟水防洪堤建设防护林带，保护后改造两侧第一层山脊内的森林植被和自然人文景观。

湿地建设重在保护，应切实维护好其生态系统的生态特征、基本功

能和生态平衡，保证湿地资源的可持续利用。控制流域农业面源污染、水土流失和畜禽污染的治理。积极实施湖泊、河流、沼泽湿地的恢复和修复，构建良好的动植物生态群落和生态结构，培育完整的湿地生态系统，每年在鱼类繁殖季节实行禁渔，控制采砂船数量，合理规定采砂范围。退田还湿、退养还湖、疏浚清淤，扩大湿地容量和面积。

（四）加强体制改革和创新

以加快发展循环经济为重点，着力构建城市群循环经济体系，完善促进资源节约的市场机制，完善节能减排的激励约束机制，创新资源开发管理机制。以建设生态文明为目标，加快城市群内部各个深度污染区的循环经济改造，构建以有色金属、冶金、化工、建材等产业为重点的循环经济产业体系。

以湘江流域水环境综合治理为重点，完善环境保护的市场机制，建立生态补偿机制，努力实现环境保护与生态建设一体化，建设生态景观和谐、人居环境优美的生态城市群。在湘江流域展开国家生态补偿点，设立生态补偿专项资金，重点是建立湘江流域水资源保护区、长株潭“绿心”保护区等区域的生态补偿与污染赔偿机制和部分重金属污染河段的治理修复补偿机制。

以创新土地管理方式为重点，统筹安排城市群内土地资源。优化土地开发利用结构，形成耕地资源得到切实保护、土地资产效益得到充分发挥的节约集约用地新格局。实施土地投资强度分级分类控制制度，调整和实施工业用地最低标准，探索建立工业园区和工业用地预申请制度。对株洲清水塘、湘潭竹埠港等湘江沿线严重污染地区的耕地，在确保耕地保有量不减少的前提下，依法变更土地地类。

对水源涵养区、自然保护区、风景名胜区、森林公园、湿地、坡度大于25°的山体丘陵和其他重要的生态板块，通过封山育林、退耕还林、退田还湖、生态移民、政策补偿等一系列措施，进一步提高其生态保障功能。

七　结语

本文关于长株潭主体功能区划的探究，是国家和湖南省主体功能区规划的细化与补充，有助于协调城市群内部的区域分工和协调发展。

主体功能区的建设，是国家落实科学发展观、推进区域可持续发展所作出的重大战略部署。长株潭城市群是国家“两型社会”建设综合配套改革示范区，要把主体功能区建设与“两型社会”建设紧密结合起来，根据资源环境承载力、现有发展基础和区域发展潜力，合理划分功能区，科学配置生产力，开发与保护并重，谋求人口、资源、环境的协调发展。

企业发展篇

Enterprise Development

中部企业排行榜

2010年中部十强企业

单位：万元

排名	省份	企业	营业收入
1	河南	河南煤业化工集团有限责任公司	10409527
2	山西	太原钢铁(集团)有限公司	10136453
3	河南	中国平煤神马能源化工集团	8016013
4	山西	山西焦煤集团有限责任公司	7747769
5	山西	山西煤炭运销集团有限公司	7243878
6	湖北	东风汽车公司	6915955
7	山西	山西晋城无烟煤矿业集团	5543456
8	安徽	马钢(集团)控股有限公司	5467526
9	江西	江西铜业集团公司	5306360
10	湖南	湖南华菱钢铁集团有限责任公司	5084459

2010 中部最赢利企业十强

单位：万元

排名	省份	公司	净利润
1	湖北	东风汽车公司	2322133
2	湖南	三一集团有限公司	714056
3	安徽	安徽海螺集团有限责任公司	651359
4	湖南	长沙中联重工科技发展股份有限公司	541611
5	河南	河南煤业化工集团有限责任公司	527208
6	湖南	湖南中烟工业有限责任公司	506299
7	江西	江西铜业集团公司	495968
8	河南	河南省漯河市双汇实业集团	346020
9	山西	山西焦煤集团有限责任公司	343207
10	山西	山西潞安矿业(集团)有限责任公司	281776

2010 中部民营企业十强

单位：万元

排名	省份	企业	营业收入
1	湖南	三一集团有限公司	3042463
2	江西	江西萍钢实业股份有限公司	2285075
3	湖北	九州通医药集团股份有限公司	1895770
4	湖南	新华联控股有限公司	1677468
5	河南	天瑞集团有限公司	1060201
6	湖南	冷水江钢铁有限责任公司	1050000
7	安徽	全威(铜陵)铜业科技有限公司	1039988
8	河南	河南济源钢铁(集团)有限公司	1008987
9	山西	山西通达(集团)有限公司	980010
10	山西	山西安泰控股有限公司	807000

B.14

企业竞争力与中部企业发展态势*

摘　要： 企业竞争力是企业生存和发展的长期决定因素。与单一企业竞争力不同，一个地区或省市甚至多个省市的企业竞争力即企业的区域竞争力特指一个地区所有企业在特定时期表现出来的相对于其他区域主体而言参与市场竞争的水平和能力。由于企业竞争力是一个相对的竞争优势和实力的比较，为此，本文就中部企业发展态势从企业发展的经济环境、发展效益、产业结构等方面进行了较为系统的比较。

关键词： 企业竞争力　发展态势　产业结构

一　企业竞争力与企业区域竞争力

竞争力是一个经济学概念，代表了一种特殊能力，是具有交叉功能的相互作用、相互协调的能力。企业竞争力就是在竞争性市场中一个企业具有的能够持续地比其他企业更有效地向市场提供产品或服务，并获得赢利和自身发展的综合素质。企业竞争力是企业生存和发展的长期决定因素。与单一企业竞争力不同，一个地区或省市甚至多个省市的企业

* 基金项目：教育部人文社会科学研究青年基金项目（项目编号：12YJC790134）；江西省高校人文社会科学重点研究基地项目（项目编号：JD1111），教育部人文社科重点研究基地南昌大学中国中部经济社会发展研究中心招标课题（项目编号：11ZBND03），江西省社会科学研究“十二五”（2011 年）规划项目一般项目（项目编号：11YJ66）。

撰写人：罗海平，博士，南昌大学中国中部经济社会发展研究中心助理研究员，主要从事中部经济研究。

竞争力即企业的区域竞争力特指一个地区所有企业在特定时期总体表现出来的相对于其他区域主体而言参与市场竞争的水平和能力。由于企业竞争力是一个相对的竞争优势和实力的比较，故研究中部六省企业竞争力，必然要求与东部和西部企业的竞争力或企业发展作对比分析。而区域企业发展的比较，也是企业发展空间属性的比较。

企业是区域经济发展的主体力量，一个地区企业的发展同时也是该地区经济发展的重要组成。企业区域竞争力与一个地区的经济发展及竞争力密切相关。中部六省地处我国内陆腹地，是我国传统的人口大区、粮食大区、能源大区、工业重地和重要市场。改革开放前中部地区是我国能源型企业以及重工业企业分布密集的区域，企业发展位居全国前列。改革开放后，随着东部沿海的优先开发与开放，中部地区与东部沿海的差距越来越大，中部企业与沿海企业的发展差距也越来越大。不仅如此，随着西部开发战略和东北工业振兴战略的相继推出和全面实施，中部六省除经济总量最大的河南省外，其他五省不仅与东部的发达省市差距巨大，而且与地处西部的四川省相比也具有明显差距。以2010年各省经济社会发展公报公布的统计数据为例，四川省GDP为16898.6亿元，在总量上分别比地处中部的湖北省、湖南省、安徽省、江西省和山西省高出1092.51亿元、996.48亿元、4635.2亿元、6371.09亿元和7810.5亿元。可见中部不仅面临跟东部沿海地区发展差距悬殊的问题，更遭调在经济总量上落后于西部重要省市的尴尬境地。

那么，在全面实施中部崛起战略和进一步推进中部崛起战略的大背景下，作为中部六省经济发展最重要的主力军——中部企业是否也存在中部整体经济发展相似的尴尬境地？中部企业在全国的整体竞争力如何？中部企业发展与东部和西部相比存在什么问题？这些问题的解决是正确认识中部经济发展现状、寻求中部崛起途径的先决前提。为此，基于区域比较的视角对中部企业竞争力特征、现状与问题进行整体把握，具有重要的理论和现实意义。

二　中部地区企业发展态势

（一）企业的经济环境

经济总量是一个地区竞争力的基础，也是所属地企业提升竞争力的最重要的经济环境。通常一个区域经济越发达，该地的企业也越具竞争力。因为经济总量越大意味着企业的市场需求就越大，市场需求越大越利于企业的成长。中部六省是我国经济的重要组成，2010 年中部六省总的 GDP 为 85437.39 亿元，占全国经济总量的 21.5%。尽管如此，中部六省经济发展差距巨大，经济总量最大的河南省达 22942.68 亿元，是经济总量最小的山西省和江西省的 2.5 倍左右。不仅如此，河南省的经济总量相对于发展相对均衡的湖北、湖南和安徽三省，也具有非常大的差距，分别高出 7136.59 亿、7040.56 亿和 10679.28 亿元。但总体而言，中部六省相对于东部沿海发达省市是滞后的，比如与我国第一经济大省广东相比，这种差距就更加悬殊。2010 年广东省的生产总值为 45472.83 亿元，是六省总和 85437.39 亿元的 53.22%。从单一省份相比看，广东省的经济总量是河南省的 1.98 倍、湖北的 2.88 倍、湖南的 2.86 倍、安徽的 3.71 倍、江西的 4.82 倍、山西省的 5 倍。可见，从中部企业的经济环境来看，中部企业的市场分布或市场发育极端不均衡，在我国东、中、西部的三大经济板块中依然处于不利的竞争环境。

（二）企业的发展效益

一个地区所有企业作为一个整体发展得好坏，可从该地区工业增加值尤其是规模以上企业[1]的工业增加值得到较好的反映。根据中部六省所发布的 2011 年统计公报，2010 年河南省的工业增加值最高，达到

① 规模以上工业企业在 2010 年之前是指年主营业务收入在 500 万元及以上的法人工业企业。

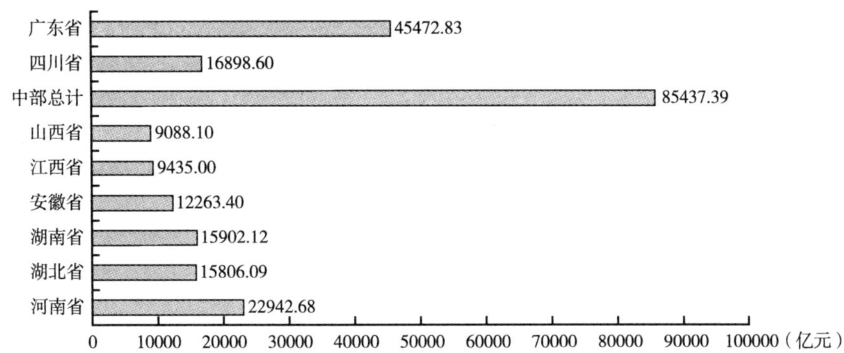

图1　2010年经济总量比较

资料来源：2010年度各省经济社会发展统计公报。

11950.85亿元，其次是湖南省达到6275.1亿元，再次为湖北省6136.51亿元，安徽省为5359.1亿元，排在最末两位的分别为江西省（4359.2亿元）和山西省（4586.4亿元）。中部六省中共有5个省比作为西部代表的四川省的7326.4亿元低，广东省的工业增加值是江西省的5倍，达到了21374.81亿元。可见单从工业增加值来看，中部六省在竞争格局基本与经济总量格局相似，河南省作为中部第一经济大省，工业增加值与其他五省相比具有非常明显的优势。但六省之间的工业企业发展差距巨大，河南省工业增加值是江西省的2.7倍。

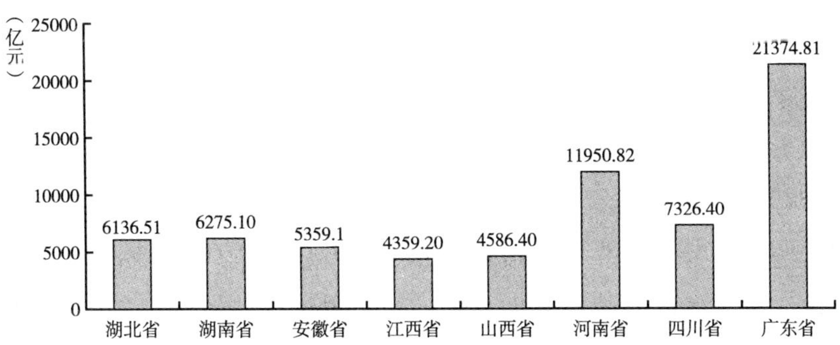

图2　各省2010年企业工业增加值

资料来源：整理自2011年各省经济与社会统计公报。

企业以赢利为目标，企业的赢利能力是企业竞争力最重要的指标。故规模以上企业净利润不仅能反映一个省工业发展绩效，更能从总体上反映出该省企业的发展水平，尤其是企业的整体竞争力。中部六省中企业利润最高的是河南省，利润总额3166.68亿元，其中非公有制工业利润2577.46亿元，占总利润的81.4%。分行业看，38个行业大类中利润总额居前十位的行业为：非金属矿物制品业473.72亿元，增长34.2%；煤炭开采和洗选业317.65亿元，增长11.4%；农副食品加工业279.82亿元，增长37.3%；专用设备制造业150.13亿元，增长35.1%；有色金属矿采选业145.24亿元，增长58.6%；通用设备制造业144.05亿元，增长37.0%；食品制造业140.88亿元，增长36.3%；化学原料及化学制品制造业137.48亿元，增长26.9%；交通运输设备制造业131.01亿元，增长31.4%；有色金属冶炼及压延加工业127.33亿元，增长52.4%。

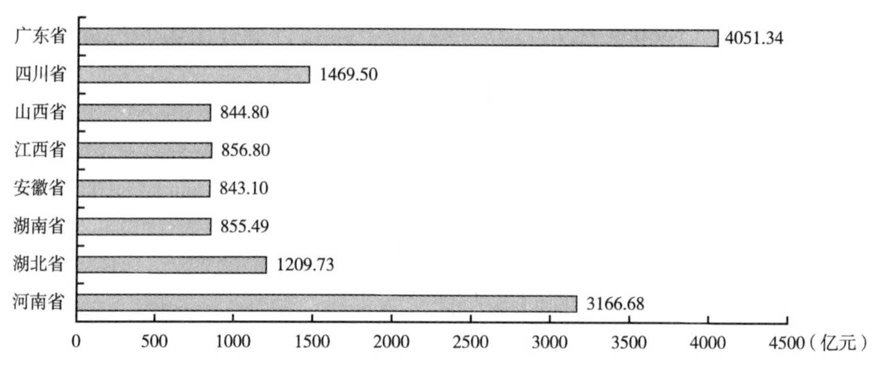

图3　各省2010年规模以上企业净利润比较

资料来源：2010年度各省经济社会发展统计公报。

湖北省工业企业实现利润1209.73亿元（见图3）。全省规模以上工业企业数达到15878家，完成工业增加值6136.51亿元，其中国有及国有控股企业完成增加值2512.96亿元，国有企业完成增加值1083.75亿元，集体企业完成增加值63.61亿元，股份合作企业完成增加值33.06亿元，股份制企业完成增加值3300.01亿元；外商及港澳台投资企业完成增加值1261.57亿元；其他经济类型企业完成增加值394.51

亿元；轻工业企业完成增加值 1844.10 亿元；重工业完成增加值 4292.41 亿元，高新技术产业企业完成增加值 1702.4 亿元。

湖南省全部工业增加值 6275.10 亿元，规模工业企业主营业务收入 18104.44 亿元，盈亏相抵后实现利润 855.49 亿元。省级及以上产业园区规模工业增加值 2221.94 亿元，全省规模工业中，高加工度工业增加值 1885.00 亿元，高技术产业增加值 271.39 亿元。规模工业新产品产值 2489.70 亿元。

安徽省规模以上工业经济效益综合指数[①]为 260.1，企业主营业务收入 17851.5 亿元，利税 1565.6 亿元，利润 843.1 亿元。煤炭开采和洗选业、电气机械及器材制造业、交通运输设备制造业、非金属矿物制品业、化学原料及化学制品制造业、农副食品加工业等 9 个利润超 30 亿元的行业，累计实现利润 528.7 亿元。

江西省全部工业增加值 4359.2 亿元。分企业类型看，国有企业增加值 316.9 亿元，集体企业增加值 24.7 亿元，股份合作企业 38.4 亿元，股份制企业增加值 1008.6 亿元，私营企业增加值 1158.0 亿元，外商及港澳台投资企业增加值 552.8 亿元。94 个工业园区投产企业达 8108 家。园区完成工业增加值 2309.9 亿元，主营业务收入、利润、利税分别完成 9832.7 亿元、593.2 亿元和 973.3 亿元。主营业务收入超 100 亿元的园区达 34 家，其中南昌高新技术产业开发区达 683.0 亿元，南昌经济技术开发区 419.3 亿元。

山西省全部工业增加值 4586.4 亿元，其中规模以上工业企业完成增加值 4446.3 亿元。规模以上工业实现主营业务收入 12690.9 亿元，实现利税 1688.9 亿元。其中四大传统支柱产业实现主营业务收入 10175.4 亿元，煤炭、焦炭、冶金和电力工业分别实现主营业务收入 5038.3 亿、

① 工业经济效益综合指数是综合衡量工业经济效益各个方面在数量上总体水平的一种特殊相对数，是反映工业经济运行质量的总量指标，它可以用来考核和评价各地区、各行业乃至各企业工业经济效益的实际水平和发展变化趋势，以反映整个工业经济运行质量和效益状况的全貌。计算方法是以各单项工业经济效益指标报告期实际数值分别除以该项指标的全国标准值并乘以各自权数，加总后除以总权数求得。

1434.9 亿、2592.6 亿和 1109.6 亿元；新兴产业中装备制造业、医药工业和食品工业分别实现主营业务收入 1042.4 亿元、92.1 亿元和 392.0 亿元。

三　中部企业发展结构性分析

（一）企业的产业结构与产业竞争力

企业分属于不同的产业，基于传统的三次产业分类法[①]，可大体把握中部企业所在行业的产业属性。一个地区的产业发展尤其是产业竞争力直接与该地区企业整体竞争力密切相关。中部是我国最重要的粮食产地，第一产业增加值达 11248 亿元，占整个产业的 13.2%，远远高于广东的 5%。这反映出中部企业中农业类企业是中部企业的重要组成。六省中第一产业比重最大的省份是湖南省，达到 14.7%，但第一产业增加值[②]最大的省份却是河南省，达到 3263 亿元。可见，河南省作为中部地区经济总量最大的省份，同时也是中部地区第一产业发展总量最大的省份。尽管河南并不是中部最大的粮食生产基地，但河南的食品类企业在全国最为发达，产生出大批在全国具有重要知名度的食品企业，其中最著名的是漯河双汇。目前双汇已成为全国最大的肉类加工企业，总资产达 100 多亿元，年产肉类总产量 300 万吨。另外，两湖地区是我国最重要的鱼米之乡，故湖南、湖北的第一产业增加值均超过了 2000 亿元，

---

① 第一产业：农业（包括种植业、林业、牧业和渔业）；第二产业：工业（包括采掘业，制造业，电力、煤气、水的生产和供应业）和建筑业；第三产业：除第一、第二产业以外的其他各业。根据我国的实际情况，第三产业可分为两大部分：一是流通部门，二是服务部门。具体可分为四个层次：第一层次：流通部门，包括交通运输、仓储及邮电通信业，批发和零售贸易、餐饮业。第二层次：为生产和生活服务的部门，包括金融、保险业，地质勘查业、水利管理业，房地产业，社会服务业，农、林、牧、渔服务业，交通运输辅助业，综合技术服务业等。第三层次：为提高科学文化水平和居民素质服务的部门，包括教育、文化艺术及广播电影电视业，卫生、体育和社会福利业，科学研究业等。第四层次：为社会公共需要服务的部门。

② 增加值指一定时期内企业在生产产品中增加的价值，是报告期内以货币形式表现的生产活动的最终成果，是全部生产活动的最终成果扣除了在生产过程中消耗和转换的物质产品和劳务价值。

分别为2339亿和2147亿元。同为鱼米之乡的安徽和江西省仅为1729亿和1205亿元。而中部六省中唯一一个不属于粮食主产区的山西省第一产业增加仅为563亿元，且第一产业占三产比重仅为6.2%，是中部六省中第一产业总量和比重均最小的省份。

中部六省第一产业产值不大以及比重不高并不能说明中部各省已进入产业高级化阶段。相反，产值越大，说明粮食产业或食品产业越发达，农业和食品类企业发展越好。而比重越高则凸显其重要的粮食安全的主体功能，说明其粮食安全主体功能越强。总体而言，中部第一产业的发展大体反映出中部六省涉农企业的整体竞争力。河南省的涉农企业最具竞争力，而山西省最弱。尽管如此，中部地区农业企业的发展与中部作为我国最重要的粮食主产区的主体功能地位依然不相符。从企业的产业发展来看中部六省除河南省外均未在粮食和食品产业中形成比较优势，均未有与其粮食主产区地位相对应的具有重要影响的粮食和食品企业。相反，作为西部代表的四川省第一产业达到2483亿元。而作为东部代表的广东省尽管第一产业比重仅为5%，却达到了2286亿元。从中部六省第一产业的比较中不难看出：中部尽管是我国重要的粮食主产区，但粮食类企业并不发达，没有充分地利用这个重要的主体功能优势。

表1　各省份2010年企业的产业分布

单位：亿元

省份 \ 三次产业增加值	第一产业	第二产业	第三产业	三次产业比例
河　南	3263	13226	6452	14.2:57.7:28.1
湖　北	2147	7764	5894	13.6:49.1:37.3
湖　南	2339	7313	6249	14.7:46.0:39.3
安　徽	1729	6391	4143	14.1:52.1:33.8
江　西	1205	5194	3034	12.8:55.0:32.2
山　西	563	5161	3363	6.2:56.8:37.0
中部六省总计	11248	45052	29137	13.2:52.7:34.1
西部代表四川	2483	8565	5850	14.7:50.7:34.6
东部代表广东	2286	22918	20267	5.0:50.4:44.6

资料来源：各省2011年经济与社会统计公报。

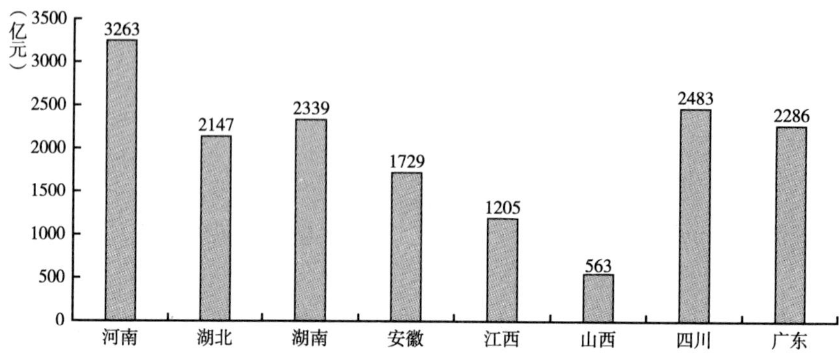

图4　第一产业产业增加值比较

资料来源：整理自2011年各省经济与社会统计公报。

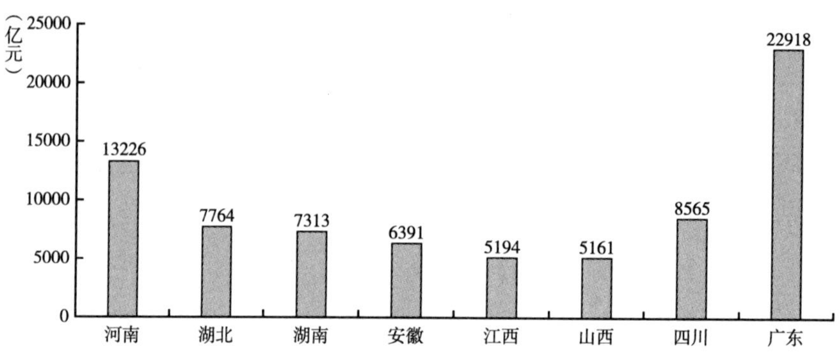

图5　第二产业产业增加值比较

资料来源：整理自2011年各省经济与社会统计公报。

第二产业包括工业（包括采掘业，制造业，电力、煤气、水的生产和供应业）和建筑业，而通常工业也是第二产业的代称。中部企业主要都从事工业产业，故第二产业的比重相对较高。其中河南省的工业化程度最高，第二产业比重达57.7%，其次是山西省56.8%，再次是江西省55.0%。相对而言，湖北和湖南两省的第二产业比重较低，仅为49.1%和46.0%。尽管如此，中部六省第二产业比重依然相对较高，达到52.7%，不仅高于作为西部代表的四川省（50.7%），也高于我国第一大经济强省广东（50.4%）。但第二产业比重较高并不意味着中部地区工业高度发达或中部企业强于东部或西部。相反，从第二产业增加

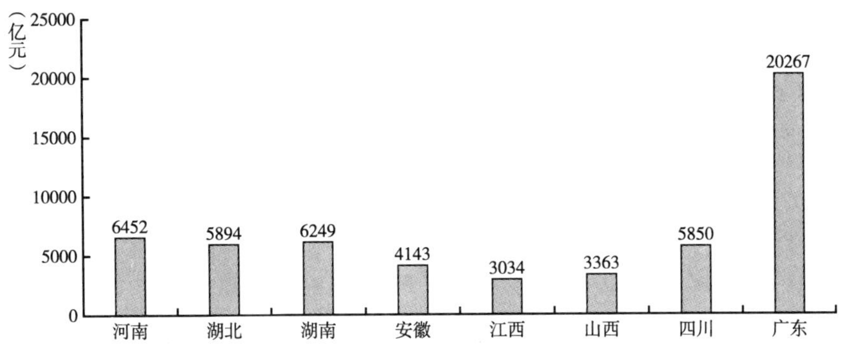

图 6 第三产业产业增加值比较

资料来源：整理自 2011 年各省经济与社会统计公报。

值来看，中部六省除河南省第二产业增加值达到 13226 亿元外，其他五省均低于作为西部代表的四川省的 8565 亿元，更低于广东省的 22918 亿元。可见中部六省中除河南省外，工业型企业的整体竞争力依然严重不足，与东部发达省市差距很大，与西部最发达的四川相比也有明显差距。

第三产业也称服务业，包含除第一、第二产业外所有部门，主要有流通部门和服务部门。第三产业增加值和比重的大小相对于第一产业和第二产业而言更能真实地反映该类产业发展的高级程度和发达程度。中部六省第三产业平均比重为 34.1%，略低于代表西部的四川省的 34.6%，更低于我国第一工业大省广东的 44.6%。而从第三产业增加值来看，中部六省第二产业最高的依然是河南省，达到 6452 亿元，其次是湖南省 6249 亿元，最低的是江西省，仅有 3034 亿元。但从总体来看，中部六省第三产业依然发展不足，六个省全部加起来的总值为 29135 亿元，跟广东省一个省的值 20267 亿元相差不多。

通过以上对中部六省企业所在三个产业的比较分析，三次产业的发展现状基本反映出三个产业企业的产业分布、发展和整体竞争力的基本格局。第一产业企业总体而言，河南省发展最好，其他依次是湖南、湖北、安徽、江西和山西，而第二产业企业发展最好的依然是河南省，其他排序依次为湖北、安徽、湖南、江西和山西；第三产业企业发展排序为河南、湖南、湖北、安徽、山西和江西。与西部代表四川省相比，除河南省外中部省份三个产业的企业发展均较四川为低，而与广东差距最悬殊的企业发展则主要体现在第三产业。

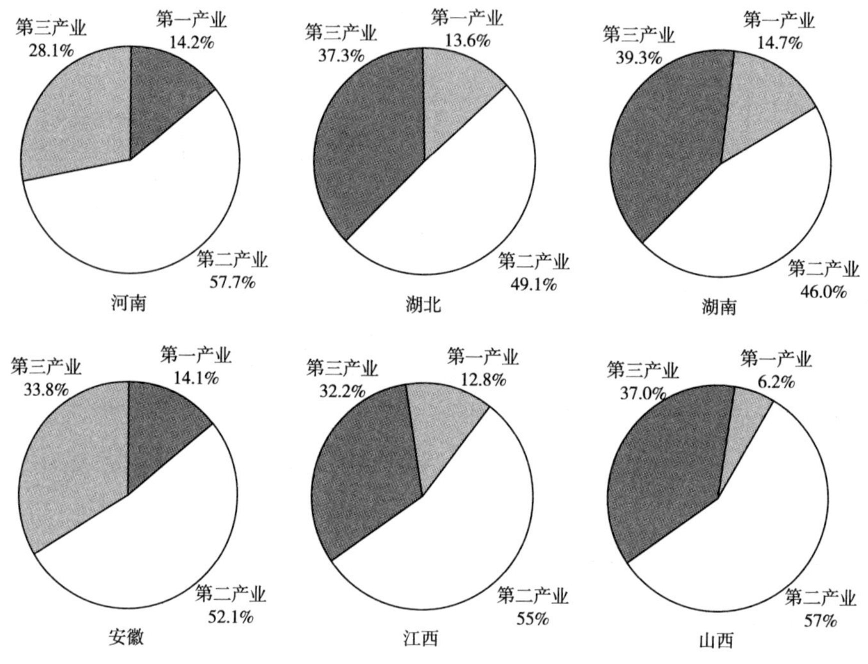

图7　中部六省三次产业比值

而按照三次产业高级化程度的“三二一”标准，中部六省均未进入产业发展的高级阶段。相对而言，湖南省第三产业比重最高达到39.3%，其次为湖北37.3%。而第三产业比重最低的河南省为28.1%。第二产业比重是一个地区工业化程度高低的重要标尺，由图7可见，河南省第二产业比重最高，为57.7%，其次为山西省57%。第二产业比率最低的是湖南，仅为46%。第一产业比重反映出农业在整个产业中的相对重要程度，中部是我国重要的粮食生产基地，故第一产业比重都相对较高，除山西6.2%外，其余五省基本都在13%左右。总体而言，中部六省产业结构上都存在过度依赖第二产业、第三产业不发达、第一产业比重偏高的特征。

（二）企业的轻重结构

企业的行业分布分为轻工业与重工业。轻工业主要是指生产消费资料的工业部门，如食品、纺织、皮革、造纸、日用化工、文教艺术体育用品工业等。重工业是生产生产资料的工业部门，主要指以制造业、电子及电器机械工业、化学工业为主体的产业体系，包括冶金、机械、能源（电力、石油、煤炭、天然气等）、化学、建筑材料等工业，是为国民经济各部门提供技术装备、动力和原材料的基础工业。它为国民经济各部门（包括工业本身）提供原材料、燃料、动力、技术装备等劳动资料和劳动对象，是实现社会再生产和扩大再生产的物质基础。一个国家重工业的发展规模和技术水平，是体现其国力的重要标志。轻、重工业比值能大体反映一个地区企业在轻、重工业中的分布情况，以及企业整体发展程度，是工业型企业发展程度的重要指标。

表 2　各省份工业增加值及轻、重工业比值

单位：亿元

地　区	企业工业增加值	轻工业增加值	重工业增加值	轻、重比值
中部六省	45571.4	12577.7	32993.7	27.6∶72.4
河　南	11950.82	3704.7	8246.1	31.0∶69.0
湖　北	6136.51	1847.1	4289.4	30.1∶69.9
湖　南	6275.1	1675.5	4599.6	26.7∶73.3
安　徽	12263.4	3679.0	8584.4	30∶70
江　西	4586.4	1508.3	2850.9	34.6∶65.4
山　西	4586.4	215.6	4370.8	4.7∶95.3
西部代表四川	7326.4	2344.4	4892.0	32∶68
东部代表广东	21374.8	8528.5	12846.3	39.9∶60.1
全　国	160030	45768.58	114261.4	28.6∶71.4

资料来源：各省 2011 年经济与社会统计公报。

从轻工业增加值看，中部六省中河南省最高达 3704.7 亿元，其次是安徽省 3679.0 亿元，湖北、湖南以及江西相差不大，分别为 1847.1

亿元、1675.5亿元和1508.3亿元。较为突出的是山西省轻工业增加值仅为215.6亿元，是河南省的1/17。而从重工业增加值来看，安徽省最大，为8584.4亿元；其次是河南，为8246.1亿元；湖南、湖北以及山西差别不大，都在4000亿元以上；仅江西省为2850.9亿元，为中部六省最低。

把中部六省作为一个整体，中部六省轻工业所占比重略低于全国平均值，相反，重工业比重高于全国平均值。同作为西部代表的四川省相比，除江西省外，其他五省的重工业比重均高于四川。而从绝对值看，仅河南、安徽轻工业增加值高于四川，其他四省均严重低于四川。重工业增加值亦是同样格局。跟广东相比，中部六省无论是轻工业、重工业还是工业增加值总值均有很大的差异。从轻工业所占整个工业增加值比重来看，除山西省外，其他中部五省无论与全国平均水平，还是与四川，甚至广东均无较大差异。真正的差异在于谁将“蛋糕”做得最大。

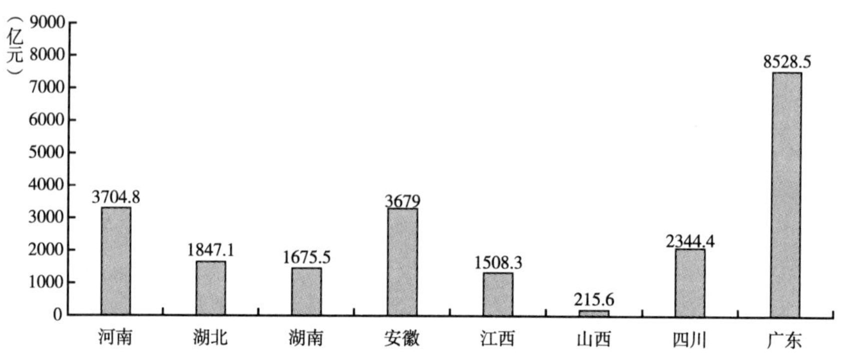

图8　轻工业增加值

资料来源：2011年各省经济与社会统计公报。

总体而言，中部六省是我国传统工业基地和能源基地，因此工业重型化程度相对较高，规模以上工业增加值中重工业比重都基本接近全国的平均水平，且基本高于东部沿海发达省市。同样以2010年为例，中部六省所有企业实现工业增加值为45571.43亿元，占全国160030亿元的28.5%，其中重工业占规模以上企业增加值的72.4%，略高于全国

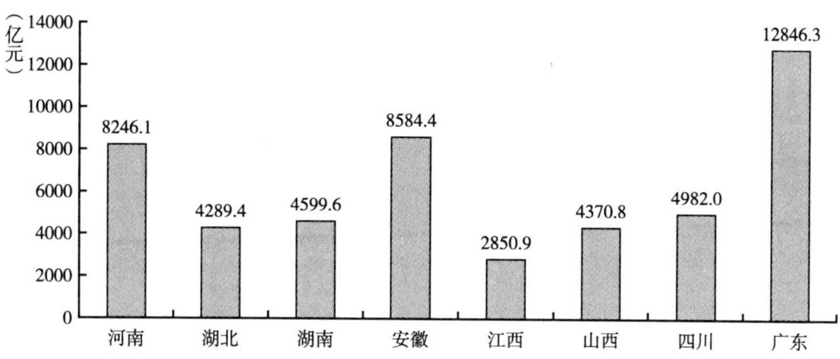

图9　重工业增加值

资料来源：2011 年各省经济与社会统计公报。

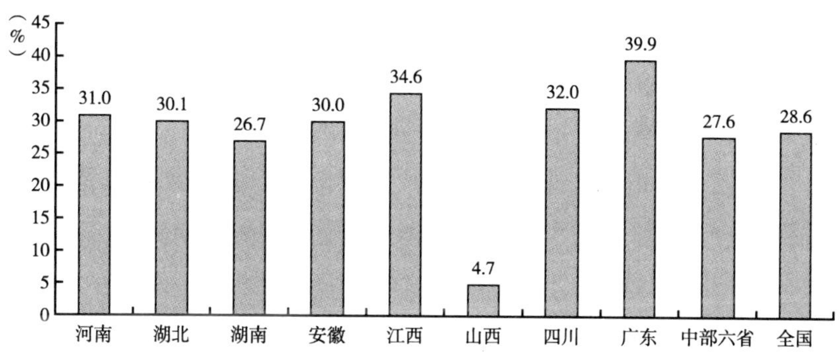

图10　轻工业所占比重

资料来源：整理自 2011 年各省经济与社会统计公报。

的71.4%。相反，作为我国第一工业强省的广东重工业比值仅为60.1%，远远低于全国平均水平。在中部六省中，山西省的重工业水平最高，达到95.3%，过分依赖煤矿等资源型重工业，这恰恰反映出山西产业结构失调、畸形的企业和产业发展现状。

B.15

中部企业发展排行榜*

摘　要： 根据目前国内所发布的各类全国性企业发展排行榜，收集、整理、归纳并提炼出中部六省企业2010年的营业收入，按照营业收入大小的排名，形成中部前100强排行榜。依据2010年度中部六省各企业净利润的大小，评选出中部最赢利企业20强。根据中部民营企业2010年度的营业收入，筛选出民营企业50强。

关键词： 中部百强　民营企业　最赢利企业

一　中部百强企业

根据2010年度国内所发布的各类全国性企业发展排行榜，收集、整理、归纳并提炼出中部六省企业的营业收入，按照营业收入大小，形成中部前100强企业（见表1）。

* 基金项目：教育部人文社会科学研究青年基金项目（项目编号：12YJC790134）；江西省高校人文社会科学重点研究基地项目（项目编号：JD1111）；教育部人文社科重点研究基地南昌大学中国中部经济社会发展研究中心招标课题（项目编号：11ZBND03）；江西省社会科学研究“十二五”（2011年）规划项目一般项目（项目编号：11YJ66）。

撰写人：罗海平，博士，南昌大学中国中部经济社会发展研究中心助理研究员，主要从事中部经济研究。

表 1　2010 年中部百强企业

单位：万元

排名	省份	企业	营业收入
1	河南	河南煤业化工集团有限责任公司	10409527
2	山西	太原钢铁(集团)有限公司	10136453
3	河南	中国平煤神马能源化工集团	8016013
4	山西	山西焦煤集团有限责任公司	7747769
5	山西	山西煤炭运销集团有限公司	7243878
6	湖北	东风汽车公司	6915955
7	山西	山西晋城无烟煤矿业集团	5543456
8	安徽	马钢(集团)控股有限公司	5467526
9	江西	江西铜业集团公司	5306360
10	湖南	湖南华菱钢铁集团有限责任公司	5084459
11	湖南	湖南中烟工业有限责任公司	5067304
12	山西	山西潞安矿业(集团)	4985778
13	山西	阳泉煤业(集团)有限责任公司	4960041
14	山西	太原铁路局	4724265
15	山西	大同煤矿集团有限责任公司	4254301
16	安徽	安徽海螺集团有限责任公司	4141996
17	湖北	武汉钢铁(集团)公司	4033158
18	安徽	铜陵有色金属集团控股有限公司	4021115
19	河南	郑州铁路局	4015615
20	河南	河南省漯河市双汇实业集团	4007021
21	安徽	淮南矿业(集团)有限责任公司	3524321
22	安徽	安徽省徽商集团有限公司	3437883
23	湖南	长沙中联重工科技发展	3372691
24	河南	安阳钢铁集团有限责任公司	3300087
25	湖北	武汉铁路局	3150989
26	湖北	湖北宜化集团有限责任公司	3054758
27	湖南	三一集团有限公司	3042463
28	湖北	湖北中烟工业有限责任公司	2994300
29	江西	南昌铁路局	2803195
30	湖北	中国葛洲坝集团公司	2691931
31	安徽	淮北矿业(集团)有限责任公司	2468663
32	江西	新余钢铁集团有限公司	2421848
33	安徽	奇瑞汽车股份有限公司	2397976
34	湖北	大冶有色金属公司	2360751
35	安徽	安徽江淮汽车集团有限公司	2360441
36	山西	山西煤炭进出口集团有限公司	2302889
37	江西	江西萍钢实业股份有限公司	2285075

续表

排名	省份	企业	营业收入
38	河南	河南中烟工业有限责任公司	2284989
39	湖北	武汉商联(集团)股份有限公司	2141619
40	安徽	合肥百货大楼集团	2090000
41	河南	河南省农村信用社联合社	1899441
42	湖北	九州通医药集团股份有限公司	1895771
43	湖北	九州通医药集团股份有限公司	1895770
44	河南	金龙精密铜管集团股份有限公司	1861164
45	江西	江铃汽车集团公司	1779689
46	湖南	新华联控股有限公司	1677468
47	河南	洛阳新安电力集团有限公司	1586130
48	河南	郑州煤炭工业(集团)	1581097
49	河南	郑州宇通集团有限公司	1502621
50	河南	河南神火集团有限公司	1480684
51	河南	义马煤业集团股份有限公司	1416276
52	安徽	安徽省皖北煤电集团	1351990
53	安徽	安徽国贸集团控股有限公司	1311220
54	山西	山西省焦炭集团公司	1295586
55	安徽	安徽建工集团有限公司	1293462
56	湖南	冷水江钢铁有限责任公司	1151755
57	河南	登封电厂集团有限公司	1149634
58	山西	山西建筑工程(集团)总公司	1146552
59	河南	河南豫联能源集团有限责任公司	1136818
60	河南	河南豫光金铅集团有限责任公司	1136777
61	河南	天瑞集团有限公司	1060201
62	安徽	全威(铜陵)铜业科技有限公司	1039988
63	河南	河南济源钢铁(集团)有限公司	1008987
64	山西	山西通达(集团)有限公司	980010
65	山西	山西安泰控股有限公司	807000
66	湖北	福星集团控股有限公司	742097
67	江西	江西赛维 LDK 太阳能高科技有限公司	726918
68	河南	河南龙成集团有限公司	696333
69	湖北	武汉人和集团有限公司	693568
70	湖南	唐人神集团股份有限公司	685499
71	湖北	新龙药业集团	657456
72	湖南	大汉物流股份有限公司	620058
73	湖南	湖南省建筑工程集团总公司	613443

续表

排名	省份	企业	营业收入
74	湖北	合众人寿保险股份有限公司	607711
75	湖北	湖北联谊实业集团有限公司	584056
76	湖南	步步高商业连锁股份有限公司	572533
77	河南	河南蓝天集团有限公司	552091
78	河南	河南财鑫集团有限责任公司	532692
79	山西	山西宏达钢铁集团有限公司	508000
80	湖北	湖北稻花香集团	506795
81	湖北	武汉工贸有限公司	495706
82	河南	辅仁药业集团有限公司	487799
83	湖北	百步亭集团有限公司	480472
84	湖北	湖北新洋丰肥业股份有限公司	460646
85	湖南	湖南联创投资有限公司	450001
86	湖北	湖北汇通工贸集团有限公司	442569
87	湖北	新八建设集团有限公司	436480
88	江西	汇仁集团有限公司	430305
89	河南	河南省淅川铝业(集团)有限公司	428505
90	安徽	安徽楚江投资集团有限公司	423745
91	山西	山西潞宝集团	423524
92	湖北	益海嘉里(武汉)粮油工业有限公司	423118
93	湖北	湖北枝江酒业集团	416300
94	湖北	宝业湖北建工集团有限公司	412688
95	安徽	铜陵精达铜材(集团)有限责任公司	402962
96	河南	郑州思念食品有限公司	400033
97	山西	山西建邦集团有限公司	400000
98	安徽	安徽中鼎控股(集团)股份有限公司	382269
99	安徽	安徽亚夏实业股份有限公司	381652
100	安徽	安徽长江钢铁股份有限公司	372175

根据中部六省百强企业排行榜，河南省和湖北省均有 24 家企业进入中部百强，安徽 18 家、山西 16 家、湖南 11 家，江西仅 7 家。但在前 10 强中六省均有企业进入，其中山西省共有 4 家占据中部 10 强，河南 2 家，其他四省各 1 家。而前 10 强除了湖北的东风汽车外，全部为资源型大型国企。而在前 50 名中，有河南 12 家、湖北 10 家、安徽 9 家、山西 9 家，江西和湖南各 5 家企业。

二　中部最赢利企业20强

依据2010年度中部六省各企业净利润的大小，由高自低选出中部最赢利企业20强（见表2）。

表2　2010年中部最赢利企业20强

单位：万元

排名	省份	公司	净利润
1	湖北	东风汽车公司	2322133
2	湖南	三一集团有限公司	714056
3	安徽	安徽海螺集团有限责任公司	651359
4	湖南	长沙中联重工科技发展股份有限公司	541611
5	河南	河南煤业化工集团有限责任公司	527208
6	湖南	湖南中烟工业有限责任公司	506299
7	江西	江西铜业集团公司	495968
8	河南	河南省漯河市双汇实业集团	346020
9	山西	山西焦煤集团有限责任公司	343207
10	山西	山西潞安矿业(集团)有限责任公司	281776
11	湖北	武汉钢铁(集团)公司	272676
12	安徽	徽商银行股份有限公司	270235
13	山西	山西晋城无烟煤矿业集团有限责任公司	266675
14	山西	山西煤炭运销集团有限公司	266251
15	湖北	湖北宜化集团有限责任公司	201081
16	河南	郑州宇通集团有限公司	195969
17	山西	太原钢铁(集团)有限公司	194045
18	河南	河南中烟工业有限责任公司	185614
19	湖北	武汉卓尔控股有限公司	172042
20	江西	江铃汽车集团公司	171294

赢利排行榜相对于营业收入排行榜而言，一个重要特征在于营业收入最大的企业，净利润并不是最大，且净利润差距较大。其中利润最大的是东风汽车公司为2322133万元，排在第二的是民营企业三一集团有限公司仅为714056万元。在利排行榜中，湖南省3家企业进入前10强中，在整个20强企业中山西作为煤炭大省的优势依然突出，5家企业入榜且全为煤钢类企业，河南4家、湖北4家、湖南3家、安徽和江西各2家。

三 中部民营企业50强

根据国内所发布的2010年版有关全国民营企业发展的排行榜，收集、整理并提炼出中部六省民营企业的营业收入，按照营业收入大小排名，形成中部民营50强（见表3）。

表3 2010年中部民营企业50强

单位：万元

排名	企业	省份	营业收入
1	三一集团有限公司	湖南省	3042463
2	江西萍钢实业股份有限公司	江西省	2285075
3	九州通医药集团股份有限公司	湖北省	1895770
4	新华联控股有限公司	湖南省	1677468
5	天瑞集团有限公司	河南省	1060201
6	冷水江钢铁有限责任公司	湖南省	1050000
7	全威(铜陵)铜业科技有限公司	安徽省	1039988
8	河南济源钢铁(集团)有限公司	河南省	1008987
9	山西通达(集团)有限公司	山西省	980010
10	山西安泰控股有限公司	山西省	807000
11	福星集团控股有限公司	湖北省	742097
12	江西赛维 LDK 太阳能高科技有限公司	江西省	726918
13	河南龙成集团有限公司	河南省	696333
14	武汉人和集团有限公司	湖北省	693568
15	唐人神集团股份有限公司	湖南省	685499
16	新龙药业集团	湖北省	657456
17	大汉物流股份有限公司	湖南省	620058
18	合众人寿保险股份有限公司	湖北省	607711
19	湖北联谊实业集团有限公司	湖北省	584056
20	步步高商业连锁股份有限公司	湖南省	572533
21	河南蓝天集团有限公司	河南省	552091
22	河南财鑫集团有限责任公司	河南省	532692
23	山西宏达钢铁集团有限公司	山西省	508000
24	湖北稻花香集团	湖北省	506795
25	武汉工贸有限公司	湖北省	495706
26	辅仁药业集团有限公司	河南省	487799
27	百步亭集团有限公司	湖北省	480172
28	湖北新洋丰肥业股份有限公司	湖北省	460646

续表

排名	企业	省份	营业收入(万元)
29	湖南联创投资有限公司	湖南省	450001
30	湖北汇通工贸集团有限公司	湖北省	442569
31	新八建设集团有限公司	湖北省	436480
32	汇仁集团有限公司	江西省	430305
33	河南省淅川铝业(集团)有限公司	河南省	428505
34	安徽楚江投资集团有限公司	安徽省	423745
35	山西潞宝集团	山西省	423524
36	益海嘉里(武汉)粮油工业有限公司	湖北省	423118
37	湖北枝江酒业集团	湖北省	416300
38	宝业湖北建工集团有限公司	湖北省	412688
39	铜陵精达铜材(集团)有限责任公司	安徽省	402962
40	郑州思念食品有限公司	河南省	400033
41	山西建邦集团有限公司	山西省	400000
42	安徽中鼎控股(集团)股份有限公司	安徽省	382269
43	安徽亚夏实业股份有限公司	安徽省	381652
44	安徽长江钢铁股份有限公司	安徽省	372175
45	卓尔控股有限公司	湖北省	371051
46	安徽华茂集团有限公司	安徽省	369578
47	安徽鑫科新材料股份有限公司	安徽省	367044
48	铜陵市富鑫钢铁有限公司	安徽省	348265
49	安徽省安庆环新集团有限公司	安徽省	331612
50	南车株洲电机有限公司	湖南省	330352

民营企业是市场竞争中最具活力和发展动力的企业。一个地区民营企业发展得好，往往该地区的经济就最活。在中部民营50强中湖南的三一集团有限公司以3042463万元的营业收入位居50强民企的榜首。江西萍钢实业股份有限公司、湖北九州通医药集团股份有限公司、湖南新华联控股有限公司以及河南的天瑞集团有限公司分别列第二至五位。在排行榜的前10名中，湖南省有3家，河南和山西各2家，湖北、江西和安徽各1家民营企业进入前10名。而在50强中，湖北省民营企业发展无疑最好，共有16家进入50强，占总数的32%。安徽民营企业在中部也具有相当的优势，以10家企业位居第二。湖南和河南则相当，均为8家，山西5家。江西民营企业发展最为滞后，仅有3家进入中部民营企业50强。

B.16

中部企业发展差异、问题与对策*

摘　要：中部企业的区域竞争力与中部经济在全国的地位基本一致。总体而言，制约中部企业整体竞争力的因素有：国有企业比重过高、企业过度依赖资源禀赋、企业产业集中度过高、产业分工不明确、过度竞争现象严重等。这些导致中部企业未能有效利用中部地区的主体功能优势。因此，无论是企业发展的经济环境，还是企业自身发展态势均存在严重的两极分化，使得中部缺乏大而强，且在全国甚至世界具有重要影响的大企业、大品牌。中部企业只有实施“走出去”战略不断拓展全国和世界市场，在竞争中增强企业的竞争力、壮大实力、扩大影响，才能培育和打造出大批属于中国和世界的中部企业。

关键词：中部企业　中国500强　上市公司

一　中部企业中国500强比较

（一）四大经济区域比较

企业的区域分布以及区域发展与我国经济发展的区域特征具有一致

* 基金项目：教育部人文社会科学研究青年基金项目（项目编号：12YJC790134）；江西省高校人文社会科学重点研究基地项目（项目编号：JD1111）；教育部人文社科重点研究基地南昌大学中国中部经济社会发展研究中心招标课题（项目编号：11ZBND03）；江西省社会科学研究“十二五”（2011年）规划项目一般项目（项目编号：11YJ66）。

撰写人：罗海平，博士，南昌大学中国中部经济社会发展研究中心助理研究员，主要从事中部经济研究。

性。改革开放以来，我国企业发展同样存在地区间的非均衡问题，尤其是大企业的发展极端不均衡。主要表现为，我国绝大多数大企业主要集中在东部沿海的经济发达地区，中西部、东北地区的大企业发展缓慢、数量少，尤其民营大企业的培育和发展能力弱。根据中国企业联合会历年发布的中国企业500强，东部地区入榜企业数都占70%以上。这种格局保持了近10年来没有大的变化。2011年中国企业500强延续了这一格局，东部沿海有365家企业上榜，比2010年增加了10家；中部地区有56家企业上榜，占11.2%，比上年减少3家；西部地区55家企业上榜，占11%，比2010年减少2家。可见，尽管我国为了减少东西差距，相继实施了西部大开发战略、东北振兴以及中部崛起等战略之后，这种格局并没有因此而发生改变，反而差距越来越大。为此，有必要以全国500强企业为蓝本，比较分析中部大企业整体竞争态势和在全国的发展格局。

表1　2010年中国企业500强入榜的区域格局

	省(市)	入榜数	排名	营业收入（万元）	收入排名	企业数比重（%）	收入比重（%）
东部沿海	北　京	98	1	1404802005	1	71.0	82.8
	上　海	26	6	161131908	6		
	天　津	22	7	84570296	7		
	福　建	8	19	18143534	19		
	山　东	56	2	146301134	2		
	江　苏	49	3	128619371	3		
	浙　江	46	4	108146234	4		
	广　东	34	5	179881120	5		
	河　北	15	11	51408046	11		
	海　南	1	29	3585626	29		
东北三省	黑龙江	6	20	19697262	20	5.8	3.7
	吉　林	5	22	27091582	22		
	辽　宁	18	8	55211154	8		

续表

	省　市	入榜数	排名	营业收入（万元）	收入排名	企业数比重（%）	收入比重（%）
中部六省	湖　南	6	21	20329652	21	11.8	8.3
	湖　北	9	17	59239232	17		
	江　西	5	23	14596167	23		
	河　南	16	9	46783894	9		
	山　西	11	13	54340968	13		
	安　徽	12	12	33866593	12		
西部地区	四　川	10	14	32409582	14	11.4	5.2
	重　庆	10	15	15656934	15		
	陕　西	9	16	26458087	16		
	广　西	4	24	8226102	24		
	贵　州	2	27	3018361	27		
	云　南	9	18	21678668	18		
	甘　肃	3	25	12515284	25		
	青　海	1	28	1731381	28		
	新　疆	3	26	6947441	26		
	内蒙古	6	21	16525172	10		

在2010年500强企业中，入榜数最多的前十名分别是：北京（98）、山东（56）、江苏（49）、浙江（46）、广东（34）、上海（26）、天津（22）、辽宁（18）、河南（16）、河北（15）。前十大省市中除属于西部的内蒙古和中部的河南省外，均为沿海省市，沿海省市以绝对优势占到前十名省市总入榜数的95.8%。河南省以16家企业入榜，排在第九，仅占前十名省市入榜企业总和的4.2%。处于第11～20名的省市依次是：河北（15）、安徽（12）、山西（11）、四川（10）、重庆（10）、陕西（9）、湖北（9）、云南（9）、福建（8）、黑龙江（6）、内蒙古（6）。其中中部共有安徽、山西和湖北三省排在此区间，而西部有四川、陕西、云南和内蒙古。可见仅从排名上看，中部相对于西部而言并无明显的优势。

从入榜企业的营业收入所占比重来看，东部沿海地区占总收入的82.8%，中部六省占8.3%，西部地区5.2%。通过两种不同的比较方法，不难发现，中部沿海企业不仅仅在企业数量上占绝对优势，在企业

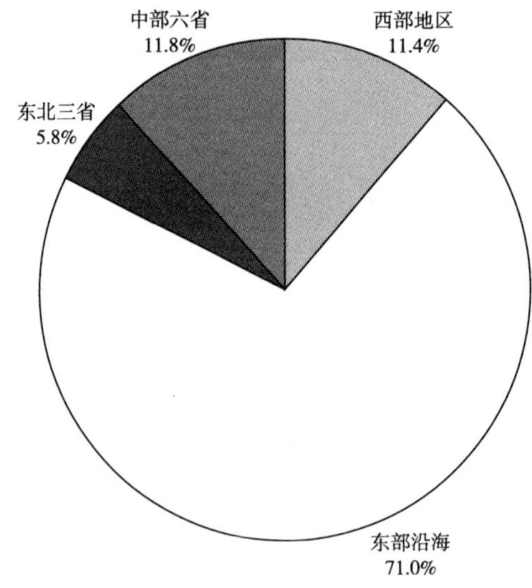

图 1　2010 年入榜企业数区域分布

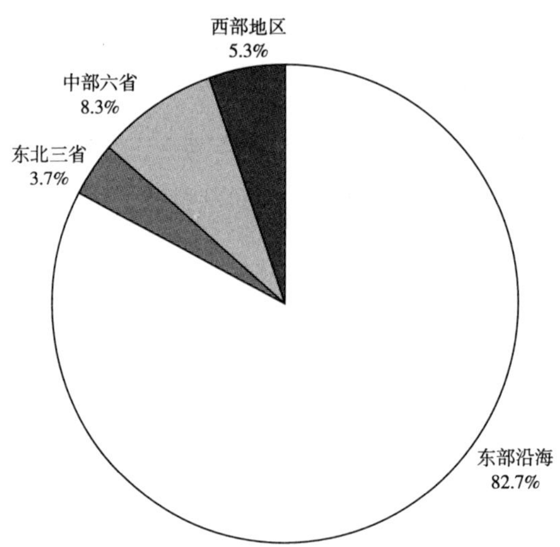

图 2　2010 年营业收入比重

的规模和发展绩效上优势更加明显。中部、西部以及东北三省入榜企业规模都相对较低。相对而言，中部大企业比西部大企业更具有优势，在比重上比西部仅高 0.4 个百分点的基础上，总收入比重却高出西部 3 个百分点。中部企业在规模上的相对优势，从按营业收入排名前十名的省市看亦能得到较类似的特征。

表 2　企业营业收入前十名

排名	省市	入榜数	总营业收入（万元）
1	北京	98	1404802005
2	广东	34	179881120
3	上海	26	161131908
4	山东	56	146301134
5	江苏	49	128619371
6	浙江	46	108146234
7	天津	22	84570296
8	湖北	9	59239232
9	辽宁	18	55211154
10	山西	11	54340968

由表 2 可见，中部地区入榜数量较多的河南省（16），营业收入并未进入前十名。相反中部企业中仅有 9 家企业进入前 500 强的湖北省实现总营业收入 59239232 万元，排在第 8 位。而有 11 家入榜的山西省实现营业收入 54340968 万元，排在第 10 位。西部地区无一省市进入前十，属于东北版块的辽宁省以 18 家入榜企业实现营业收入 55211154 万元，排名第 9。这种情况的出现是由湖北作为我国传统重工业基地而山西作为我国产煤大省的独特地位决定的。这种独特地位决定了两地均具有较大型的国有企业，从而在企业经营规模上具有相对优势。

表 3　企业营业收入前二十名（11～20）

排名	省市	入榜数	总营业收入（万元）
11	河　北	15	51408046
12	河　南	16	46783894
13	安　徽	12	33866593
14	四　川	10	32409582
15	吉　林	5	27091582
16	陕　西	9	26458087
17	云　南	9	21678668
18	湖　南	6	20329652
19	黑龙江	6	19697262
20	福　建	8	18143534

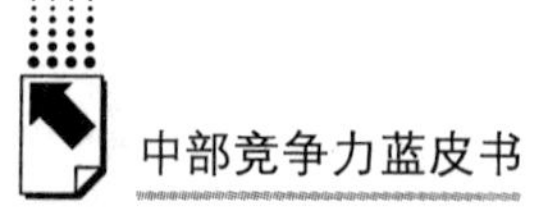

在前二十名（11～20）的10省中，中部的河南、安徽和湖南分别排在第12、13和18位，而西部则有四川、陕西、云南三省分别达到第14、16和17位。而中部无论是工业基础，还是经济发展都落后的江西省只有5家企业入榜，且无论是入榜数还是总营业收入都排在29个入榜省市的第23位，在全国发展处于中下游，已属于欠发达地区。

根据以上从入榜数和总营业收入排名的差别可大体得到如下启示：凡是属于我国传统重工基地和拥有独特资源优势的区域在入榜数和总营业收入排名都将占有优势。而经济发达、大型国有企业较少的地方则可能因为新兴企业的大量崛起在企业数量上开始逐渐崭露头角，而在企业规模或营业收入上与超大型国有企业或资源型企业相比则不具有优势。但因拥有大量大型国有企业和独特资源型企业而在排名中具有优势的区域，其经济发展并不一定与大企业在全国的发展格局相适应。以山西省为例，作为我国第一大能源大省、产煤大省、典型的资源型经济山西省共有11家企业入榜500强，且入榜企业总营业收入达到54340968万元，排在全国第10位，但山西省同时也是历年来中部六省中经济总量最小的省，2010年GDP仅为9088亿元。而属于西部的四川省同期达到16898.6亿元，所以诸如山西、江西等中部两省不仅需要减少与东部沿海省市的过度悬殊，更迫切地需要尽快摆脱与西部部分省市差距越来越大的尴尬境地。

（二）省域结构比较

同样以全国500强企业排行榜（2010年版）作为分析蓝本。2010年中部入榜的59家企业中，最多的省份为河南省，共有16家，最少的江西省仅为5家，湖南、湖北均少于10家，分别为6家和9家。可见，中部六省内部大企业的发展亦差距明显，最大与最小比值超过3。

根据图3，河南一省占中部六省总入榜企业数的27.1%，安徽省为20.3%，山西省为18.6%，湖北省为15.3%，湖南省为10.2%，江西省为8.5%。而从营业收入的角度考察，湖北省所占比例最高，达到

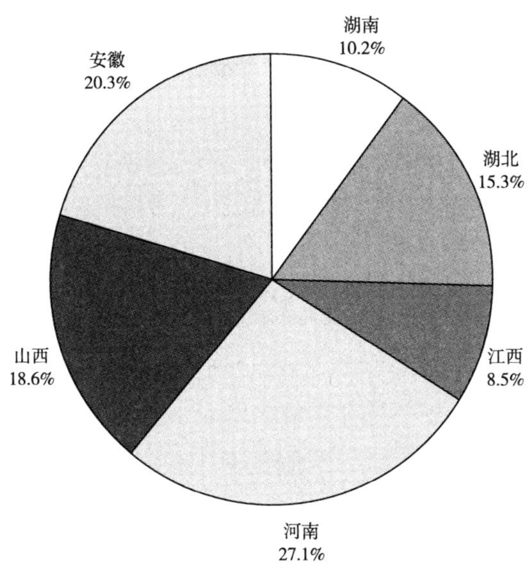

图3　中部六省500强企业入榜数比例

25.9%，山西省为23.7%，河南省20.4%，安徽省为14.7%，湖南省为8.9%，江西省为6.4%（见图4）。

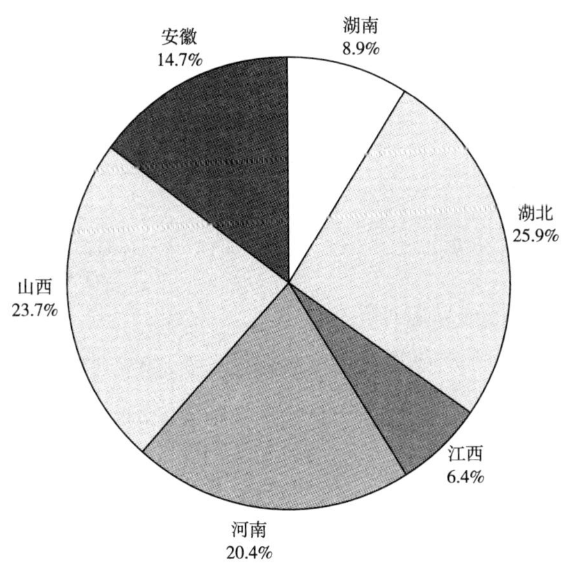

图4　中部六省入榜企业营业收入比例

表 4　进入中国百强企业的中部企业

序号	企业	行业	省份	百强排名
1	河南煤业化工集团有限责任公司	煤业	河南	60
2	太原钢铁(集团)有限公司	钢铁	山西	62
3	中国平煤神马能源化工集团	煤业	河南	75
4	山西焦煤集团有限责任公司	煤业	山西	76
5	山西煤炭运销集团有限公司	煤业	山西	85

资料来源：全国企业联合会发布的《2010 年中国企业五百强》。

具体到企业，作为中部六省最大的企业河南煤业化工集团有限责任公司按营业收入排在中部第一，但在全国仅为第 60 名。而进入全国百强的企业仅有 5 家，分别为河南的 2 家、山西的 3 家，且均为煤炭、钢铁类企业，也是资源属性非常明显的企业。而中部前十家企业中山西省最多，共 4 家，河南 2 家，湖南 2 家，安徽 1 家。从企业经营主业看，钢铁企业共 4 家、煤炭化工企业 5 家，另 1 家为烟草企业（湖南中烟工业有限责任公司）。在前二十大中部企业中，这种主营煤、钢、矿类的产业属性依然明显。排序在 11 ~20 位区间的企业中此类企业共有 6 家，铁路局 2 家，汽车公司 1 家，食品公司 1 家。

表 5　中部全国 500 强企业分省域排名

省内排名	企业	行业	全国排名	营业收入(万元)
江西				14596167
1	江西铜业集团公司	金属	112	5306360
2	南昌铁路局	铁路	221	2803195
3	新余钢铁集团有限公司	钢铁	250	2421848
4	江西萍钢实业股份有限公司	钢铁	260	2285075
5	江铃汽车集团公司	汽车	332	1779689
湖北				59239232
1	东风汽车公司	汽车	132	6915955
2	武汉钢铁(集团)公司	钢铁	421	4033158
3	武汉铁路局	铁路	199	3150989
4	湖北宜化集团有限责任公司	化工	204	3054758
5	湖北中烟工业有限责任公司	烟草	212	2994300

续表

省份	企业	行业	全国排名	营业收入(万元)
6	中国葛洲坝集团公司	电力	230	2691931
7	大冶有色金属公司	金属	253	2360751
8	武汉商联股份有限公司	商业	278	2141619
9	九州通医药集团股份有限公司	医药	313	1895771
湖南				20329652
1	湖南华菱钢铁集团有限责任公司	钢铁	123	5084459
2	湖南中烟工业有限责任公司	烟草	124	5067304
3	长沙中联重工科技发展	重工	191	3372691
4	三一集团有限公司	重工	205	3040000
5	湖南省建筑工程集团总公司	建筑	234	2613443
6	冷水江钢铁有限责任公司	钢铁	480	1151755
安徽				33866593
1	马钢(集团)控股有限公司	钢铁	108	5467526
2	安徽海螺集团有限责任公司	矿业	150	4141996
3	铜陵有色金属集团控股有限公司	金属	158	4021115
4	淮南矿业(集团)有限责任公司	矿业	183	3524321
5	安徽省徽商集团有限公司	商业	188	3437883
6	淮北矿业(集团)有限责任公司	矿业	246	2468663
7	奇瑞汽车股份有限公司	汽车	252	2397976
8	安徽江淮汽车集团有限公司	汽车	254	2360441
9	合肥百货大楼集团	商业	285	2090000
10	安徽省皖北煤电集团	电力	414	1351990
11	安徽国贸集团控股有限公司	商业	425	1311220
12	安徽建工集团有限公司	建筑	434	1293462
山西				54340968
1	太原钢铁(集团)有限公司	钢铁	62	10136453
2	山西焦煤集团有限责任公司	煤业	76	7747769
3	山西煤炭运销集团有限公司	煤业	85	7243878
4	山西晋城无烟煤矿业集团	煤业	106	5543456
5	山西潞安矿业(集团)	矿业	127	4985778
6	阳泉煤业(集团)有限责任公司	煤业	128	4960041
7	太原铁路局	铁路	132	4724265
8	大同煤矿集团有限责任公司	煤业	144	4254301
9	山西煤炭进出口集团有限公司	煤业	259	2302889
10	山西省焦炭集团公司	煤业	433	1295586

续表

省份	企业	行业	全国排名	营业收入(万元)
11	山西建筑工程(集团)总公司	建筑	486	1146552
河南				46783894
1	河南煤业化工集团有限责任公司	煤业	60	10409527
2	中国平煤神马能源化工集团	煤业	75	8016013
3	郑州铁路局	铁路	159	4015615
4	河南省漯河市双汇实业集团	食品	160	4007021
5	安阳钢铁集团有限责任公司	钢铁	192	3300087
6	河南中烟工业有限责任公司	烟草	261	2284989
7	河南省农村信用社联合社	银行	311	1899441
8	金龙精密铜管集团	铜业	318	1861164
9	洛阳新安电力集团有限公司	电力	367	1586130
10	郑州煤炭工业(集团)	煤业	369	1581097
11	郑州宇通集团有限公司	汽车	385	1502621
12	河南神火集团有限公司	煤业	387	1480684
13	义马煤业集团股份有限公司	煤业	400	1416276
14	登封电厂集团有限公司	电力	483	1149634
15	河南豫联能源集团有限责任公司	电力	493	1136818
16	河南豫光金铅集团有限责任公司	金属	494	1136777

资料来源：中国企业联合会等发布的《2010 中国企业五百强》。

（三）行业结构比较

从中部大企业的主营业务来看，中部前 50 强企业中，煤、钢、矿类企业更是多达 24 家。而煤业类大企业 12 家，钢铁类企业 8 家，矿业类 4 家，而剩下的大部分企业则是中央企业或各省重要国有企业，例如铁路局就有 4 家，中烟达 3 家。而真正具有自身发展优势和潜力，不属于煤、钢、矿、重四类企业的极少。而大企业往往集中在中部的主导产业中，即煤、钢、矿、车、电五个行业。仅煤炭行业就有 12 家中部企业进入全国 500 强，其中主要集中在山西、河南两省。河南煤业化工集团以 10409527 万元的营业收入排在煤炭业的首位，且山西一省占据煤炭行业前 7 家企业。钢铁行业是中部地

区另一大支柱产业，共有8家钢铁企业进入500强，其中太原钢铁（集团）有限公司营业收入达10136453万元。矿业进入500强的共有4家，除排在首位的山西潞安矿业（集团）外，其余3家均为安徽企业。汽车行业是中部的主导产业之一，该领域东风汽车以营业收入6915955万元排在第一，而安徽一省就有2家汽车制造大型公司。另外，金属行业尤其是有色金属、电力行业也分布着中部大量的大型骨干企业。

表6　中部主导行业的企业竞争排名

行业	行业排名	企业	营业收入(万元)
煤业	1	河南煤业化工集团	10409527
	2	中国平煤神马能源化工集团	8016013
	3	山西焦煤集团有限责任公司	7747769
	4	山西煤炭运销集团有限公司	7243878
	5	山西晋城无烟煤矿业集团	5543456
	6	阳泉煤业(集团)有限责任公司	4960041
	7	大同煤矿集团有限责任公司	4254301
	8	山西煤炭进出口集团有限公司	2302889
	9	郑州煤炭工业(集团)	1581097
	10	河南神火集团有限公司	1480684
	11	义马煤业集团股份有限公司	1416276
	12	山西省焦炭集团公司	1295586
钢铁	1	太原钢铁(集团)有限公司	10136453
	2	马钢(集团)控股有限公司	5467526
	3	湖南华菱钢铁集团有限责任公司	5084459
	4	武汉钢铁(集团)公司	4033158
	5	安阳钢铁集团有限责任公司	3300087
	6	新余钢铁集团有限公司	2421848
	7	江西萍钢实业股份有限公司	2285075
	8	冷水江钢铁有限责任公司	1151755
矿业	1	山西潞安矿业(集团)	4985778
	2	安徽海螺集团有限责任公司	4141996
	3	淮南矿业(集团)有限责任公司	3524321
	4	淮北矿业(集团)有限责任公司	2468663

续表

行业	行业排名	企业	营业收入(万元)
汽车	1	东风汽车公司	6915955
	2	奇瑞汽车股份有限公司	2397976
	3	安徽江淮汽车集团有限公司	2360441
	4	江铃汽车集团公司	1779689
	5	郑州宇通集团有限公司	1502621
金属	1	江西铜业集团公司	5306360
	2	铜陵有色金属集团	4021115
	3	大冶有色金属公司	2360751
	4	河南豫光金铅集团有限责任公司	1136777
电力	1	中国葛洲坝集团公司	2691931
	2	洛阳新安电力集团有限公司	1586130
	3	安徽省皖北煤电集团	1351990
	4	登封电厂集团有限公司	1149634
	5	河南豫联能源集团有限责任公司	1136818

综观中部主导产业，共有38家大企业位居中部企业的前50名。中部大企业过分集中在中部主导产业内，说明中部其他产业发展滞后问题异常严重。比较突出的是，中部六省作为我国粮食主产区分布最集中的大区，农业企业、粮食、食品企业以及食品加工等产业门类中缺乏与中部产粮主体功能地位相对应的大企业。仅有的食品类入榜企业为河南省漯河市双汇实业，以营业收入4007021万元排在中部大企业的第19位，全国500强的第160位。而在众多的服务业门类中仅有1家银行入榜，旅游业、证券业、保险业、交通运输、物流等无一家中部企业进入全国500强。医药行业也仅九州通医药集团股份一家排在全国第313位。

可见，中部六省的经济都存在过度依赖资源、大企业产业门类分布过于集中等问题。非资源类的新兴企业极为匮乏，目前稍具竞争优势的企业依然主要依靠资源和旧体制遗留下来的工业基础。而即便是这些凭借企业营业收入入榜的国有企业，也并没带来区域经济的快速发展和繁荣，更没有带来区域经济或行业竞争力的增强，相反，该类企业问题重

重，而且制约和影响了企业所在地经济的发展。中部六省以及东北三省正是由于国有企业比重过大，削弱了整个地区经济发展活力。大批国有企业经营绩效差、占用了大量优质资源，但利润率低，不仅未给当地带来经济繁荣，反而因为旧体制的路径依赖，给国有企业改革带来重重困难，给地方政府带来沉重的财政负担，从而成为中部经济发展滞后的重要根源。

（四）企业社会责任比较

企业社会责任（Corporate Social Responsibility，简称 CSR）是指企业在创造利润、对股东承担法律责任的同时，还要承担对员工、消费者、社区和环境的责任。企业的社会责任要求企业必须超越把利润作为唯一目标的传统理念，强调要在生产过程中对人的价值的关注，强调对消费者、对环境、对社会的贡献。企业社会责任是企业竞争力的一个重要组成部分，一个企业具有良好的企业社会责任声誉必将转化为竞争优势。可借助目前权威性的企业社会责任排行榜进行分析，以大体了解中部企业社会责任在全国的发展格局。目前，国内影响最大的企业社会责任排行榜是中国社会科学院发布的“中国 100 强企业社会责任发展指数”和《财富》（中文版）发布的 100 家中国本土企业和在华外资企业进行的企业社会责任排名。根据《财富》（中文版）发布的 2011 中国企业社会责任 100 排行榜，进入前十名的企业分别为中远集团、中国移动、联想、中石化、宝钢、五矿集团、神华能源、中煤能源、中国建设银行和中国银行等，其中无一家中部企业。而属于本土企业的前 50 名企业（6 家）也大多属于东部沿海经济板块相关的企业，分别为山西太钢（第 15）、东风汽车（第 36）、武汉钢铁（第 38）、湖南华菱（第 44）、江西铜业（第 47）和马鞍山钢铁（第 50）。入榜的中部企业中，湖北有 2 家，湖南、安徽、山西和江西均有 1 家入榜，河南作为中部经济实力最强的省份，无一家企业进入中国企业社会责任 50 强。而入榜企业均为大型国有企业。

表 7　中部地区企业社会责任十强企业

中部排名	企业	社会责任50强中排名	《财富》中国500强排名	得分	省份
1	山西太钢不锈钢股份有限公司	15	28	41.2	山西
2	东风汽车集团股份有限公司	36	24	32	湖北
3	武汉钢铁股份有限公司	38	38	29.6	湖北
4	湖南华菱管线股份有限公司	44	56	24.6	湖南
5	江西铜业股份有限公司	47	41	22.7	江西
6	马鞍山钢铁有限公司	50	39	18.1	安徽
7	太原钢铁(集团)有限公司				山西
8	湖南华菱钢铁股份有限公司				湖南
9	三一集团有限公司				湖南
10	安阳钢铁集团有限责任公司				河南

资料来源：《财富》（中文版）的中国企业社会责任 50 强排行榜和中国社会科学院《中国 100 强企业社会责任发展指数（2010）》。

根据《财富》（中文版）的本土企业社会责任 50 强排行榜可见，中部地区仅山西太钢一家企业进入前 20 强，其他均在 50 强的偏后位置。排在 30～40 区间的有 2 家，分别为东风汽车和武汉钢铁。在 40～50 区间的企业有 3 家，分别为湖南华菱管线、江西铜业以及马鞍山钢铁。另外，企业社会责任排名并不与企业的发展实力一一对应。比如，在 500 强中排名最靠前的是东风汽车，但在社会责任排名中却居山西太钢之后，江西铜业与湖南华菱管线亦存在同样的问题。而马鞍山钢铁在 500 强中均超过江西铜业与湖南华菱管线，在企业社会责任排名中却位居二者之后。

而在中国社会科学院基于责任管理、市场责任、社会责任、环境责任等四个方面而产生的企业社会责任发展指数 100 强排名中，中部仅有 3 家进入前 50 名。其中武汉钢铁排名最高，位居 100 强中的第 12 名，是 13 家企业社会责任领先企业之一。东风汽车和马鞍山钢铁分别以排名第 23 位和第 24 位，成为 32 家追赶型企业中仅有的两家中部企业。其中 5 家企业进入 50～100 位区间，分别为排在第 63 名的太原钢铁（集团）有

限公司、第80名的湖南华菱钢铁股份有限公司、第85名的三一集团有限公司、第88名江西铜业集团公司、第98名安阳钢铁集团有限责任公司。其中，三一集团有限公司是中部六省唯一的民营入榜企业。

二 中部上市公司发展及竞争力比较

上市公司是指所发行的股票经过国务院或者国务院授权的证券管理部门批准在证券交易所上市交易的股份有限公司。与一般公司相比，上市公司最大的特点在于可利用证券市场进行筹资，广泛地吸收社会上的闲散资金，从而迅速扩大企业规模，增强产品的竞争力和市场占有率。一个企业要成为一个上市公司，必然要有雄厚的实力、较强的赢利业绩、清晰的产权、完善的公司治理结构以及规范的管理等。“上市”不是评判一个企业竞争力的唯一要求，却是一个企业发展好坏的重要尺度。为此，考察中部企业整体竞争力必然要求具体研究中部企业上市情况以及上市公司的发展。

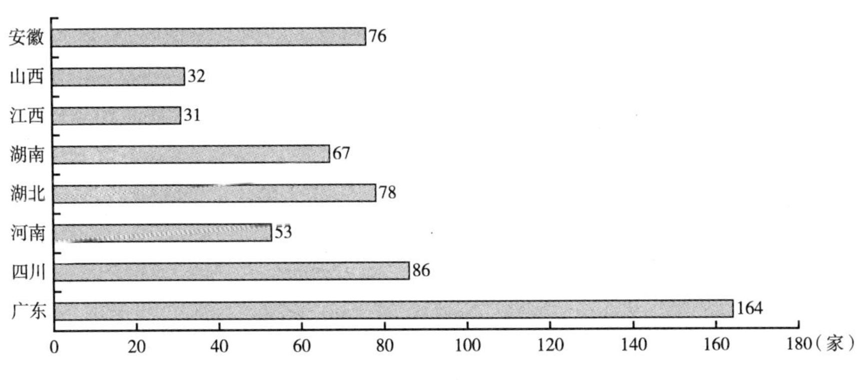

图5 中部六省总上市情况比较

截至2011年12月26日，我国沪深A股上市公司共有2293家，其中中小板块647家，创业板277家。其中，中部六省共有A股上市公司347家，占全国的15.1%，低于中部地区GDP占全国的比重。故可以看出相对于中部经济的发展，中部企业在规范化或现代化企业经营和建设上略显滞后。具体到每个省，中部六省内部亦存在发展的两极。其中以湖北省上市公司的数量最多，为 78 家，其次是安徽 76 家，再次是湖南 67 家，作为中部第一大经济强省的河南共有上市公司 53 家，位居中部六省第四位。但总体而言，排在前四名的省份之间的差距并不悬殊，悬殊较大的是作为中部六省经济最弱的江西和山西，分别以 31 家和 32 家排在最后两位。同作为西部和东部代表省份的四川与广东相比，即便是中部上市最多的湖北省差距也非常明显。同期，四川共有 86 家企业上市，广东有 164 家。可见，中部企业要实现崛起，任务还非常艰巨。

表 8　中部六省上市情况及横向比较

	河南	湖北	湖南	江西	山西	安徽	四川	广东
深 A	32	33	38	13	12	40	45	107
创业板	8	10	8	2	2	7	7	28
沪 A	23	35	21	16	18	29	34	29

具体到上市公司深 A（含中小板）、创业板、沪 A 的分布来看，选择是在深 A 还是沪 A 上市具有较为显著的地缘偏好特征。相对中部企业主板上市而言，创业板 GEM（Growth Enterprises Market）board 上市情况更差。创业板目的是扶持中小企业，尤其是高成长性企业，为风险投资和创投企业建立正常的退出机制，为自主创新国家战略提供融资平台，为多层次的资本市场体系建设添砖加瓦。为此，创业板上市的情况基本可以反映出一个地区企业的成长性。在全国 277 家创业板上市公司中中部六省共有 37 家，占全国比重为 13. 36%，低于所占主板市场比重（15. 4%）。创业板企业在六省中的分布更不均衡，江西和山西均只有 2 家，湖北有 10 家位居第 1，湖南和河南均为 8 家，安徽 7 家。同期四川 7 家，广东 28 家。总体而言，中部共 4 个省份高于或等于四川的创业板企业数。但与广东相比，创业板比主板差距更悬殊。为此，中部中小企业的发展任务尤为艰巨。

表 9　中部六省 A 股上市企业（含中小板）

序号	河南	湖北	湖南	江西	安徽	山西
1	许继电气	湖北宜化	中联重科	华意压缩	丰原药业	ST 当代
2	中原环保	鄂武商 A	通程控股	江铃汽车	合肥百货	美锦能源
3	焦作万方	长航凤凰	华天酒店	仁和药业	美菱电器	＊ST 南风
4	ST 思达	沙隆达 A	ST 张家界	江西水泥	皖能电力	山西三维
5	大地传媒	湖北金环	江南红箭	天音控股	古井贡酒	漳泽电力
6	同力水泥	天茂集团	湖南投资	赣能股份	海螺型材	太原刚玉
7	双汇发展	武汉塑料	紫光古汉	诚志股份	铜陵有色	太钢不锈
8	神火股份	襄阳轴承	西王食品	黑猫股份	丰乐种业	煤气化
9	新乡化纤	双环科技	正虹科技	正邦科技	国元证券	西山煤电
10	豫能控股	大冶特钢	中航动控	江特电机	华茂股份	同德化工
11	华兰生物	中百集团	长城信息	章源钨业	国风塑业	山西证券
12	轴研科技	博盈投资	酒鬼酒	赣锋锂业	安凯客车	百圆裤业
13	新野纺织	长江证券	岳阳兴长	恒大高新	中鼎股份	兰花科创
14	恒星科技	武汉中商	现代投资	中江地产	中粮生化	永泰能源
15	中航光电	京山轻机	南方建材	凤凰光学	中弘股份	太原重工
16	利达光电	桑德环境	ST 天一	＊ST 昌九	金马股份	ST 天龙
17	三全食品	江钻股份	电广传媒	赣粤高速	永新股份	＊ST 太化
18	濮耐股份	湖北能源	嘉凯城	洪都航空	华星化工	阳泉煤业
19	辉煌科技	福星股份	华菱钢铁	江西铜业	华孚色纺	亚宝药业
20	华英农业	凯迪电力	九芝堂	联创光电	中钢天源	太工天成
21	森源电气	广济药业	隆平高科	中航电子	安纳达	安泰集团
22	远东传动	长源电力	南岭民爆	中文传媒	东华科技	晋西车轴
23	多氟多	ST 迈亚	山河智能	安源股份	方圆支承	ST 狮头
24	中原特钢	华丁科技	ST 天润	洪城水业	精诚铜业	山煤国际
25	中原内配	中航精机	湘潭电化	方大特钢	合肥城建	山西焦化
26	雏鹰农牧	三特索道	辰州矿业	江西长运	江南化工	通宝能源
27	林州重机	武汉凡谷	步步高	泰豪科技	科大讯飞	山西汾酒
28	西泵股份	光迅科技	拓维信息	江中药业	鑫龙电器	大同煤业
29	通达股份	南国置业	友阿股份	新钢股份	皖通科技	大秦铁路
30	好想你	永安药业	博云新材		泰尔重工	潞安环能
31	佰利联	国创高新	梦洁家纺		鼎泰新材	
32	北玻股份	高德红外	汉森制药		神剑股份	
33	中原高速	宜昌交运	长高集团		司尔特	
34	宇通客车	武钢股份	人康牧业		鸿路钢构	

续表

序号	河南	湖北	湖南	江西	安徽	山西
35	银鸽投资	东风汽车	天桥起重		顺荣股份	
36	郑州煤电	楚天高速	金杯电工		辉隆股份	
37	黄河旋风	葛洲坝	凯美特气		洽洽食品	
38	莲花味精	人福医药	唐人神		德力股份	
39	ST 安彩	东方金钰	三一重工		金禾实业	
40	太龙药业	美尔雅	金健米业		亚夏汽车	
41	天方药业	东湖高新	华升股份		皖通高速	
42	羚锐制药	道博股份	大湖股份		黄山旅游	
43	平高电气	兴发集团	金瑞科技		皖维高新	
44	大有能源	武汉控股	湘电股份		金种子酒	
45	瑞贝卡	光电股份	时代新材		全柴动力	
46	风神股份	凯乐科技	湘邮科技		铜峰电子	
47	豫光金铅	ST 昌鱼	科力远		鑫科材料	
48	安阳钢铁	三峡新材	千金药业		巢东股份	
49	中孚实业	安琪酵母	熊猫烟花		星马汽车	
50	东方银星	长江通信	湖南海利		江淮汽车	
51	神马股份	ST 精伦	华银电力		ST 国通	
52	洛阳玻璃	ST 国药	株冶集团		六国化工	
53	平煤股份	烽火通信	岳阳林纸		精工钢构	
54	明泰铝业	洪城股份	郴电国际		安徽水利	
55	郑煤机	中珠控股	新五丰		中发科技	
56		ST 万鸿	广汽长丰		时代出版	
57		三安光电	中南传媒		方兴科技	
58		华远地产	旗滨集团		山鹰纸业	
59		中茵股份	方正证券		芜湖港	
60		ST 祥龙			精达股份	
61		汉商集团			海螺水泥	
62		华新水泥			安徽合力	
63		航天电子			马钢股份	
64		ST 力阳			恒源煤电	
65		武汉健民			合肥三洋	
66		马应龙			雷鸣科化	
67		九州通			四创电子	
68		骆驼股份			皖新传媒	
69					国投新集	

资料来源：整理自安信证券通达信证券行情和交易软件地区板块（2011 年 12 月 26 日）。

表 10　中部六省创业板上市企业

序号	河南	湖北	湖南	江西	山西	安徽
1	汉威电子	中元华电	爱尔眼科	三川股份	振东制药	安科生物
2	豫金刚石	回天胶业	中科电气	华伍股份	仟源制药	荃银高科
3	新大新材	台基股份	太阳鸟			长信科技
4	新开源	鼎龙股份	天舟文化			盛运股份
5	四方达	华中数控	永清环保			安利股份
6	新开普	力源信息	千山药机			桑乐金
7	新天科技	天喻信息	尔康制药			阳光电源
8	隆华传热	金运激光	万福生科			
9		三丰智能				
10		华昌达				

资料来源：整理自安信证券通达信证券行情和交易软件地区板块（2011 年 12 月 26 日）。

根据安信证券通达信证券行情和交易软件提供的即时信息，中部上市公司竞争力较强的企业多分布在机械制造、生物制品、医药制造、化工、服务等中部传统优势产业中。目前，学术界对中部上市公司的研究已有初步的排行①。根据相关的排行榜，从偿债能力、赢利能力及运营能力来看，中部上市公司相关指标排前 10 名的如表 11。

表 11　偿债能力、赢利能力和运营能力前十强

排名	偿债能力	省份	赢利能力	省份	运营能力	省份
1	中元华电	湖北	华兰生物	河南	双汇发展	河南
2	汉威电子	河南	山西汾酒	山西	中元华电	湖北
3	中科电气	湖南	仁和药业	江西	鄂武商 A	湖北
4	回天胶业	湖北	南岭民爆	湖南	岳阳兴长	湖南
5	江南化工	安徽	桑德环境	湖北	步步高	湖南
6	爱尔眼科	湖南	现代投资	湖南	南方建材	湖南
7	拓维信息	湖南	道博股份	湖北	合肥百货	安徽
8	安科生物	安徽	赣粤高速	江西	桑德环境	湖北
9	华兰生物	河南	中原环保	河南	安纳达	安徽
10	*ST 金果	湖南	酒鬼酒	湖南	株冶集团	湖南

① http://www.wenku.baidu.com/view/d0ee23bf960590c69ec376c3.html.

从偿债能力看，电子、电气类企业排名靠前，前三位的全是此类企业。而生物、医疗类企业却具有很强的赢利能力。根据发布的排行榜，偿债能力前10强中湖南省共有4家上市公司入榜，湖北2家，其中中元华电排名第一。河南和安徽也各有2家企业进入前10。中部的江西和山西则无一家企业进入前10名。赢利能力排行榜中河南的华兰生物排名第一，河南、湖北、江西均有2家企业进入前10，山西1家，安徽无一家企业进入前十，湖南依然是入榜数最多，共3家企业。运营能力上，河南双汇发展位居第一，湖北3家、湖南4家、安徽2家、河南1家企业分别进入前十，江西和山西无一家企业入榜。

从综合以上三种能力得出的综合竞争力20强上市公司来看，中元华电最具竞争力。且在前20家企业中，湖北、湖南均有5家、河南、安徽各4家、江西2家上市公司进入中部六省综合竞争力20强，而山西省则无一家企业进入前20名。由此可见，中部上市公司的竞争力总体上与各省上市企业数量相对应，湖南、湖北、河南、安徽四个省实力相当，而江西和山西则严重落后。而从上市公司所属行业来看，专用设备制造、电器机械及器材制造、生物制品、机械制造、化学原料及制品、食品等行业均具有较强的竞争力。

表12　中部上市公司综合竞争力20强

排名	上市公司	代码	省份	所属行业
1	中元华电	300018	湖北	专用设备制造
2	汉威电子	300007	河南	电器机械及器材制造
3	华兰生物	002007	河南	生物制品
4	中科电气	300035	湖南	机械制造
5	回天胶业	300041	湖北	化学原料及制品
6	双汇发展	000895	河南	食品
7	江南化工	002226	安徽	化学原料及制品
8	爱尔眼科	300015	湖南	医药制造业
9	拓维信息	002261	湖南	计算机应用服务
10	岳阳兴长	000819	湖南	石油加工及炼焦
11	台基股份	300046	湖北	电子元器件制造

续表

排名	上市公司	代码	省份	所属行业
12	安科生物	300009	安徽	生物制品
13	永安药业	002365	湖北	医药制造业
14	仁和药业	000650	江西	医药制造业
15	科大讯飞	002230	安徽	计算机应用服务
16	辉煌科技	002296	河南	通信设备
17	江中药业	600750	江西	中药加工
18	武汉凡谷	002194	湖北	通信设备
19	步 步 高	002251	湖南	零售业
20	雷鸣科化	600985	安徽	化学原料及制品

三　中部企业发展的问题与对策

第一，中部企业区域竞争力与中部经济在全国的地位基本一致，同样存在发展滞后问题。中部企业的发展与中部经济发展密切相关，本身就是中部经济发展的重要组成部分。“滞后”体现在中部企业的发展不仅远远低于东部沿海发达省市，而且在某些方面甚至低于西部一些重要省市的发展水平。为此，要实现中部崛起首先要实现中部企业的崛起，培育大量的在全国具有重要影响的大企业、大品牌，只有通过中部企业的上位赶超才能实现中部经济社会发展的快速赶超，才能尽快走出中部发展的均衡陷阱。

第二，中部企业总体而言，国有企业比重过高，制约了中部企业整体竞争力的提升和中部经济的快速发展。一个地区的经济发展与该区域的民营企业的发展程度和水平密切相关。中部企业发展滞后一个很重要的原因就在于中部各省国有企业的改革迟缓，国有企业比重过高，民营企业过弱。市场机制不活，给予民营企业的发展机会和空间很少，民营企业没有得到充分发展。为此，中部各省均需加快国有企业尤其是国有大型企业的改革和改制，加大产权改革力度和幅度。只有如此，才能增强国有企业的整体市场竞争力。为此，需要创新企业成长机制，为中小企业尤其是民营企业营造宽松的市场环境。只有实现民营企业大发展，才能加速中部的崛起。

第三，中部企业过度依赖资源，将进一步制约中部企业和经济的发展。从中部大企业的行业分布来看，资源型企业比重过大，尤其集中在煤炭、钢铁等行业。为此，中部企业转型的任务异常艰巨，尤其是依靠煤炭企业支撑的山西省，如何有效地实现企业的产业转型，将直接影响山西等资源型企业比重过高的省份能否最终实现真正的“中部崛起”。为此，中部各省均需加快资源型企业转型，加大企业科研投入，提升整个资源型企业的核心竞争力。企业转型的另一个重要途径是扩展和延伸产业链，增加产业附加值。

第四，中部地区产业分工不够明确，过度竞争现象比较严重。以汽车制造行业为例，中部六省几乎每省都把汽车制造业作为支柱产业。中部六省中目前发展势头较好的汽车制造公司主要有湖北的东风汽车、江西的江铃汽车、安徽的奇瑞汽车和江淮汽车。汽车制造行业在中部的过度竞争将极不利于中部汽车行业的整体发展。为此，中部大企业集中的煤、钢、汽车等行业需要加强中部各省间的产业分工和企业合作，组合中部产业集群，避免重复竞争和资源浪费。只有合理地分工和合作才能有利于整个产业的发展和提升，增强行业竞争力。

第五，中部六省无论是企业发展的经济环境，还是企业自身发展态势均存在较大差异。以中部的粮食安全主体功能为例，中部六省除山西外都是我国重要的粮食主产地，但粮食加工企业在中部并不多。尤其是中部除河南双汇外，几乎没有全国知名的大型食品企业。为此，需要深挖中部各省主体功能优势，培育相应的大型企业和知名品牌。培育具有主体功能区位的新型农业、食品企业、餐饮连锁企业以及生态旅游等类型的企业。大力发展中部第三产业，打造一批具有全国影响力的服务型企业，尤其是旅游服务业和生态服务业，因为这些行业都与中部的主体功能优势密切关联。

第六，中部六省无论是企业发展的经济环境，还是企业自身发展态

势均存在较大差异。其中分化的一极为以河南为首的湖北、湖南和安徽四省，另一极为江西和山西两省。江西和山西无论是经济总量，还是上市公司数量、创业板公司数等诸多方面都严重滞后于其他四省。而且，在某种程度上严重滞后于西部重要的省市。故在中部崛起战略实施中不应“一刀切”，而应根据中部各省的具体发展情况设立切实可行的追赶目标。

第七，中部缺乏在全国甚至世界具有重要影响的大企业、大品牌。从中部进入全国百强的5家企业来看，中部所谓的大企业基本都是资源型国有企业，这样的企业难以在激烈的市场竞争中保持持续的市场竞争力。为此，中部企业要“走出去”，不断拓展全国和世界市场，在发展中增强企业的竞争力、壮大实力、扩大影响，培育和打造出大批属于中国和世界的中部企业。

参考文献

《2011年中国企业社会责任100强排行榜》，《财富》（中文版）2011年第4期。

程明、程金凤、叶双慧：《提高企业核心竞争力与中部地区企业“多梯制”人才发展通道研究》，《科技进步与对策》2009年第8期。

胡树华、李荣：《基于500强的中国企业国家竞争力现状及发展研究》，《改革与战略》2009年第3期。

江若尘、曹光明、王丹：《中国500强企业竞争力发展的结构性研究》，《上海财经大学学报》2011年第3期。

蒋丹：《全球化背景下如何提高中国企业的竞争力》，《时代金融》2011年第9期。

刘元洪：《中部地区中小企业竞争力动态评价》，《商业研究》2009年第9期。

全国工商联：《2010年中国民营企业500强》，中国时尚品牌网，2011年8月31日。

中国企业联合会等：《2010中国企业五百强》，http：//www.cec-ceda.org.cn，2011年9月9日。

周园园：《企业竞争力评价指标体系探讨》，《企业技术开发》2011年第11期。

中部大事记

The Central China Memorabilia

B.17

中部崛起大事记（2005～2011）

2005 年 3 月　温家宝总理在十届全国人大三次会议上作《政府工作报告》时提出积极推动区域协调发展，抓紧制定促进中部地区崛起的规划和措施。充分发挥中部地区的区位优势和综合经济优势，加强现代农业特别是粮食主产区建设；加强综合交通运输体系和能源、重要原材料基地建设；加快发展有竞争力的制造业和高新技术产业；开拓中部地区大市场，发展大流通。国家要从政策、资金、重大建设布局等方面给予支持。

2005 年 8 月 14 日　中共中央政治局常委、国务院总理温家宝在长沙主持召开促进中部地区崛起座谈会，研究促进中部崛起的基本思路和政策措施。

温家宝强调，促进中部地区崛起，是我国发展新阶段整体战略布局的重要组成部分。要充分认识促进中部地区崛起的战略意义，正确认识和把握中部地区的发展定位和特点，以新的思路促进中部崛起。

温家宝指出，中部地区具有明显的区位优势和综合资源优势，这里是我国重要的农产品生产基地、能源基地和重要的原材料基地，拥有比较雄厚的工业基础，具有科技、教育和人才优势，有着丰富的自然历史文化资源。促进中部地区崛起，是统筹区域发展，促进东中西互动，实现优势互补、共同发展的必然选择；是充分发挥中部发展潜力、推进我国经济发展和扩大对外开放的迫切需要；是解决我国三农问题、推进工业化和城镇化、全面建设小康社会的重大举措。

温家宝最后说，促进中部地区崛起是长期而艰巨的任务，要切实加强领导，科学规划，精心布局，联合协作，共同发展。坚持从实际出发，按客观规律办事。主要依靠自己艰苦奋斗，国家给予必要的支持和帮助。通过有力的措施和扎实的工作，开创中部崛起的新局面。

2005 年 8 月 19～23 日　胡锦涛总书记在河南、江西、湖北三省考察工作，研究促进中部崛起的基本思路和政策措施。

胡锦涛要求中部地区坚持以科学发展观统领经济社会发展全局，推动经济社会发展转入科学发展的轨道。必须坚持发展是硬道理的战略思想，坚持把发展作为党执政兴国的第一要务，努力保持经济平稳较快发展；必须加快转变经济增长方式，积极推进经济结构的战略性调整，实现节约发展、清洁发展、安全发展和可持续发展；必须提高自主创新能力，充分发挥科学技术第一生产力的重要作用，着力解决制约经济社会发展的重大科技问题；必须促进城乡区域协调发展，推动城乡经济社会良性互动、共同发展，推进统筹区域发展和现代化建设总体布局的落实；必须加强和谐社会建设，保持社会安定团结，努力创造良好的发展环境；必须不断深化改革开放，形成一整套有利于推动经济结构调整和经济增长方式转变、提高自主创新能力、节约能源资源的体制机制。

2005 年 8 月 22 日　交通部部长张春贤主持召开部务扩大会议，传达温家宝总理在促进中部地区崛起座谈会上的重要讲话精神，并就贯彻落实温家宝总理对交通工作的重要指示作出部署。

他强调，当前要重点抓好以下几项工作。一是根据国家高速公路网

规划，抓好中部地区承东启西、纵贯南北的大通道建设，加强前期工作，加大支持力度；二是加大路网改造力度，改善路网结构；三是加强农村公路建设；四是重视内河航道和港口建设，特别是长江“黄金水道”建设。

2005 年 9 月 11 日 “中国中部崛起人才论坛”经过两天研讨，圆满落下帷幕。中部六省组织人事部门的代表围绕中部崛起与区域人才合作进行了广泛深入的讨论，通过了《中部六省人才开发合作共同宣言》，达成了六项共识：一是人才开发区域合作是提升中部经济和社会整体发展水平的重要途径；二是中部崛起人才开发区域合作要坚持“开放自主、优势互补、互惠共享、合作共荣”的原则；三是建立以联席会议制度为主体的工作机制；四是以项目为抓手，落实各项行动计划；五是抓紧推进中部六省之间双边和多边的合作交流；六是把中部崛起人才论坛办成一个开放性的论坛，并形成了《中部六省人才开发合作共同宣言》，使论坛取得了标志性的成果。

2005 年 11 月 湖北筹划加强与港台地区合作，促进“中部崛起”。中共湖北省委常委、宣传部长张昌尔 8 日在海峡两岸记者赣鄂行联合采访团记者采访时表示，中央提出实施“中部地区掘起”战略后，湖北省委、省政府提出要逐步把湖北建设成为中国中部重要的优质农产品生产加工区、现代制造业聚集区、高新技术发展区、现代物流中心区，使湖北经济社会发展走在中西部前列，成为中部崛起的重要战略支点。

2005 年 12 月 28 日 商务部办公厅下发关于扩大开发促进中部崛起的指导意见。为贯彻落实党中央、国务院作出的“中部崛起”战略决策，加快中部地区经济发展步伐，积极合理有效利用外资，促进中部地区全面提高开放水平，抓住有利时机，充分发挥地区优势，因地制宜地做好吸收外商直接投资工作，现就促进中部地区进一步扩大吸收外资规模，提高吸收外资水平提出若干指导性意见。

2006 年 3 月 5 日 在温家宝总理《政府工作报告》中，“积极促进中部地区崛起”再次成为强音。《报告》再次提出抓紧研究制定促进中

部地区崛起的规划和措施，“积极促进中部地区崛起”变得分外明朗。“充分发挥中部区位、资源、产业和人才优势，重点加强现代农业特别是粮食主产区商品粮基地建设，加强能源和重要原材料基地建设，加强现代综合交通运输体系、现代流通体系和现代市场体系建设。支持老工业基地振兴和资源型城市转型，建设现代装备制造基地和高技术产业基地。增强中心城市辐射功能，带动周边地区发展。”

2006 年 3 月 27 日 中共中央政治局召开会议，研究促进中部地区崛起工作。

会议指出，促进中部地区崛起，是党中央、国务院继作出鼓励东部地区率先发展、实施西部大开发、振兴东北地区等老工业基地战略后，从我国现代化建设全局出发作出的又一重大决策，是落实促进区域协调发展总体战略的重大任务。

会议强调，促进中部地区崛起，要坚持把改革开放和科技进步作为动力，着力增强自主创新能力、提升产业结构、转变增长方式、保护生态环境、促进社会和谐，努力建设全国重要的粮食生产基地、能源原材料基地、现代装备制造及高技术产业基地和综合交通运输枢纽，在发挥承东启西和产业发展优势中崛起，实现中部地区经济社会全面协调可持续发展，为全面建设小康社会作出新贡献。

会议强调，中部地区崛起是一项长期的战略任务。要坚持深化改革和扩大对内对外开放，推进体制机制创新，发挥市场配置资源的基础性作用；坚持依靠科技进步和自主创新，走新型工业化道路；坚持突出重点，充分发挥比较优势，巩固提高粮食、能源原材料、制造业等优势产业，稳步推进城市群的发展，增强对全国发展的支撑能力；坚持立足现有基础，自力更生，国家给予必要的支持，着力增强自我发展能力；坚持以人为本，统筹兼顾，努力扩大就业，逐步减少贫困人口，提高城乡公共服务水平，加强生态建设和环境保护，促进城市与农村、经济与社会、人与自然和谐发展。

2006 年 4 月 15 日 中部崛起的纲领性文件——《中共中央、国务

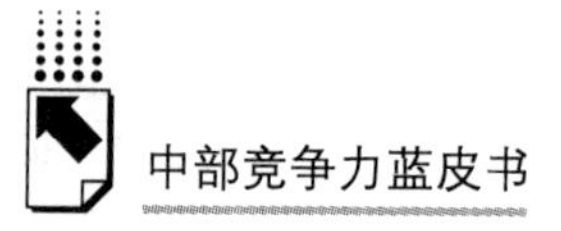

院关于促进中部地区崛起的若干意见》（中发〔2006〕10号）正式出台。

10号文件提出了36条政策措施，分为九个方面，分别是：整体要求和原则、推进社会主义新农村建设、推进工业结构优化升级、提升交通流通优势、促进城市群和县域发展、扩大对内对外开放、加快社会事业发展、实现可持续发展和加强领导。10号文件在关于中部崛起的协调机构上作出明确规定："在国务院领导下，国家发改委成立一个中部崛起的协调机构。"在国家层面成立"中部办"，一直是中部六省的一个重要诉求，此前，在中部六省成立一个省长书记层面的协调机构也是中部省份酝酿很久的一个想法。国家发改委地区司有关官员说，在新机构成立前，各地项目申报等事项报给发改委地区司。

2006年5月19日 国务院办公厅下发《关于落实〈中共中央、国务院关于促进中部地区崛起的若干意见〉有关政策措施的通知》（国办函〔2006〕38号），主要包括八个方面的内容：

（一）加快建设全国重要粮食生产基地，扎实稳步推进社会主义新农村建设；

（二）加强能源原材料基地和现代装备制造及高技术产业基地建设，推进工业结构优化升级；

（三）提升交通运输枢纽地位，促进商贸流通旅游业发展；

（四）增强中心城市辐射功能，促进城市群和县域发展；

（五）扩大对内对外开放，加快体制机制创新；

（六）加快社会事业发展，提高公共服务水平；

（七）加强资源节约、生态建设和环境保护，实现可持续发展；

（八）加强领导，狠抓落实。

《中共中央、国务院关于促进中部地区崛起的若干意见》是党中央、国务院在新时期统筹区域经济协调发展的重要部署，是指导当前和今后一个时期中部地区发展的纲领性文件。

2006年7月底 经历了多年的争论、预热之后，武汉城市圈、中

原城市群、长株潭城市群、皖江城市带四个中部地区的城市群被正式列入中央关于中部崛起的10号文件。

2006年9月21日 河南、山西、安徽、江西、湖北、湖南六省调查总队联合测算"中部六省企业景气指数"，为实现中部六省之间"取长补短、优势互补、合作发展、实现共赢"的区域目标提供优质的信息服务，在实施"中部崛起"的发展战略中发挥更大的作用。

2006年9月26～28日 首届中国中部投资贸易博览会（简称"中部博览会"）经中华人民共和国国务院批准在中国湖南长沙举办。

"中部博览会"是为了落实中央政府关于促进中部崛起的重大决策而举办的大规模、高规格的区域性经贸活动，是推动中部六省扩大对外开放和加强区域及国际交流合作的重要平台。"中部博览会"对提高中部地区对内、对外开放水平，促进区域经济协调发展，利用区域间生产要素和产业流动及转移加快的有利时机，发挥优势，促进中部地区国内外贸易发展，搞活流通，拉动内需，扩大消费，更好地承接国际产业转移和东部沿海地区产业梯度转移，借助外部资金加快发展，激发中部地区发展内在动力，具有重要意义。

"中部博览会"的活动内容主要包括货物贸易、投资洽谈、旅游洽谈、旅游推介和高峰论坛等。货物贸易主要是宣传展示中部各省优势产业及名优特产品。投资洽谈主要是开发会前投资促进、展示洽谈、投资推介、项目对接洽谈等。旅游推介主要是各省通过特装布展的形式展示和推介旅游资源，开展推介和洽谈。高峰论坛是围绕"中部崛起"，邀请国内外政要、商界精英、专家学者发表主旨演讲。

"中部博览会"为境内外投资贸易客商全面了解中国中部地区投资政策、获取重点项目建设信息、选择投资项目、开展经贸往来和兴业发展提供了绝好机会，同时，也为世界各地的企业进入中国、进入中国中部，展示自我，寻求商机搭建大好舞台。

2007年1月15日 为支持山西、安徽、江西、河南、湖北、湖南中部六省崛起，国务院办公厅下发了《关于中部六省比照实施振兴东北地区等老工业基地和西部大开发有关政策范围的通知》，该通知对中部六省享受优惠政策的地、市、县范围进行了确定，下一步，国家有关部委将制定具体优惠政策的实施办法。从 2007 年 7 月 1 日开始，增值税转型试点扩至中部六省 26 个老工业基地城市的八大行业。在此次财政部和国家税务总局联合发布的文件中，被纳入试点范围的行业有采掘、冶金、装备制造、汽车制造、石油化工、高新技术、电力和农产品加工业等。

中部增值税转型试点 26 个城市：

山西省：太原　大同　阳泉　长治

安徽省：合肥　马鞍山　蚌埠　芜湖　淮南

江西省：南昌　萍乡　景德镇　九江

河南省：郑州　洛阳　焦作　平顶山　开封

湖北省：武汉　黄石　襄樊　十堰

湖南省：长沙　株洲　湘潭　衡阳

2007 年 4 月 10 日　根据中央机构编制委员会办公室发出的《关于调整发展改革委机构编制的批复》，国家促进中部地区崛起工作办公室（以下简称“中部办”）已在国家发改委正式挂牌，具体工作由国家发改委地区经济司承担。

2006 年 4 月，中共中央、国务院印发《关于促进中部地区崛起的若干意见》后，中部崛起战略作为国家战略正式步入实施阶段。根据国家发改委的官方说法，时隔 1 年后“中部办”正式挂牌，此举标志着中部地区崛起进入了更具操作性的实施阶段。

“中部办”的工作重点是为中部六省发展制定一系列的优惠政策，推动六省的协调发展，充分发挥中部六省的比较优势，特别是优势产业和企业，形成“合作、配套、互补、互助”的关系。

2007 年 4 月 26 日　第二届中国中部投资贸易博览会正式在郑州国际会展中心隆重开幕。本届中博会由商务部、税务总局、工商总局、广电总局、旅游局、中国贸促会、全国工商联、中国工业经济联合会及山

西、安徽、江西、河南、湖北、湖南六省人民政府联合主办。主题是“促进中部崛起，构建和谐社会”，共分投资贸易展览、投资贸易专项洽谈、综合活动三个部分。

2007 年 8 月 14 日　《人民日报》发表中部六省落实“促进中部地区崛起”战略述评。

对地处我国中枢，承东启西、接南连北的中部六省，在落实中央提出的“促进中部地区崛起”战略任务中，中部各省按照科学发展观的要求，抓重点、顾全局，打基础、谋长远，为全力促进经济社会又好又快发展作了精彩报道。

全文从六个方面解析中部六省发展的思路和方式，包括夯实农业基础，加速产业化进程；选准突破口，走新型工业化道路；推进城市群发展，发挥集聚带动效应；转变经济发展方式；民生指标成为刚性约束；让农民得到更多实惠。

2007 年 11 月 18 日　在杭州召开的全国发展改革系统地区经济工作会议上，国家发展和改革委员会地区经济司司长范恒山表示，当前将着眼于全面深入贯彻区域发展总体战略，进一步做好促进中部地区崛起工作。

范恒山指出：一是继续做好有关政策的协调和落实工作。国家发改委将按照中央和国务院要求，协调有关部门细化本部门促进中部地区崛起的各项政策措施，协调各有关方面加大对中部地区重大项目建设、经济结构调整和生态环境保护等方面的支持力度。二是跟踪分析中部地区经济社会发展情况。将组织有关部门到中部六省进行实地调研，全面了解中部地区经济社会发展现状，及时反映中部地区发展中出现的新情况和新问题，提出加快中部地区发展的重大政策建议。三是组织研究并制定进一步促进中部崛起的发展战略和政策措施。进一步明确中部地区的总体目标和重点任务，研究制定中部地区城市群改革发展的指导意见，提出城市群、都市圈改革发展的定位、方向及相关支持政策。同时，组织制定加快中部地区开发开放，促进中部地区承接产业转移的指导意见，提出中部地区承接产业转移的原则、布局及相关政策措施。

2007 年 12 月 16 日 国家发展和改革委员会发布《国家发展改革委关于批准武汉城市圈和长株潭城市群为全国资源节约型和环境友好型社会建设综合配套改革试验区的通知》，要求两地“根据资源节约和环境友好型社会建设的要求，全面推进各个领域的改革，在重点领域和关键环节率先突破，大胆创新，尽快形成有利于能源资源节约和生态环境保护的体制机制，加快转变经济发展方式，推进经济又好又快发展，促进经济社会发展与人口、资源、环境相协调，切实走出一条有别于传统模式的工业化、城市化发展新路”。

《通知》指出，推进武汉城市圈和长株潭城市圈综合配套改革，要深入贯彻落实科学发展观，从各自实际出发，为推动全国体制改革、实现科学发展与社会和谐发挥示范和带动作用。

在 17 日举行的武汉城市圈“全国资源节约型和环境友好型社会建设综合配套改革实验区”新闻发布会上，湖北省政府公布了下一步武汉城市圈“两型社会”建设的工作重点。湖北省代省长李鸿忠表示，刚刚获批的武汉城市圈“两型社会”建设综合配套试验区改革思路初步敲定，将重点在七个方面努力实现率先突破。

这七个方面具体包括：建立统筹区域产业发展的体制机制，实现区域经济一体化；探索建立资源节约、环境友好的体制机制，实现区域的可持续发展；探索建立增强自主创新能力的体制机制，完善区域创新体系；探索加快发展现代服务业的体制机制，优化区域经济结构；探索建立基础设施共建共享和公共资源合理配置的体制机制，完善区域公共服务功能；完善城市圈土地资源管理的体制，探索节约和集约用地的新型城市化发展模式；创新城乡统筹发展机制，实现城乡协调发展等。

2008 年 1 月 11 日 国务院正式批复国家发展和改革委员会有关建立促进中部地区崛起部际联席会议制度的请示报告，同意建立由发展改革委牵头的促进中部地区崛起工作部际联席会议制度。其主要职能是贯彻落实党中央、国务院关于促进中部地区崛起的重大部署；研究促进中

部地区崛起的有关重大问题，向国务院提出建议；协调促进中部地区崛起的重大政策，推动部门间沟通与交流；完成国务院交办的其他事项。

联席会议由发展改革委、教育部、科技部、财政部、国土资源部、建设部、铁道部、交通部、水利部、农业部、商务部、人民银行、国资委、海关总署、税务总局、环保总局、民航总局、林业局等18个部门和单位组成。联席会议可根据工作需要，邀请其他相关部门参加。联席会议由发展改革委主任担任总召集人，发展改革委分管负责同志担任召集人。

2008年4月26～28日 第三届中部投资贸易博览会在武汉举行。第三届中部博览会大力倡导自主创新和节能环保，积极推动贸易增长方式的转变，努力发展现代服务业，不断提高利用外资的质量和水平。大会以“承接产业转移，促进中部崛起”为主题，以投资推介、贸易展览、“万商西进”高峰论坛等活动为主要内容，抓住全球资本重组、沿海产业梯度转移等机遇，发挥中部地区自身优势，促进产业结构调整和升级，实现中部地区经济社会快速、协调、全面发展。王岐山出席开幕式及“万商西进”高峰论坛，中部六省共吸引外资161亿多美元。

第三届中博会通过高标准、高水平的展区设计，全方位展示中部六省经济发展现状，突出中部地区营商环境，提升中部地区的对外吸引力。13个国家，中国港澳台地区及上海、重庆、辽宁、浙江等9个内地省市的企业前来参展。此外，中博会还设立了进出口商品及节能环保展览、汽车零部件展览等9个专业展区。

2008年5月15日 国家发展改革委推进职能转变（中部片）座谈会在郑州召开。国家发改委党组成员、副主任解振华，国家发改委党组成员、国家物资储备局局长苏波，省委常委、常务副省长李克出席会议。解振华说，国家发改委在学习贯彻党的十七届二中全会精神和国务院机构改革方案的过程中，决定以这次机构改革为契机，结合“三定”方案制定工作，进一步统一思想、提高认识，增强加快推进职能转变的主动性和自觉性，更好地为党中央、国务院做好经济工作当好参谋助

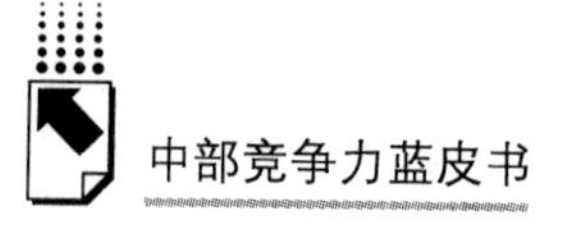

手，为地方、部门和企业做好服务。

2008年9月10日 国务院正式批准武汉城市圈综合配套改革试验总体方案。湖北省委、省政府与申报总体方案同步设计了“56531”的实施框架体系，明晰了武汉城市圈改革和建设的总体思路，标志着武汉城市圈综合配套改革试验区建设的准备工作初步完成，为全面建设奠定了良好基础。

2008年10月17日 据中国人民银行网站消息，中国人民银行和中国银监会联合发布《关于加快农村金融产品和服务方式创新的意见》，决定在中部六省和东北三省选择粮食主产区或县域经济发展有扎实基础的部分县、市，开展农村金融产品和服务方式创新试点，促进金融机构进一步改进和提升农村金融服务，积极满足多层次、多元化的“三农”金融服务需求，大力支持和促进社会主义新农村建设。

2008年11月3日 中部六省组织人事部门在第三届“中国中部崛起人才论坛”上正式签订《进一步加强中部六省人才合作的意见》、《中部六省高层次专业技术人才培养合作协议》和《中部六省联合举办高校毕业生就业服务月活动协议》。

中部六省将依据用人需求，分门别类地制定紧缺急需专业（岗位）高层次人才目录（农业、能源原材料、高新技术、现代装备制造和交通物流、金融等领域），统一面向社会发布，联合招聘引进高层次人才；六省商定各省将遴选出自己最具优势的一个学科项目，联手搭建培养平台，对区域内紧缺的高层次人才、创新型人才和急需人才进行培养；鼓励支持各省高层次人才以讲学、兼职和承包项目等方式在中部六省自由服务，开展互派博士服务团、互派青年干部挂职锻炼活动，建立中部六省高层次人才库，逐步实现区域内高层次人才共享。六省将试行人才特区制度。各在类似的支柱产业、高新技术产业、新兴产业和重点行业建立人才特区，制定相关的特殊优惠政策，引导和鼓励特区内高层次人才自由流动。六省还商定从2009年起，每年的第四季度联合举办“高校毕业生就业服务月”活动。该活动包括：组织举办中部六省高校

毕业生现场招聘大会、网络招聘大会、扩充高校毕业生人才库和开展高校毕业生就业指导等。

2009年4月26日 以“创新、合作、共赢、崛起”为主题的第四届中国中部投资贸易博览会在合肥国际会展中心隆重开幕。中国中部投资贸易博览会由商务部、税务总局、工商总局、广电总局、旅游局、中国贸促会、全国工商联、中国工业经济联合会及江西、山西、安徽、河南、湖北、湖南六省人民政府联合主办。经过连续三届的成功举办，中博会正在成为中国中部和东西部与国际资本和技术交流的重要平台。特别是近年来安徽积极融入泛长三角区域合作、打造合芜蚌自主创新试验区等举措，使得本届中博会引起了国际、国内的广泛关注，也为中部地区扩大开放、加快发展带来了新的历史契机。

中博会期间，洽谈签约活跃，现场签约了一大批项目，取得了丰硕的经贸成果。中部六省共签外商直接项目127个，投资总额76.1亿美元，引进外资63.7亿美元；六省共签订吸引内资项目356个，投资总额1682.4亿元，引进资金1449.0亿元。

2009年9月23日 温家宝总理主持召开国务院常务会议，讨论并原则通过《促进中部地区崛起规划》。会议提出，争取到2015年，中部地区实现经济发展水平显著提高，加快形成沿长江、陇海、京广和京九的“两横两纵”经济带。

会议指出，包括山西、安徽、江西、河南、湖北和湖南六省在内的中部地区，是我国重要的粮食生产基地、能源原材料基地、装备制造业基地和综合交通运输枢纽，在经济社会发展格局中占有重要地位。实施促进中部崛起战略以来，中部六省发展速度明显加快，城乡人民生活水平稳步提高。但是，中部地区也面临着诸多制约长远发展的矛盾和问题。在应对国际金融危机冲击、保持经济平稳较快增长过程中，要进一步发挥中部地区比较优势，增强对全国发展的支撑能力。

中部地区有望成为中国经济新的“增长极”。2009年以来，为抵御国际金融危机影响，布局区域经济的步伐明显加快，从国家层面制定出台的区域经济政策呈全面开花之势，由地方经济向区域经济的转化已现破局性态势。除了东部、中部、西部、东北四大区域经济板块划分外，各地的区域经济联盟、区域合作机制、区域经济空间组合、区域功能分工等，出现了实质性的发展。目前，中部省份主要有中原城市群、武汉城市圈、长株潭城市群、皖江城市带、环鄱阳湖城市群、太原都市圈等城市群概念。中部城市群 GDP 总量已接近 4 万亿元，达 39647.88 亿元，占整个中部 GDP 的 62.25%。

《规划》明确中部地区的优势和定位，指明中部地区的发展方向，规划细则的落实有助于区域内资源的优化配置，为中部地区的发展增添动力，中部地区的农业、能源、装备制造业、交通运输业等有望从中获得更大的发展。

2009 年 11 月 18 日 “中国中部（湖南）国际农博会”在长沙红星国际会展中心开幕。历经湖南农博 10 年沉淀和 2009 年更名升级，中国中部（湖南）国际农博会已成为全国极富感召力和影响力的品牌展会，成为企业成长的支点、百姓注目的热点和区域发展的亮点，成为展示中部地区乃至国内外农业新技术、新产品、新成果的重要窗口和推进农业产业化、农业现代化的重要平台。本届农博会将以“现代农业与品牌、区域交流与合作”为主题，立足中部、辐射全国，充分体现“大区域、大交流、大合作”的展会理念，重点提升展会品质、展位规模、宣传力度和展会品牌效应。

2009 年 11 月 18 日 首届世界低碳与生态经济大会暨技术博览会在江西南昌发表《南昌宣言》，为应对资源与能源使用带来的环境及气候问题挑战，号召世界各国、全球企业共同发展低碳和生态经济。

《南昌宣言》指出，随着世界经济一体化加速，全球人口和经济规模不断增长，资源和能源使用带来的环境问题及全球气候变暖，对自然生态系统和人类生存发展带来严峻挑战，已成为世界各国迫切需要共同解决的重大课题。发展低碳和生态经济，世界各国、全球企业应担负起共同但有区别的责任。要在全球范围内大力发展低碳与生态经济，提倡

低能耗、低污染、低排放，推行能源高效利用、清洁能源开发、绿色GDP核算等，力求低碳经济模式与低碳生活方式双管齐下，实现人类生存发展观念的根本性转变。

世界低碳与生态经济大会暨技术博览会，是世界各国发展低碳与生态经济的合作平台，是全球低碳与生态经济发展成果的展示平台，是促进能源技术创新、能源结构调整和低碳产业发展的服务平台，要坚持不懈地举办下去。大会初定在中国南昌每两年举办一届。

2009年12月12日　国务院正式批复《鄱阳湖生态经济区规划》，建设鄱阳湖生态经济区上升为国家战略。此《规划》是新中国成立以来江西省第一个上升为国家战略的区域性发展规划。

《规划》明确，鄱阳湖生态经济区包括南昌、景德镇、鹰潭3市，以及九江、新余、抚州、宜春、上饶、吉安市的部分县（市、区），共38个县（市、区），国土面积为5.12万平方公里。鄱阳湖生态经济区是长江三角洲、珠江三角洲、海峡西岸经济区等重要经济板块的直接腹地，是中部地区正在加速形成的增长极之一，具有发展生态经济、促进生态与经济协调发展的良好条件。

根据《规划》，鄱阳湖生态经济区的发展定位是：建设全国大湖流域综合开发示范区、长江中下游水生态安全保障区、加快中部崛起重要带动区、国际生态经济合作重要平台。鄱阳湖生态经济区建设规划期为2009～2015年，远期展望到2020年。2009～2015年的任务是创新体制机制，夯实发展基础，壮大生态经济实力，初步形成生态与经济协调发展新模式；2016～2020年的任务是构建保障有力的生态安全体系，形成先进高效的生态产业集群，建设生态宜居的新型城市群，为到21世纪中叶基本实现现代化打下良好基础。

国务院指出，要把《规划》实施作为应对国际金融危机、贯彻区域发展总体战略、保护鄱阳湖“一湖清水”的重大举措，促进发展方式根本性转变，推动这一地区科学发展。《规划》实施要以促进生态和经济协调发展为主线，以体制创新和科技进步为动力，转变发展方式，创新发展途径，加快发展步伐，努力把鄱阳湖地区建设成为全国生态文明与经济社会发展协调统一、人与自然和谐相处的生态经济示范区。

2010 年 1 月 21 日　国务院正式批复《皖江城市带承接产业转移示范区规划》。作为首个获批的国家级承接产业转移示范区，皖江城市带承接产业转移示范区是国家实施区域协调发展战略的又一重大举措，该规划推进安徽参与泛长三角区域发展分工，探索中西部地区承接产业转移新模式，也为中部地区加速崛起点燃了助推器，对深入实施促进中部地区崛起战略具有重要意义。该规划期为 2009 ~ 2015 年，重大问题展望到 2020 年；其中提出，到 2015 年，示范区地区生产总值比 2008 年翻一番以上，第三产业协调发展，实现与长三角分工合作、优势互补、一体化发展，成为在全国有重要影响力的城市带。

皖江城市带承接产业转移示范区具有两个突出特点：一是它并非安徽省规划设计的，而是国家站在区域经济协调发展的高度上确立的；二是它不是封闭、单向的，而是可以让相关的产业自由出入，进行双向的流动。正是这一特殊性决定皖江城市带作为国家级承接产业转移的示范区，拥有了“先行先试权”，在政策的配套和体制机制创新上具有突破意义。

2010 年 8 月　国家发改委通过《促进中部地区崛起规划实施意见的通知》和《关于促进中部地区城市群发展的指导意见的通知》，旨在深入实施《促进中部地区崛起规划》，明确 2015 年中部地区崛起的 12 项主要量化目标和一系列任务要求，提出 2020 年促进中部地区崛起的总体目标，并要求各省在 2010 年 12 月底前完成《规划》实施的具体工作方案。

国家发改委指出，《规划》是国家出台的又一重大区域性规划，是指导当前和今后一个时期中部地区经济社会发展的纲领性文件。《规划》提出“一年开好局、五年大发展、十年新跨越”的进度要求。

按照目标，到 2015 年，要实现人均地区生产总值达到 36000 元，城镇化率达到 48%，城镇居民人均可支配收入和农村居民人均纯收入分别达到 2.4 万元和 8200 元，新型农村合作医疗参合率接近 100% 等。

到2020年，中部地区要全面实现小康社会建设目标。

在《促进中部地区崛起规划实施意见的通知》中，国家发改委指出要落实八大重点任务，包括粮食生产基地建设、能源原材料基地建设、现代装备制造及高技术产业基地建设、综合交通运输枢纽建设、重点地区发展、资源节约和环境保护、社会事业发展和体制改革及对外开放。

国家发改委为促进中部地区城市群发展专门出台了一份指导意见。中部地区是我国人口和城镇比较密集的区域，目前已经初步形成了以武汉城市圈、中原城市群、长株潭城市群、皖江城市带、环鄱阳湖城市群和太原城市圈六大城市区域为主的发展格局。

国家发改委提出要加大对城市群发展的政策支持，支持城市群在重大改革领域先行先试。

2010年9月26～28日 第五届中国中部投资贸易博览会在南昌举行。

第五届中部博览会以科学发展观为统领，以“开放合作共赢崛起”为主题，以投资推介、项目对接、贸易展览展示、中部博览会高峰论坛等活动为主要内容，抓住国家实施《促进中部地区崛起规划》、《鄱阳湖生态经济区规划》和全球经济企稳回升、国际和沿海地区产业转移步伐加快等历史机遇，发挥中部地区综合优势，突出产业招商，突出区域合作，突出扩大对内对外贸易，突出生态、低碳经济，推动中部地区进一步扩大对内对外开放，加快新型工业化、新型城镇化和农业现代化建设步伐，实现经济社会又好又快发展。

第五届中部博览会围绕新能源、新材料、高新技术、生态旅游、现代农业、现代装备制造业、低碳经济等重点产业，通过投资贸易展览展示、项目对接、专项合作洽谈、经济论坛等多种形式，为中外客商搭建投资贸易交流与合作平台，实现双向互动、互利共赢，促进共同发展。

2010年10月24日 国务院正式批复同意设立郑州新郑综合保税区，中部首个综合保税区就此落户河南。这是我国中部地区唯一的一个综合保税区，也是全国第13个综合保税区。郑州新郑综合保税区的获批，标志着河南省有了承接全球高新技术产业转移、发展现代物流业的重要基地；吸引跨国大企业和顶级高端人才的“金字招牌”。同时，新郑综合保税区还将依托新郑航空口岸，以独特的“区港联动”优势，打造中部乃至全国的空运物流中心枢纽，并成为中原经济区的主要经济增长极。

根据国务院批复文件，郑州新郑综合保税区规划面积为5.073平方公里。东至规划的郑港七街，南至郑州新郑国际机场规划的第三跑道边界，西至振兴北路，北至登封—郑州—商丘高速公路。

新郑综保区概况：其规划面积为5.073平方公里，位于郑州新郑国际机场北侧，紧邻规划的机场第三条跑道。同时，京广、陇海铁路和郑西、石武客专以及京港澳、连霍高速公路在附近交叉通过，具有陆空综合交通运输优势。

据悉，此前，河南省仅有郑州出口加工区具有保税功能，相应业务只能通过青岛、天津等地保税运转，有些业务甚至要转道香港，增加了企业的经营成本。在吸引富士康落户郑州时，河南省曾承诺设立综合保税区。目前规划的郑州新郑综合保税区与富士康郑州航空港区生产基地位置基本吻合。

据了解，综合保税区是经国务院批准，设立在内陆地区的具有保税功能的海关特殊监管区域，是我国目前开放层次最高、优惠政策最多、功能最齐全、手续最简化的特殊开放区域。

目前，国务院已批准设立的综合保税区有13个，除了广西、重庆、四川和河南各有1个外，其余均在东部发达地区。

2010年12月1日　经国务院同意，国家发改委正式批复设立“山西省国家资源型经济综合配套改革试验区”。这是我国设立的第九个综合配套改革试验区，也是我国第一个全省域、全方位、系统性的国家级综合配套改革试验区。

2011年6月　国务院正式批复《国家东中西区域合作示范区建设总体方案》，批准在江苏省连云港市设立国家东中西区域合作示范区。国家发改委表示，连云港作为新亚欧大陆桥东方桥头堡，区位优势明

显，战略地位重要，是陇海兰新沿线地区便捷的出海口和服务中西部地区对外开放的重要门户，与中西部地区重要城市在物流、产业等方面已建立了良好的合作关系。

2011 年 8 月 22 日 安徽省宣布，经国务院批复同意，正式撤销地级巢湖市，其所辖的一区四县分别划归合肥、芜湖、马鞍山三市管辖，这是安徽省近年来首次撤销地市级行政区。这一重大行政区划调整将使中国中东部又一个特大经济圈合肥城市群诞生。

此次地级巢湖市被拆分，无疑将极大地增强省会合肥市的实力。原巢湖市部分区域的加入，使合肥面积扩大了40%，达到 1 万多平方公里。中国特大城市基本都是1 万多平方公里。此外，合肥与原来不相邻的芜湖、马鞍山这两大皖南中心城市无缝对接起来。

2011 年 9 月 26 日 第六届中部投资贸易博览会在山西太原隆重开幕。中共中央政治局委员、国务院副总理王岐山出席开幕式。

中博会是经国务院批准，由国家多个部委与山西、安徽、江西、河南、湖北、湖南六省人民政府联合主办的年度博览会。在本届中博会上，集团公司通过灯箱、模型、视频等形式，全方位地介绍了集团公司四大产业板块及在中部六省的发展情况，树立了良好的企业形象。

中博会已成功举办五届。“十二五”开局之年，六省在太原再次携手，共话崛起大计。这次在太原举办的第六届中博会为中部六省深化区域合作、实现优势互补、促进互动发展，搭建了重要平台，为中部扩大对外开放、承接产业转移、深化国际交流，创造了良好契机。本届中博会主题为“转型跨越中部崛起”，邀请国内外领导人出席。还邀请1.6万名境内外嘉宾和客商参会，包括国家相关部委，外国政要、官员、驻华使节、华人华侨及友好人士，世界500强及知名跨国公司、境内外工商企业代表，专家学者等。中博会围绕新能源、新材料、高新技术、装备制造、节能环保新技术、现代农业等重点，通过展览展示、投资贸易洽谈、项目对接、专题论坛等形式，为中外客商经济技术交流与合作架桥铺路，实现双向互动、互利共赢，促进共同发展。

2011年9月28日　《国务院关于支持河南省加快建设中原经济区的指导意见》（国发〔2011〕32号）正式出台。指导意见指出，中原经济区是以全国主体功能区规划明确的重点开发区域为基础、中原城市群为支撑，涵盖河南全省、延及周边地区的经济区域，地理位置重要，粮食优势突出，市场潜力巨大，文化底蕴深厚，在全国改革发展大局中具有重要战略地位。

《指导意见》强调，河南省是人口大省、粮食和农业生产大省、新兴工业大省，解决好工业化、城镇化、农业现代化协调发展问题具有典型性和代表性。明确中原经济区的战略定位，即：国家重要的粮食生产和现代农业基地，全国工业化、城镇化和农业现代化协调发展示范区，全国重要的经济增长板块，全国区域协调发展的战略支点和重要的现代综合交通枢纽，华夏历史文明传承创新区。

《指导意见》还确定了中原经济区发展目标：到2015年，粮食综合生产能力稳步提高，产业结构继续优化，城镇化质量和水平稳步提升，工业化、城镇化、农业现代化发展协调性不断增强，基本公共服务水平和均等化程度全面提高，居民收入增长与经济发展同步，生态环境逐步改善，资源节约取得新进展，初步形成发展活力彰显、崛起态势强劲的经济区域。到2020年，粮食生产优势地位更加巩固，工业化、城镇化达到或接近全国平均水平，综合经济实力明显增强，城乡基本公共服务趋于均等化，基本形成城乡经济社会发展一体化新格局，建设成为城乡经济繁荣、人民生活富裕、生态环境优良、社会和谐文明，在全国具有重要影响的经济区。

2011年11月4日　郑州新郑综合保税区正式封关运行。新郑综保区是国家在中部地区设立的首个综合保税区。这意味着河南省从此拥有了接轨世界的桥梁，表明河南已经具备了承接世界知名企业、跨国公司转移的能力。

综合保税区是我国目前开放层次最高、政策最为优惠、功能最为齐全的海关特殊监管区域，叠加了保税区、出口加工区和保税物流中心的

全部功能和优惠政策。拥有保税加工、保税物流、口岸作业和综合服务四大功能。中部地区唯一一个综合保税区花落河南，意义非凡，河南外向型经济全面进入“综合保税区”时代。

郑州新郑综保区管委会提供的数据显示，预计2011年出口额约70亿美元，2012年出口额约240亿美元，2013年出口额约370亿美元，分别是2010年河南全省出口额的0.7倍、2.4倍、3.7倍。

2011年11月9日 第六届中部六省省会城市农业经济协作联席会议在江西省南昌市召开，中部六省省会城市农业系统代表相聚南昌市，共商农业发展大计。六省省会城市代表紧紧围绕协作会议主题——发展现代都市农业，各抒己见，畅所欲言，将各自城市发展现代都市农业的经验、做法和问题进行交流。同时，签订了《六省省会城市农业企业合作协议》。通过此次会议，中部六省省会城市农业系统代表加强了联系，增进了友谊，确立了合作关系。

中部六省省会城市农业经济协作联席会议于2006年发起，由武汉、太原、合肥、长沙、郑州、南昌六个省会城市农业部门共同参与，旨在加强中部六省省会城市农业主管部门合作，促进区域农业协作，发挥各省会城市在中部农业发展中的带动作用，推动区域农业经济优势互补、互动发展。已在武汉、太原、合肥、长沙、郑州举办五届。

B.18

中部发展（2005～2011）十大事件

中部发展（2005～2011）十大事件评选揭晓

为有效协调我国经济发展，2005年国家提出促进中部崛起战略，之后国家又出台了一系列促进中部崛起的相关政策，有效地推动了中部地区经济社会发展。为全面了解2005年以来国家对中部崛起的相关政策以及中部地区经济社会发展的态势，我们收集了有关中部崛起发展的42项事件，通过南昌大学中国中部经济发展研究中心网站（http：//www. ccced. ncu. edu. cn/），邀请国内相关专家学者共同评选“中部崛起战略实施以来的十大事件”。经过一个月的征集，我们收到了来自社会各界的反馈，通过对这些信息进行统计分析，最终评选出以下十项大事。

2005年3月　温家宝总理在十届全国人大三次会议《政府工作报告》中提出积极推动区域协调发展，抓紧制定促进中部地区崛起的规划和措施。充分发挥中部地区的区位优势和综合经济优势，加强现代农业特别是粮食主产区建设；加强综合交通运输体系和能源、重要原材料基地建设；加快发展有竞争力的制造业和高新技术产业；开拓中部地区大市场，发展大流通。国家要从政策、资金、重大建设布局等方面给予支持。

2006年4月15日　中部崛起的纲领性文件——《中共中央、国务院关于促进中部地区崛起的若干意见》（中发〔2006〕10号）正式出

台。这是党中央、国务院在新时期统筹区域经济协调发展的重要部署，是指导当前和今后一个时期中部地区发展的纲领性文件。

2007年12月16日　国家发展和改革委员会发布《国家发展改革委关于批准武汉城市圈和长株潭城市群为全国资源节约型和环境友好型社会建设综合配套改革试验区的通知》，要求两地“根据资源节约和环境友好型社会建设的要求，全面推进各个领域的改革，在重点领域和关键环节率先突破，大胆创新，尽快形成有利于能源资源节约和生态环境保护的体制机制，加快转变经济发展方式，推进经济又好又快发展，促进经济社会发展与人口、资源、环境相协调，切实走出一条有别于传统模式的工业化、城市化发展新路”。

2009年9月23日　温家宝总理主持召开国务院常务会议，讨论并原则通过《促进中部地区崛起规划》。会议提出，争取到2015年，中部地区实现经济发展水平显著提高，加快形成沿长江、陇海、京广和京九“两横两纵”经济带。中部地区主要有中原城市群、武汉城市圈、长株潭城市群、皖江城市带、环鄱阳湖城市群、太原都市圈这六大城市群。

2009年12月12日　国务院正式批复《鄱阳湖生态经济区规划》，建设鄱阳湖生态经济区上升为国家战略。此规划是新中国成立以来江西省第一个上升为国家战略的区域性发展规划。《规划》明确，鄱阳湖生态经济区包括南昌、景德镇、鹰潭3市，以及九江、新余、抚州、宜春、上饶、吉安市的部分县（市、区），共38个县（市、区），国土面积为5.12万平方公里。鄱阳湖生态经济区是长江三角洲、珠江三角洲、海峡西岸经济区等重要经济板块的直接腹地，是中部地区正在加速形成的增长极之一，具有发展生态经济、促进生态与经济协调发展的良好条件。

2010年1月21日　国务院正式批复《皖江城市带承接产业转移示范区规划》。作为首个获批的国家级承接产业转移示范区，皖江城市带承接产业转移示范区是国家实施区域协调发展战略的又一重大举措，推进安徽参与泛长三角区域发展分工，探索中西部地区承接产业转移新模式，也为中部地区加速崛起点燃了助推器，对深入实施促进中部地区崛起战略具有重要意义。该规划期为 2009 ~ 2015 年，重大问题展望到 2020 年；其中提出，到 2015 年，示范区地区生产总值比 2008 年翻一番以上，第三产业协调发展，实现与长三角分工合作、优势互补、一体化发展，成为在全国有重要影响力的城市带。

2010 年 8 月 国家发改委通过《促进中部地区崛起规划实施意见的通知》和《关于促进中部地区城市群发展的指导意见的通知》，旨在深入实施《促进中部地区崛起规划》，明确 2015 年中部地区崛起的 12 项主要量化目标和一系列任务要求，提出 2020 年促进中部地区崛起的总体目标，并要求各省在 2010 年 12 月底前完成《规划》实施的具体工作方案。发改委指出，《规划》是国家出台的又一重大区域性规划，是指导当前和今后一个时期中部地区经济社会发展的纲领性文件。《规划》提出“一年开好局、五年大发展、十年新跨越”的进度要求。

2010 年 12 月 1 日 经国务院同意，国家发改委正式批复设立“山西省国家资源型经济综合配套改革试验区”，这是我国设立的第九个综合配套改革试验区，也是我国第一个全省域、全方位、系统性的国家级综合配套改革试验区。

2011 年 9 月 28 日 《国务院关于支持河南省加快建设中原经济区的指导意见》（国发〔2011〕32 号）正式出台。指导意见指出，中原经济区是以全国主体功能区规划明确的重点开发区域为基础、中原城市群为支撑、涵盖河南全省、延及周边地区的经济区域，地理位置重要，粮食优势突出，市场潜力巨大，文化底蕴深厚，在全国改革发展大局中具有重要战略地位。

2011 年 11 月 4 日 郑州新郑综合保税区正式封关运行。新郑综保区是国家在中部地区设立的首个综合保税区。这意味着河南省从此拥有了接轨世界的桥梁，表明河南已经具备了承接世界知名企业、跨国公司转移的能力。综合保税区，是目前我国开放层次最高、优惠政策最多、功能最齐全、手续最简化的特殊开放区域。中部地区唯一一个综合保税区花落河南，意义非凡，河南外向型经济全面进入“综合保税区”时代。

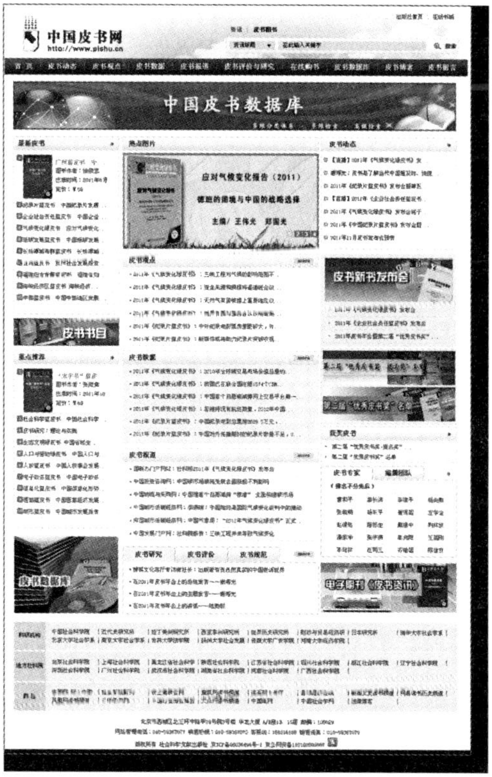

权威报告 热点资讯 海量资料

当代中国与世界发展的高端智库平台

皮书数据库 www.pishu.com.cn

皮书数据库是专业的社会科学综合学术资源总库，以大型连续性图书皮书系列为基础，整合国内外其他相关资讯构建而成。包含七大子库，涵盖两百多个主题，囊括了十几年间中国与世界经济社会发展报告，覆盖经济、社会、政治、文化、教育、国际问题等多个领域。

皮书数据库以篇章为基本单位，方便用户对皮书内容的阅读需求。用户可进行全文检索，也可对文献题目、内容提要、作者名称、作者单位、关键字等基本信息进行检索，还可对检索到的篇章再作二次筛选，进行在线阅读或下载阅读。智能多维度导航，可使用户根据自己熟知的分类标准进行分类导航筛选，使查找和检索更高效、便捷。

权威的研究报告，独特的调研数据，前沿的热点资讯，皮书数据库已发展成为国内最具影响力的关于中国与世界现实问题研究的成果库和资讯库。

皮书俱乐部会员服务指南

1. 谁能成为皮书俱乐部会员？

- 皮书作者自动成为皮书俱乐部会员；
- 购买皮书产品（纸质图书、电子书、皮书数据库充值卡）的个人用户。

2. 会员可享受的增值服务：

- 免费获赠该纸质图书的电子书；
- 免费获赠皮书数据库100元充值卡；
- 免费定期获赠皮书电子期刊；
- 优先参与各类皮书学术活动；
- 优先享受皮书产品的最新优惠。

社会科学文献出版社 皮书系列
SOCIAL SCIENCES ACADEMIC PRESS (CHINA)
卡号：9068100812737380
密码：

（本卡为图书内容的一部分，不购书刮卡，视为盗书）

3. 如何享受皮书俱乐部会员服务？

（1）如何免费获得整本电子书？

购买纸质图书后，将购书信息特别是书后附赠的卡号和密码通过邮件形式发送到pishu@188.com，我们将验证您的信息，通过验证并成功注册后即可获得该本皮书的电子书。

（2）如何获赠皮书数据库100元充值卡？

第1步：刮开附赠卡的密码涂层（左下）；

第2步：登录皮书数据库网站（www.pishu.com.cn），注册成为皮书数据库用户，注册时请提供您的真实信息，以便您获得皮书俱乐部会员服务；

第3步：注册成功后登录，点击进入“会员中心”；

第4步：点击“在线充值”，输入正确的卡号和密码即可使用。

皮书俱乐部会员可享受社会科学文献出版社其他相关免费增值服务
您有任何疑问，均可拨打服务电话：010-59367227 QQ:1924151860
欢迎登录社会科学文献出版社官网(www.ssap.com.cn)和中国皮书网（www.pishu.cn）了解更多信息

"皮书"起源于十七八世纪的英国，主要指官方或社会组织正式发表的重要文件或报告，并多以白皮书命名。在中国，"皮书"这一概念被社会广泛接受，并被成功运作、发展成为一种全新的出版形态，则源于中国社会科学院社会科学文献出版社。

皮书是对中国与世界发展状况和热点问题进行年度监测，以专家和学术的视角，针对某一领域或区域现状与发展态势展开分析和预测，具备权威性、前沿性、原创性、实证性、时效性等特点的连续性公开出版物，由一系列权威研究报告组成。皮书系列是社会科学文献出版社编辑出版的蓝皮书、绿皮书、黄皮书等的统称。

皮书系列的作者以中国社会科学院、著名高校、地方社会科学院的研究人员为主，多为国内一流研究机构的权威专家学者，他们的看法和观点代表了学界对中国与世界的现实和未来最高水平的解读与分析。

自20世纪90年代末推出以经济蓝皮书为开端的皮书系列以来，至今已出版皮书近800部，内容涵盖经济、社会、政法、文化传媒、行业、地方发展、国际形势等领域。皮书系列已成为社会科学文献出版社的著名图书品牌和中国社会科学院的知名学术品牌。

皮书系列在数字出版和国际出版方面也是成就斐然。皮书数据库被评为"2008～2009年度数字出版知名品牌"；经济蓝皮书、社会蓝皮书等十几种皮书每年还由国外知名学术出版机构出版英文版、俄文版、韩文版和日文版，面向全球发行。

法律声明